Hannah Arendt

Vor Antisemitismus ist man nur noch auf dem Monde sicher

Zu diesem Buch

»Wir können den Antisemitismus nur bekämpfen, wenn wir mit der Waffe in der Hand gegen Hitler kämpfen.« Die junge Philosophin Hannah Arendt wollte im Krieg Stellung beziehen – gegen die Passivität. Aus diesem Grund schrieb sie nach ihrer Flucht aus Paris in die USA regelmäßig für den »Aufbau«, die in New York publizierte Zeitung des »German Jewish Club« für deutsch-jüdische Emigranten. Ihre von 1941 bis 1945 erschienenen Beiträge sind ein erstes Ergebnis ihres politischen Handelns und zugleich der eigentliche Anfang ihres Werks als politische Theoretikerin. Der »Aufbau« als Forum der deutschsprachigen Juden in der »freien« Welt wurde für Hannah Arendt die zentrale Verbindung zum Weltgeschehen. Arendts »Aufbau«-Beiträge erscheinen hier gesammelt in einer kommentierten Ausgabe. Sie bilden ein erregendes und erhellendes Zeitzeugnis, ein Dokument couragierten Denkens und Schreibens. Bereits die frühe Hannah Arendt erweist sich in diesen Arbeiten als politische Denkerin von internationalem Rang.

Hannah Arendt, am 14. Oktober 1906 in Hannover geboren und am 4. Dezember 1975 in New York gestorben, studierte Philosophie, Theologie und Griechisch unter anderem bei Heidegger, Bultmann und Jaspers, bei dem sie 1928 promovierte. 1933 emigrierte sie nach Paris, 1941 nach New York. Von 1946 bis 1948 war sie als Lektorin, danach als freie Schriftstellerin tätig. Sie war Professorin für Politische Theorie in Chicago und lehrte ab 1967 an der New School for Social Research in New York.
Marie Luise Knott lebt als freie Journalistin, Übersetzerin und Publizistin in Berlin. Unter ihrer Herausgeberschaft erschienen bei Piper »Vor Antisemitismus ist man nur auf dem Monde sicher« und »Was heißt persönliche Verantwortung in einer Diktatur?«.

Hannah Arendt

Vor Antisemitismus ist man nur noch auf dem Monde sicher

Beiträge für die deutsch-jüdische Emigrantenzeitung »Aufbau« 1941–1945

PIPER

Mehr über unsere Autorinnen, Autoren und Bücher:
www.piper.de

Von Hannah Arendt liegen im Piper Verlag vor:

Über Palästina
Vorträge und Aufsätze 1930–1938
Macht und Gewalt
Vom Leben des Geistes
Briefe 1936–1968
Briefwechsel (mit Karl Jaspers)
Elemente und Ursprünge totaler Herrschaft
Eichmann in Jerusalem
Fragwürdige Traditionsbestände im politischen Denken der Gegenwart
Wir Juden
Der Liebesbegriff bei Augustin
Rahel Varnhagen
Denktagebuch
Vita activa oder Vom tätigen Leben
Über die Revolution
Im Vertrauen (mit Mary McCarthy)
Wie ich einmal ohne Dich leben soll, mag ich mir nicht vorstellen
Was heißt persönliche Verantwortung in einer Diktatur?
Schreib doch mal ›hard facts‹ über dich
Menschen in finsteren Zeiten
In der Gegenwart
Vor Antisemitismus ist man nur noch auf dem Monde sicher
Wahrheit und Lüge in der Politik
Das Urteilen
Eichmann war von empörender Dummheit (mit Joachim Fest)
Ich selbst, auch ich tanze
Wahrheit gibt es nur zu zweien
Briefe 1936–1986 (mit Heinrich Blücher)
Über das Böse
Denken ohne Geländer
Ich will verstehen
Was ist Politik?

Erweiterte und aktualisierte Taschenbuchausgabe
ISBN 978-3-492-31509-8
1. Auflage Mai 2019
2. Auflage August 2024

Umschlaggestaltung: semper smile, München
Umschlagabbildung: Ricarda Schwerin
Satz: Eberl & Kœsel Studio, Kempten
Gesetzt aus der Stempel Garamond
Druck und Bindung: CPI books
Printed in the EU

Inhalt

Vorwort zur Neuausgabe

Der erste Beitrag, der im Oktober 1941 in der deutsch-englischen, jüdisch-deutschen Wochenzeitung »Aufbau« erschien, war rein förmlich betrachtet eine Reaktion. Ein offener Brief. Eine europäische Jüdin antwortet auf einen Aufruf eines europäischen Juden in einer europäischen Zeitung, die in New York erscheint. Der zweite Text war ein eigenständiger Aufruf zum bewaffneten Kampf der Juden aus aller Welt gegen Hitler, ein Aufruf zum Handeln also. Ein Aufruf dazu, Verantwortung zu übernehmen. Denn es ist »die Funktion jeden Handelns, im Unterschied zu einem bloß reaktiven Sichverhalten (behavior), Prozesse zu unterbrechen, die sonst automatisch und damit voraussagbar verlaufen würden.«

Ein derartiges Unterbrechen von Prozessen prägt die in diesem Band versammelten Texte, welche zwischen 1941 und 1945 im »Aufbau« erschienen, der sich damals als Sprachrohr, Sammelbecken, Forum und schwarzes Brett aller deutschsprachigen Juden in der »freien« Welt verstand. Und von New York aus auch in alle freien Länder verkauft wurde. Für Hannah Arendt war die Zeitung damals wohl beides. Einerseits las sie hier die so dringend benötigten Nachrichten aus aller Welt, vor allem zur Judenpolitik, versteht sich, insofern war der »Aufbau« eine wichtige Verbindung zum Weltgeschehen. Gleichzeitig brachte Arendt durch ihre Texte im »Aufbau« ihrer Mitwelt ihre eigenen Reflektionen und Einmischungen zu Gehör, noch bevor sie in anderen jüdischen und politischen Zeitschriften zu publizieren begann.

Nicht nur im »Aufbau« wurde diese Stimme, die den Zusammenbruch der »Alten Welt« reflektierte, schnell willkommengeheissen; und diese Willkommenskultur war keineswegs ein Ergebnis barmherziger Solidarität, sondern entsprang der Erkenntnis einer gemeinsamen, ja geteilten geistigen Not der Zeit. »I believe you have a great deal to teach us here in America; and with a little such expert collaboration (...) you'll make more than one home run (as our saying is).« so formulierte es Henry Hurwitz von der Zeitschrift *The Menorah Journal:* Mit etwas sprachlicher Expertenhilfe werden Sie es hier weit bringen. Zeitgleich zu dieser Kolumne veröffentlichte Arendt mithilfe von englischen Muttersprachlern, die ihre Texte übersetzten oder ihr »Denglisch« verenglischten, in verschiedenen amerikanisch-jüdischen Zeitschriften längere, meist historische Abhandlungen: in den *Jewish Social Studies,* dem *The Menorah Journal* ebenso wie in der vom American Jewish Committee herausgegebenen Zeitschrift *Commentary,* um nur die wichtigsten zu nennen – Studien zur Bedeutung der Dreyfuss-Affaire, zu den Cremieux-Dekreten, zu Rassismus und zur Minderheitenfrage. Das Wissen und das Nachdenken, das sie sich hier, also in der »Aufbau«-Kolumne erarbeitete, ist zudem der solide Grundstock für ihren großen Essay »Zionism reconsidered« (dt. »Der Zionismus aus heutiger Sicht«), der bei seinem Erscheinen viel Aufsehen erregte – sowohl helle Zustimmung als auch heftige Ablehnung provozierte, und der ohne die Beiträge im »Aufbau« wohl nie in der gedanklichen Festigkeit möglich gewesen wäre.*

Im Jahr 2000 habe ich Arendts »Aufbau«-Beiträge für diesen Band erstmals in rein chronologischer Anordnung versammelt; für die vorliegende Neuausgabe wurde diese Sammlung um einen damals fehlenden Text (»Gäste aus dem Niemandsland«)

---

* Siehe hierzu die Sammlung ihrer Schriften zur Judenfrage: Hannah Arendt, *Wir Juden. Schriften 1932 bis 1966. Übungen im politischen Denken III, Herausgegeben von Marie Luise Knott und Ursula Ludz, München-Zürich: Piper, 2019.*

ergänzt. Sicher – es hat im »Aufbau« noch sieben weitere Texte gegeben, die Hannah Arendts Namen tragen, doch bei diesen handelt es sich nicht um »Denkstücke«, sondern zumeist um Berichte und Aufrufe, die sie gemeinsam mit anderen aus tagespolitischen Anlässen verfasste. Die hier versammelten Beiträge sind von heute aus gesehen Aufrufe, sich mit Mut und Geistesgegenwart noch den finstersten Zeiten auszusetzen, Aufrufe dazu also, den eigenen Kopf zu gebrauchen und das Wort zu ergreifen, gerade auch gegen das Ausbreiten von Angst und Verlassenheit.

Berlin, Februar 2019 Marie Luise Knott

Vorbemerkung

Die in diesem Band versammelten Texte schrieb die Philosophin Hannah Arendt, die 1941 aus Frankreich nach Amerika floh, zwischen 1941 und 1945 für den »Aufbau«. Die deutsch-jüdische Exilzeitung erschien in New York und fungierte als Sprachrohr, Sammelbecken und Forum aller deutschsprachigen Juden in der »freien« Welt. Für Hannah Arendt war es nach ihrer Ankunft in Amerika schwierig, im intellektuellen Leben Fuß zu fassen. Bald war der »Aufbau« ihre zentrale Verbindung zum Weltgeschehen: Durch ihn erfuhr sie, was in Europa, Palästina und Amerika geschah, und in seinen Spalten brachte sie sich selber der Mitwelt zu Gehör. Im »Aufbau« galt noch die vertraute deutsche Sprache.

Die Texte aus dem »Aufbau« sind nahezu Arendts einzige tagespolitischen Äußerungen der damaligen Zeit. Ihre politischen Positionen sind durch die Veröffentlichungen einzelner Texte[1] in Teilen bereits bekannt. Doch erst die chronologische Anordnung mitsamt der zeithistorischen Einbettung ermöglicht Einsichten in die Entstehung ihrer späteren politischen Theorie und in den Prozeß ihres politischen Denkens. Ferner erschließt sich durch diese Texte der Weg Hannah Arendts von der biographischen Studie über Rahel Varnhagen, die sie 1938 abschloß, hin zu der scharfsinnigen historisch-politischen

1 In: Hannah Arendt, *Nach Auschwitz. Essays und Kommentare 1*, hrsg. von Klaus Bittermann und Eike Geisel, Berlin 1989, und dies., *Die Krise des Zionismus. Essays und Kommentare 2*, hrsg. von Eike Geisel und Klaus Bittermann, mit einem Nachwort von Henryk M. Broder, Berlin 1989.

Analyse der *Elemente und Ursprünge totaler Herrschaft*, die 1951 in New York erschien. Gerade durch ihre herausragende Geistesgegenwart – so erkennen wir – konnte sie fernab von Deutschland und der Sowjetunion Ende der vierziger Jahre zu einer derart luziden Erkenntnis über den Wirkmechanismus totalitärer Regime gelangen.

Doch zuvorderst sind die »Aufbau«-Texte der öffentliche Anfang der politischen Theorie, die Arendts Lebenswerk prägen wird: der Theorie des politischen Handelns. »Der Sinn von Politik ist Freiheit.« Sie hat die Freiheit in jener Zeit bei den Zionisten und in der Jungjüdischen Gruppe gesucht. Daß sie als Essayistin und Kolumnistin das Ideal der freien politischen Existenz – nämlich Demokratie und Meinungsstreit – so ernst nahm, wie die Politiker sie nie gemeint hatten, war anstößig, zumal in einer Welt, deren menschlicher Grundbestand durch Angst und Terror erschüttert war.

Selbst heute, sechzig Jahre danach, besitzen die Texte neben der zeithistorischen eine aktuelle Relevanz, insofern ihre Positionen, kraftvoll allen eingefahrenen Täter-Opfer-Dichotomien entgegenlaufend, das Ringen um eine politische Strategie im Kampf um Freiheit und Demokratie belegen. Hannah Arendts Denken birgt Hellsichtigkeiten ebenso wie Blindheiten. Hellsichtig etwa ahnte sie voraus, was nach der Gründung Israels geschah: Was es bedeutet, wenn man mit den Nachbarn nicht in Frieden zu leben versucht, wenn man statt dessen auf den Einfluß der Großmächte setzt ... Eindringlich drängte sie deshalb 1945 auf die Gründung einer Föderation aller Mittelmeerstaaten. Zu den historischen Blindheiten dürfte gehören, daß sie der Stalinschen Nationalitätenpolitik Glauben schenkte und die Unfreiheit in der Sowjetunion in ihren Texten der damaligen Zeit nicht thematisierte.

»Vor Antisemitismus aber ist man nur noch auf dem Monde sicher« – dieses im Duktus recht typische, titelgebende Zitat ist ein Einwand: ironisch, rhetorisch, fast ein Nachsatz und doch eine ernste und grundsätzliche Kritik an der Vorstellung der Zionisten, wenn es erst einen jüdischen Staat gäbe, könne man dort vor Antisemitismus sicher sein. Doch dieser Nachsatz hat ironischerweise noch einen anderen Aspekt, denn Hannah Arendt erfuhr spätestens mit der Eichmann-Kontroverse am eigenen Leibe, daß auch sie – obwohl Jüdin – vor dem Vorwurf des Antisemitismus »nur auf dem Monde« sicher sein konnte.

Die vorliegenden Texte hat Hannah Arendt auf deutsch verfaßt, lediglich der zweiteilige Beitrag »Kann die jüdisch-arabische Frage gelöst werden?« aus dem Jahr 1943 wurde in englischer Sprache veröffentlicht. Die ursprüngliche deutsche Übersetzung von Eike Geisel[2] habe ich an einzelnen Stellen revidiert.

In den Anhang habe ich einen Text aufgenommen, den Hannah Arendt 1940 noch in Paris verfaßt hat. Auf dem Manuskript ist handschriftlich vermerkt, es handele sich um die Kopie eines Briefes an den Juristen Erich Cohn-Bendit, mit dem sie in der Pariser Zeit eng befreundet war. Dieses Memorandum dokumentiert präzise die politische Haltung, mit der Hannah Arendt 1941 Frankreich verließ und in New York ankam.

Bei der Erstellung der Anmerkungen habe ich mich darauf beschränkt, unmittelbare Anspielungen aus den Texten zu erläutern und dem Leser jene Bezüge und Hintergründe ins Bewußtsein zu rücken, welche für Hannah Arendt damals selbstverständlich Teil ihrer Gegenwart waren.

Mein besonderer Dank für die Überlassung von Materialien, für Hinweise und Hilfestellungen gilt Christiane Böhler-Auras (Berlin), Cecilia Gallagher (Washington), Bernd Oberschlick (Wien), Iris Pilling (Wiesbaden), die als erste jene politische Zeit im Leben Hannah Arendts systematisch untersucht hat, sowie der Library of Congress und dem Hannah Arendt Zentrum an der Universität Oldenburg. Ferner danke ich für

2 Siehe Hannah Arendt, *Die Krise des Zionismus,* a.a.O., S. 198ff.

Anregungen Bernd Cornely, Antonia Grunenberg, Wolfgang Heuer, Niels Kadritzke, Ursula Ludz, Ingeborg Nordmann und Uta Ruge.

Berlin, im Frühjahr 2000 Marie Luise Knott

I
Der jüdische Krieg, der nicht stattfindet

»Aufbau«-Texte

Oktober 1941 bis November 1942

Der Dank vom Hause Juda?
Offener Brief an Jules Romains
24. Oktober 1941

Sehr geehrter Herr Romains,
es liegt mir ganz fern, mich in die Streitigkeiten der verschiedenen P.E.N.-Clubs oder in die Differenzen, die einige Mitglieder dieser Organisation untereinander zu haben scheinen, irgendwie einzumischen. Aber in Ihrem offenen Brief an Herrn Ferdinand Bruckner (»Aufbau« vom 17. Oktober[3]) kommen Sie merkwürdigerweise auf eine Sache zu sprechen, die diesen Streit der hohen Priester auch dem ganz laizistischen Kreis jüdischer Flüchtlinge sehr interessant macht. Sie bekla-

---

3 Der französische Schriftsteller Jules Romains, 1885–1972, war als PEN-Präsident auf dem Londoner PEN-Kongreß 1941 vor allem von deutsch-jüdischen Emigranten angegriffen worden, weil er mit anderen prominenten französischen Schriftstellern nach dem Münchener Abkommen Frankreichs Appeasementpolitik gegenüber Deutschland laut und deutlich unterstützt hatte (siehe hierzu auch den Artikel »Adieu Jules Romains!« von Milena Jesenska [Anfang 1939], abgedruckt in Milena Jesenska, *Alles ist Leben,* Frankfurt 1986). Die Gegner Jules Romains' schlugen ausgerechnet Herbert George Wells (siehe Anm. 4) als neuen PEN-Präsidenten vor, der 1938 auf dem Prager PEN-Kongreß mit seinem Austritt gedroht hatte, um zu verhindern, daß der Kongreß eine Resolution gegen den Antisemitismus verabschiedete. In seinem offenen Brief (»Aufbau«, 17. Oktober 1941) fragte Jules Romains, warum keiner der Juden sich erinnere, was er in der Vergangenheit für sie getan habe, und warum keiner der Juden (denen er in der Vergangenheit geholfen hatte) für ihn eingetreten sei. »Dieses Vergessen heißt Undankbarkeit. Dieses Schweigen heißt Feigheit.«

gen sich nämlich laut und vernehmlich über die Undankbarkeit der Juden, für die Sie doch so viel getan haben. Nun sind wir Juden, wie Sie selbst mehrmals andeuten, in der Welt nicht sehr beliebt, und es wird sicher viele unter uns sehr traurig stimmen, wieder einmal einen Protektor verloren oder doch zum mindesten verärgert zu haben. Es wird aber auch einige unter uns geben, denen beim Lesen Ihrer Worte nicht die Trauer ans Herz, sondern die Schamröte ins Gesicht steigt. Ich würde mich freuen, wenn die folgenden Überlegungen Ihnen zeigen könnten, daß es auf diese Einigen unter uns allein ankommt – auf die Gefahr hin, daß Sie nie wieder einem jüdischen Kollegen das Visum für die Flucht oder die Genehmigung eines Innenministeriums für die Befreiung aus dem Konzentrationslager besorgen werden.

Um mit dem zu beginnen, was Sie glauben, für die Juden getan zu haben. Da ist erst einmal die von Ihnen beschriebene skandalöse Geschichte auf dem Prager Kongreß, auf dem Wells[4] sich weigerte, einer Resolution gegen Antisemitismus zuzustimmen, und Sie diese Resolution durchgesetzt und damit nach Ihrer eigenen Meinung die Ehre des P.E.N.-Clubs gerettet haben. Wofür soll man da eigentlich dankbar sein? Sie haben diesen politischen Schritt doch zweifellos nicht um der verfolgten Juden in Deutschland willen, denen diese Resolution weder nützen noch schaden konnte, noch gar um der jüdischen Mitglieder des P.E.N.-Clubs willen unternommen. Sondern einzig und allein darum, weil Sie der Meinung waren, daß Antisemitismus eine ungerechte und schlechte, ignoble und das politische Leben der Völker vergiftende Politik ist, also um Ihrer eigenen Ehre willen und um des Rufes der von

4 Herbert George Wells, 1866–1946; der radikalsozialistische englische Schriftsteller und Intellektuelle vertrat neben sozialdarwinistischen Positionen auch ausgesprochen antisemitische Meinungen. Vgl. dazu Michael Coren, *The Invisible Man, Life and Liberties of H. G. Wells*, London 1993, insb. S. 213–219.

Ihnen vertretenen Organisation. Die jüdischen Mitglieder der deutschen Sektion waren wahrscheinlich damals noch der Meinung, die sich inzwischen als irrig herausgestellt hat, daß sie in dieser Organisation als Vertreter des antifaschistischen deutschen Schrifttums gelten, und nicht als Schutzjuden, die unter Protektion stehen; und daß sie in Ihnen einen Mitkämpfer und Verbündeten erblicken können, und nicht einen Wohltäter.

Das Gleiche gilt mutatis mutandis von den Juden, denen Sie zu französischen Visen oder zur Erlangung einer kurzen Freiheit aus französischen Konzentrationslagern verholfen haben. Zufällig kannte ich einen dieser Glücklichen sehr gut. Wir haben auf Grund Ihres Beispiels uns oft darüber unterhalten, daß es ein gutes Zeichen für die Lebendigkeit des französischen Geistes ist, daß die französischen Schriftsteller über alle politischen Differenzen und Gefahren des Augenblicks hinweg noch Kollegialität üben könnten; in Frankreich schien gerade darum Europa noch nicht gestorben. Weder er noch ich hätten uns in diesen Gesprächen träumen lassen, daß dabei von Dankbarkeit hätte die Rede sein können.

Es spricht nicht gegen, es spricht *für* diese Juden, nicht für ihre *Feigheit,* sondern für ihren *Mut,* wenn diese Parias der ganzen Welt es wagten, sich gegen oder jedenfalls nicht für ihren Wohltäter einzusetzen, als sie mit dessen Politik nicht mehr einverstanden waren. Man mag zu der »Erstickungspolitik« stehen, wie man will, einige Kronzeugen, die Sie für Ihre Sache beibringen, können nur den beeindrucken, der französische politische Verhältnisse nicht kennt. Man soll gewiß dem toten Löwen keinen Fußtritt geben, aber man soll doch auch beileibe nicht vergessen, daß es Daladiers[5] enger Freund und späterer Propaganda-Minister Giraudoux war, der mit den »Pleins Pouvoirs«[6] zum ersten Mal seit der Dreyfus-Affäre den Antisemitismus wieder in Frankreich salonfähig machte; und daß es Sarrauts[7] zynischer und ganz ungeniert antisemitischer Erfindungsgabe zuzuschreiben ist, wenn heute Tausende junger jüdischer Menschen in der Sahara zugrunde gehen, nämlich unter der furchtbaren Zauberformel: libéré sous condition d'engagement dans la Légion Etrangère.[8]

Was nun uns Juden angeht und was uns in dieser ganzen Geschichte zum hundertsten Male die Schamröte ins Gesicht treibt, ist die verzweifelte Frage: Gibt es für uns wirklich nur die Alternative zwischen übelwollenden Feinden und leutseligen Freunden? Gibt es für uns nirgends echte Verbündete, die weder mitleidig noch bestochen verstehen, daß wir nur das erste europäische Volk waren, dem Hitler den Krieg angesagt hat? Daß in diesem Krieg unsere Freiheit und unsere Ehre genau so auf dem Spiel steht wie Freiheit und Ehre des Volkes, dem Jules Romains zugehört? Und daß uns die leutselige Geste wie der arrogante Anspruch auf Dankbarkeit von seiten eines Protektors tiefer treffen als die offene Feindschaft der Antisemiten?

---

5 Édouard Daladier, französischer Politiker und Historiker (Radikalsozialist), 1884–1970; zuletzt 1938–1940 Ministerpräsident, beteiligte sich 1936 maßgeblich an der Volksfrontbildung; Appeasement-Anhänger gegenüber Hitler-Deutschland. Mitwirkender am Münchener Abkommen, diplomatische Anerkennung Franco-Spaniens 1939. Nach dem deutschen Angriff auf Polen erklärte seine Regierung am 3. September 1939 Deutschland den Krieg.

6 Jean Giraudoux, französischer Schriftsteller, 1882–1944; 1910 trat er in den diplomatischen Dienst ein, war Pressechef des Außenministeriums in Paris und 1939/40 Leiter des Informationsdienstes, was ihm die Bezeichnung »Propagandaminister« eingetragen haben dürfte. In seinem Buch *Pleins Pouvoirs,* das 1939 erschien, äußerte sich Giraudoux offen antisemitisch (siehe auch Hannah Arendt, *Elemente und Ursprünge totaler Herrschaft,* S. 220, bes. Fußnote 11).

7 Albert Sarraut, 1872–1962; französischer Politiker und Jurist (Radikalsozialist), war 1933 Ministerpräsident, ebenso 1936, ferner Generalgouverneur in Indochina (1911–1914, 1916–1919), wo er eine politische Mitsprache der Bevölkerung in ihren eigenen Belangen unterstützte und die Bildung reformierte.

8 Dt.: »freigelassen [aus den Internierungslagern, in welche Deutsche als ›feindliche Ausländer‹ nach Kriegsbeginn deportiert wurden] unter der Bedingung eines Engagements in der Fremdenlegion«.

Eine Antwort auf diese Fragen würde den Rahmen dieses Briefes sprengen und Sie schwerlich interessieren. Darf ich nur zum Schluß – um Mißverständnisse zu vermeiden – Ihnen die Haltung Clemenceaus[9] in der Dreyfus-Affäre ins Gedächtnis rufen? Clemenceaus, des einzigen, der in dieser ekelhaften gesellschaftlichen Skandalgeschichte, in welcher nach einem Worte Halévys[10] zwei Lügen miteinander stritten, um den Bestand seiner eigenen Sache, der Dritten Republik, gefochten hat, als er für den verurteilten Juden das Wort ergriff, und der niemals Dankbarkeit von jenen Juden erwartete, deren Feigheit er unzählige Male denunzierte und verachtete; der nämlich begriffen hatte, daß es in einem politischen Kampfe nur Feinde oder Freunde gibt, aber keine Wohltaten und keine Schützlinge. »Un des ennuis de ceux qui luttent pour la justice c'est d'avoir contre eux avec la haine des oppresseurs, l'ignorance, la faiblesse et trop souvent le lâche coeur des opprimés.«[11]

---

9 Georges Clemenceau, 1841–1929, französischer Staatsmann, jakobinisch-republikanischer Nationalist, Wortführer der Linken, 1893 wegen des Panama-Skandals nicht wiedergewählt. Herausgeber der Zeitung »L'Aurore«, in der auch das »J'accuse« von Zola erschienen war.

10 Gemeint ist der Kultur- und Sozialgeschichtler Daniel Halévy, 1872–1962, der zu demselben Kreis gehörte wie Charles Péguy, Romain Rolland und Bernard Lazare. Er verfaßte Studien über Clemenceau, Péguy sowie über die »Accélération de l'histoire«.

11 Dt.: »Was die Kämpfer für die gerechte Sache behindert, ist, daß sie neben dem Haß der Unterdrücker auch gegen die Unwissenheit, die Schwäche und allzu oft gegen das feige Herz der Unterdrückten ankämpfen müssen.«

Die jüdische Armee – der Beginn einer jüdischen Politik?
14. November 1941

Die zionistischen Organisationen Amerikas haben anläßlich des Gedenktages der Balfour-Deklaration[12] in aller Öffentlichkeit die Forderung einer jüdischen Armee zur Verteidigung Palästinas erhoben. Forderungen und Resolutionen einer politischen Avantgarde, die nicht unmittelbar den Willen der Gesamtheit ausdrückt, können nur dann schöpferische Politik werden, wenn es gelingt, durch sie weite Kreise des Volkes zu mobilisieren. Gelingt das nicht, so gehen die besten Programme und die richtigsten Entschlüsse ein in die papierne Geschichte der verfehlten und verspielten Möglichkeiten. Was heute noch die isolierte Forderung der palästinensischen Judenheit und ihrer Vertretung im Ausland ist, muß morgen der lebendige Wille großer Teile des Volkes werden, als Juden, in jüdischen Formationen, unter jüdischer Flagge den Kampf gegen Hitler aufzunehmen. *Die Verteidigung Palästinas ist ein Teil des Kampfes um die Freiheit des jüdischen Volkes.* Nur wenn das jüdische Volk bereit ist, diesen Kampf ganz aufzunehmen, wird es auch Palästina verteidigen können.

---

12 Offizieller Brief (2. November 1917) des britischen Außenministers Lord Balfour an den Präsidenten der British Zionist Federation, Lord Rothschild, in dem die britische Regierung ihr Wohlwollen für die jüdisch-zionistischen Bestrebungen bekundet, in Palästina »eine nationale Heimstätte des jüdischen Volkes« zu errichten. Die Erklärung, die in der Folgezeit das Zauberwort zionistischer Hoffnungen wurde, stand im Gegensatz zum Sykes-Picot-Abkommen (1916), das den größten Teil des ottomanischen Reiches in französische und englische Einflußzonen aufgeteilt hatte. In den 20er und 30er Jahren rückten die Briten unter dem wachsenden Druck der arabischen Bevölkerung und der Nachbarländer von der Balfour-Erklärung ab. 1939, kurz vor Kriegsbeginn, revidierten die Briten die Erklärung von 1917 endgültig mit dem »Weißbuch« (siehe Anm. 50).

Der jüdische Lebenswille ist berühmt und berüchtigt. Berühmt, weil er einen in der Geschichte europäischer Völker verhältnismäßig langen Zeitraum umspannt. Berüchtigt, weil er in den letzten 200 Jahren zu etwas ganz Negativem zu entarten drohte: zu dem Willen, um jeden Preis zu überleben. Unser nationales Elend beginnt mit dem Zusammenbruch der Sabbatai-Zwi-Bewegung[13]. Seither haben wir Dasein als solches, ohne nationalen und meist auch ohne religiösen Inhalt, als Wert an sich proklamiert. Das jüdische Volk begann einem Greise zu ähneln, der im Alter von 80 Jahren mit sich selbst die Wette abschließt, es auf 120 Jahre zu bringen, und der nun mit Hilfe einer ausgeklügelten Diät und unter Vermeidung jeder Bewegung mit dem Leben abschließt, um sich dem Überleben zu widmen; so lebt er von einem Geburtstag zum anderen und freut sich auf diesen einen Tag des Jahres, an dem er den erstaunten und nicht mehr ganz wohlwollenden Verwandten zurufen kann: Siehst Du, ich habe es wieder mal geschafft. Hitler ist augenblicklich damit beschäftigt, diesem Greis das Lebenslicht auszublasen. Es ist unser aller Hoffnung, daß er sich irrt: daß er es nicht mit Greisen, sondern mit Männern und Frauen eines Volkes zu tun bekommt.

Eine jüdische Armee ist keine Utopie, wenn Juden aller Länder sie verlangen und bereit sind, in sie als Freiwillige einzutreten. Utopisch aber ist die Vorstellung, wir könnten in irgendeiner Weise von der Niederlage Hitlers profitieren, wenn diese Niederlage nicht auch uns verdankt ist. Nur der

13 Sabbatai-Zwi, jüdischer Messias-Prätendent (1626–1676); rief sich selbst im Heiligen Land als Messias aus und erwarb sich eine große Anhängerschaft (Sabbatianer). Arendt nannte diese Bewegung in »Der Judenstaat« (*Krise des Zionismus*, S. 65/66) »die letzte große Initiative der Juden«, die, so schrieb sie, »in ihrer ausschließlichen Sorge um die Realität und das Handeln einmalig erscheint«. Sie bezeichnete diese Bewegung als »historisches Vorbild für eine zukünftige Versöhnung jüdischer und europäischer Geschichte« und als »starkes Argument gegen die Theoretiker des Zurück ins Ghetto«.

wirkliche Krieg des jüdischen Volkes gegen Hitler wird dem phantastischen Gerede von dem jüdischen Krieg ein Ende – und ein würdiges Ende bereiten. Freiheit ist kein Geschenkartikel, lautet eine alte und sehr zeitgemäße zionistische Weisheit. *Freiheit ist auch keine Prämie für ausgestandene Leiden.*

Eine dem jüdischen Volk unbekannte Wahrheit, die es erst zu lernen beginnt, ist, *daß man sich nur als das wehren kann, als was man angegriffen wird.* Ein als Jude angegriffener Mensch kann sich nicht als Engländer oder Franzose wehren. Alle Welt kann daraus nur schließen, daß er sich eben nicht wehrt. Gelernt haben diese Regel des politischen Kampfes vielleicht jene Zehntausende französischer Juden, die auch Angst vor dem »jüdischen Krieg« hatten und glaubten, sich als Franzosen wehren zu müssen, um von ihren französischen Kampfgenossen getrennt in jüdischen Gefangenenlagern in Deutschland zu enden. Sicher gelernt haben es die Scharen jüdischer Freiwilliger, die glaubten, als Fremdenlegionäre der verschiedensten Abschattung ihren Kampf gegen Hitler mit dem Kampf um die Naturalisation verbinden zu können, und die heute in den französischen Internierungslagern sitzen oder beim Bau der Sahara-Bahn beschäftigt werden. Sie können noch von Glück sagen, wenn sie nicht direkt im Kampf gegen England und Rußland eingesetzt werden.

Wie im menschlichen Leben die Fixierung an einen Menschen das Zerrbild und der Ruin der Freundschaft ist, so ist in der Politik die bedingungslose Identifikation der eigenen Sache mit der Sache eines anderen das Zerrbild und der Ruin des Bündnisses. Das wissen die Juden in Palästina, die sich dagegen sträuben, in der englischen Sache ihre eigene Sache verschwinden zu lassen – und doch nichts sehnlicher wünschen, als den Engländern wirklich zu helfen. Sie wissen, daß sie weder sich noch dem englischen Volk helfen können, wenn sie nicht als Juden, in jüdischen Formationen, unter jüdischer Flagge, allen weithin sichtbar als Verbündete Englands sich für sich selbst schlagen.

Juden sind heute wie besessen von der fixen Idee ihrer eigenen Bedeutungslosigkeit. Teils hoffen sie damit noch einmal von der Bühne der Politik abtreten zu können, teils sind sie ehrlich verzweifelt, einer machtlosen und anscheinend völlig entpolitisierten Gruppe zuzugehören. Auch wir sind von der Krankheit, die die europäischen Völker befallen hatte, nicht verschont geblieben: von der Verzweiflung, der zynischen Enttäuschung und der eingebildeten Hilflosigkeit.

Der Sturm, den die Bildung einer jüdischen Armee mit Freiwilligen aus der ganzen Welt in unseren eigenen Reihen entfesseln wird, wird dem ehrlich Verzweifelnden klar machen, daß auch bei uns nur mit Wasser gekocht wird; daß es auch bei uns Politik gibt, wenn man sie sich auch meist mühevoll aus den dunklen Chiffern der Notabeln-Petitionen und der Wohltätigkeitsvereine zusammenbuchstabieren muß, und wenn diese Politik es auch besonders gut verstanden hat, das Volk der Politik zu entfremden. Wir sind aber keineswegs die Einzigen, die von einem plutokratischen Regime bis an den Abgrund des Verderbens geführt wurden. Der Krieg ist eine zu ernste Sache, meinte Clemenceau, um ihn den Generälen überlassen zu können. Nun, *die Existenz eines Volkes ist bestimmt eine zu ernste Sache, als daß man sie reichen Männern überlassen könnte.*

Die Bildung einer jüdischen Armee wird nicht in geheimen Besprechungen mit Staatsmännern und nicht auf dem Wege der Petition einflußreicher Juden entschieden werden. Wir werden diese Armee nie bekommen, wenn das jüdische Volk sie nicht fordert und wenn nicht Hunderttausende bereit sind, mit der Waffe in der Hand um ihre Freiheit und um das Lebensrecht des Volkes zu kämpfen. Nur das Volk selbst, jung und alt, arm und reich, Männer und Frauen, kann die öffentliche Meinung, die heute gegen uns ist, umstimmen; *denn nur das Volk selbst ist stark genug für ein wirkliches Bündnis.*

Aktive Geduld
28. November 1941

Die englische Regierung hat wieder einmal die Bildung einer jüdischen Armee abgelehnt. England ist also noch nicht bereit, die Sache der Freiheit ganz und gar zu der seinen zu machen. Und wir – wie die Inder[14] – werden uns noch einmal gedulden müssen.

Wenn es wahr ist, daß Politik mit dem langsamen Bohren sehr harter Bretter zu vergleichen ist (Max Weber), so ist Geduld in der Politik das beharrliche Fortsetzen dieses Bohrens. Und nicht das apathische Warten auf ein Wunder. Wunder geschehen nicht in dieser Welt, aber selbst sehr harte Bretter können durchbohrt werden.

Immerhin zwingt diese Ablehnung uns eine Pause auf, die wir geduldig benutzen sollten, uns besser und grundsätzlicher vorzubereiten. Dazu können einige theoretische Überlegungen dienen, deren unmittelbarer Zweck die *Stärkung des jüdischen Selbstbewußtseins und die Schwächung des jüdischen Hochmuts* ist. Das jüdische Minderwertigkeitsgefühl – was können wir schon tun, wir sind in dem heutigen Kampf ein ganz untergeordneter Faktor – würde sich nie so frei zu äußern wagen, wenn nicht hinter ihm der jüdische Hochmut stände: Uns kann nichts passieren, ohne Israel kann die Welt nicht leben.

Als am Ende des vorigen Krieges die Staatsmänner der europäischen Nationen glaubten, mit den Minderheitenverträgen

---

14 Während Tschechen und Polen eigene Einheiten besaßen, entstanden die indischen Formationen innerhalb der britischen Armee erst später. Der Unterschied zwischen Indien und Palästina lag darin, daß Indien eine britische Kronkolonie war, während Palästina ein zeitlich befristetes Mandatsgebiet des Völkerbundes war. Zur Verteidigung Palästinas holten die Briten fremde Truppen (aus Australien z. B.) nach Palästina.

die nationale Frage ein für allemal geregelt zu haben, ergoß sich bereits die erste Welle jenes Flüchtlingsstroms über Europa, der inzwischen Angehörige aller europäischen Nationen in seinen Strudel gerissen hat. Den Staatenlosen russischer Provenienz folgten die Staatenlosen aus Ungarn; ihnen die Flüchtlinge Italiens; nach einer kurzen Pause kamen die Deutschen und Österreicher an die Reihe; und heute gibt es keine europäische Nation mehr – außer England –, die nicht eine größere oder kleinere Anzahl ihrer Bürger der Staatsbürgerschaft beraubt, sie in die Fremde gejagt und ohne jeglichen konsularischen oder rechtlichen Schutz dem Wohl- oder Mißwollen anderer Staaten überlassen hätte.

Zukünftige Historiker werden vielleicht feststellen können, daß die Souveränität des Nationalstaats sich selbst ad absurdum führte, als er begann, souverän zu bestimmen, wer Staatsbürger ist und wer nicht; als er nicht mehr einzelne Politiker in die Verbannung schickte, sondern Hunderttausende seiner Bürger der souveränen Willkür anderer Nationen überließ. Keine internationale Gesetzgebung ist mit dem Problem der Staatenlosen fertiggeworden, das in einer Welt souveräner Nationen unlösbar ist. Die Minderheitenverträge von 1920 waren schon veraltet, als sie in Kraft traten, weil die Heimatlosen in ihnen nicht vorgesehen waren.[15]

Die Staatenlosen sind in der neueren Geschichte das neueste Phänomen. Keine der Kategorien, keine der Regelungen, die dem Geist des 19. Jahrhunderts entsprangen, trifft auf sie zu. Sie sind aus dem nationalen Leben der Völker ebenso ausgeschieden wie aus den Klassenkämpfen der Gesellschaft. Sie sind weder Minoritäten noch Proletarier. Sie stehen außerhalb aller Gesetze. Über diese fundamentale Rechtlosigkeit konnte

---

15 Über Staatenlose und Minderheitenverträge siehe insbesondere Arendts Brief an Erich Cohn-Bendit (im Anhang dieses Bandes abgedruckt) sowie das Kapitel »Die Aporien der Menschenrechte« in *Elemente und Ursprünge totaler Herrschaft*, S. 601 ff.

in Europa keine Naturalisation mehr hinwegtäuschen. Es gab immer zu viel Naturalisierte, und keinem Einsichtigen war es verborgen, daß der geringste Regierungswechsel genügen konnte, alle Naturalisationen der vorhergehenden Regierung rückgängig zu machen. Naturalisiert oder nicht naturalisiert: Die Konzentrationslager standen immer bereit. Reich oder arm, man gehörte zu der wachsenden Schicht der europäischen Paria.[16]

Das 19. Jahrhundert hat rechtlich keine Paria gekannt: »Das Gesetz in seiner majestätischen Gleichheit verbietet es Reichen wie Armen, unter Brücken zu schlafen und Brot zu stehlen« (Anatole France). Die gesellschaftlichen Paria des 19. Jahrhunderts waren die Juden, die keinem Stand mehr angehörten und in keiner Gesellschaftsschicht vorgesehen waren. Aber aus diesem Paria-Dasein gab es den viel besprochenen individuellen Ausweg: Man konnte ein Parvenu werden. Der gesellschaftliche Parvenu ist eine der typischen Erscheinungen des 19. Jahrhunderts, wie der politische Paria eine der zentralen Figuren des Zwanzigsten wird. Aus dem politischen Schicksal gibt es keinen individuellen Ausweg mehr. Ob man gesellschaftlich ein Paria – und sei es in der Form des Rebellen – bleiben wollte, war noch mehr oder minder der persönlichen Entscheidung des Einzelnen überlassen. Seiner Entscheidung war es überlassen, ob er die ursprüngliche Menschlichkeit und Vernünftigkeit dessen, der unmittelbar, ohne Vorurteile und ohne Ehrgeiz, das Leben zu ertragen gezwungen ist, vertauschen wollte mit der Schlechtigkeit und Dummheit dessen, der sich prinzipiell und ausdrücklich von aller Natürlichkeit, aller menschlichen Solidarität und aller freien Einsicht in menschliche

16 Über das Thema »Juden als Paria« in den Werken Hannah Arendts siehe vor allem *Rahel Varnhagen;* über den »bewußten Paria« und Bernard Lazare siehe »Die verborgene Tradition«, in *Sechs Essays*, 1948, außerdem: »Wir Flüchtlinge« in: *Zur Zeit* (hrsg. von Marie Luise Knott), Berlin 1986.

Verhältnisse hat lossagen müssen. Ob er mit seinem Realitätsbewußtsein, das geschult war an den primitivsten und daher wichtigsten Dingen des Daseins, zahlen wollte für den spekulativen Irrsinn dessen, der, von allen natürlichen Bindungen abgeschnitten, nur noch für sich selbst lebt, in der irrealen Welt der Finanztransaktionen und der Enge des gesellschaftlichen Kastengeistes.

Das Unglück der Juden, seit den Generalprivilegien der Hofjuden und der Emanzipation der Ausnahmejuden, ist es gewesen, daß der Parvenu für die Geschichte des Volkes entscheidender wurde als der Paria; daß Rothschild repräsentativer war als Heine; daß die Juden auf irgendeinen jüdischen Ministerpräsidenten stolzer waren als auf Kafka und Chaplin[17]. Nur in den seltensten Fällen rebellierte der Paria gegen den Parvenu als seiner eigenen Karikatur. In der Maske des Philanthropen vergiftete der Parvenu das ganze Volk, zwang ihm seine Ideale auf. Der Philanthrop machte aus dem Armen einen Schnorrer und aus dem Paria einen zukünftigen Parvenu.[18]

Die Ereignisse der letzten Jahre haben die Figur des Paria in

---

17 Nicht zuletzt aufgrund der Nazi-Publikation »Juden sehen Dich an« (1933) und des Films »Der ewige Jude« kursierte die Vorstellung, Charlie Chaplin sei Jude. Hannah Arendt hat ihn in ihrem Text »Die verborgene Tradition« (*Sechs Essays*, 1948) in einer Serie über jüdische Parias als »Der Suspekte« porträtiert. Chaplin selbst hat nach Aussagen enger Freunde nie klargestellt, daß er kein Jude ist, da ihm dies zu NS-Zeiten wie eine Unterstützung des Antisemitismus erschienen wäre. Vgl. John Mc Cabe, *Charlie Chaplin*, London 1978, S. 198f. Hannah Arendt ging gleichwohl auch später davon aus, daß er Jude war. In einem Brief an Klaus Wagenbach (16. Juli 1964) beklagt sie, daß »Chaplin sich hartnäckig weigert, Jude zu sein« (Nachlaß, Library of Congress, Container 32).

18 Philanthropie und Schnorrertum als antipolitische Haltungen hat Hannah Arendt in vielen Beiträgen dieses Bandes thematisiert (siehe etwa: »Offener Brief an Jules Romains« und »Die Krise des Zionismus«), außerdem in »Die verborgene Tradition« sowie in mehreren Vorträgen in der Jungjüdischen Gruppe (Library of Congress, Container 63).

den Vordergrund der Politik gerückt. Was nur die Juden anlangt, so sind alle Parvenus wieder Paria geworden, und diese Entwicklung ist endgültig: »On ne parvient pas deux fois«[19] (Balzac). Es hat sich ferner herausgestellt, daß man nicht ungestraft ein europäisches Volk rechtlich und politisch außerhalb des Gesetzes stellt. So wie das russische Rezept in wenigen Jahrhunderten von allen europäischen Nationen befolgt worden ist und eine Emigration der anderen auf dem Fuße folgte, so war das jüdische Volk nur das erste, das in Europa zu einem Paria-Volk erklärt worden ist: Heute sind alle europäischen Völker rechtlos. Damit sind die von Land zu Land gejagten Flüchtlinge aus aller Herren Länder zu der Avantgarde ihrer Völker geworden. Die Weltbürger des 19. Jahrhunderts sind im 20. die Weltreisenden wider Willen. Dieser Tradition sollte man sich bewußt bleiben. Denn das von uns entwickelte Minderwertigkeitsgefühl steht in diametralem Gegensatz zu unserer politischen Bedeutung.

Noch nie in der Geschichte der letzten hundert Jahre hat das jüdische Volk eine so große Chance gehabt, frei zu werden und aufzusteigen in die Reihe der Nationen der Menschheit. Alle europäischen Nationen sind zu Paria-Völkern geworden, alle sind gezwungen, den Kampf um Freiheit und Gleichberechtigung neu aufzunehmen. Unser Schicksal ist zum erstenmal kein Sonderschicksal, unser Kampf zum erstenmal identisch mit dem Freiheitskampf Europas. Als Juden wollen wir für die Freiheit des jüdischen Volkes kämpfen, denn: »Wenn nicht ich für mich – wer für mich?«; als Europäer wollen wir für die Freiheit Europas kämpfen, denn: »Wenn ich nur für mich – wer bin ich?« (Hillel).[20]

---

19 Dt.: »Man parveniert nur einmal.«

20 Vorsteher des Synedriums in Babylonien um 60 v. Chr., einer der bedeutendsten rabbinischen Gesetzeslehrer, der seine Glaubensgenossen animierte, auf die gemeinsame religiöse Überzeugung als einzigen Schutz zu setzen.

Ceterum Censeo …
26. Dezember 1941

Juden kämpfen heute an allen Fronten der Welt: englische Juden in der englischen Armee, palästinensische Juden in dem libyschen Expeditionskorps, russische Juden in der Roten Armee und schließlich amerikanische Juden in Heer und Flotte. Aber, so berichtet die JTA[21], als nach einem gewonnenen Gefecht palästinensische Juden aus dem Kampf kamen und eine kleine jüdische Flagge zu hissen wagten, wurde sie sofort entfernt.[22] So wird man nach diesem Kriege unsere Delegierten aus dem Sitzungssaal der Mächte, der großen und der kleinen Nationen, entfernen. Und wir werden

---

21 Jewish Telegraphic Agency, Jüdische Nachrichtenagentur.

22 Die Frage, ob und auf welche Weise Juden als Juden kämpfen sollen und können, durchzieht die gesamte Kriegszeit. Zwei Aspekte seien kurz genannt: 1940 findet in England eine Debatte darüber statt, ob englische Juden bei ihrer Aufnahme in die britische Armee auf den Fragebögen ihre jüdische Zugehörigkeit angeben oder verschweigen sollen. Einige jüdische Vertreter bestehen darauf, daß die Zugehörigkeit in den Militärpapieren dokumentiert werde, da jeder (also auch jeder Jude) das Recht habe, nach seinem Glauben bestattet zu werden. Außerdem sollten die Deutschen wissen, daß Juden gegen sie kämpfen. Der »Aufbau« argumentierte dagegen: »Glauben Sie im Ernst, daß die Nazis irgend etwas mit der soldatischen Tradition des alten Deutschland zu tun haben? (…) Man weiß, was Rabbinern passiert ist, die in Deutschland oder Polen Nazis in die Hände fielen. Ein am Leben gebliebener Gefangener ist uns lieber als ein Toter in der Statistik« (»Aufbau«, 2. Januar 1940).

Eine zweite Geschichte aus dem »Aufbau« belegt, wie wichtig man damals die Frage nahm, wer unter welcher Flagge kämpfte: General Sikorski aus der (russisch-)polnischen Exilregierung wollte jüdischen (in Rußland exilierten) Männern die Flucht nach Palästina ermöglichen, doch er stellte zwei Bedingungen: a) daß die jüdischen Gemeinschaften den Transport bezahlen, b) daß diese Männer in Palästina unter polnischer Flagge, nicht unter dem Davidstern kämpfen (Joseph Maier, »Von Menschen und Mäusen«, »Aufbau«, 1. Mai 1942).

uns nicht beklagen können: Es wird unsere Schuld gewesen sein.

Seit dem Entstehen des politischen Antisemitismus am Ende des vorigen Jahrhunderts bereiten jüdische Theoretiker der verschiedensten Schattierungen das jüdische Volk auf diesen Defaitismus vor. Die einen erzählen ihm, daß es sie gar nicht gäbe, daß sie nur eine Erfindung der Antisemiten seien; die anderen, daß der Antisemitismus nur der »Überbau« eines notwendigen ökonomischen Prozesses sei, durch den sie notwendigerweise ihre augenblicklichen ökonomischen Positionen verlieren und ebenso notwendigerweise dann aufhören würden zu existieren; die dritten schließlich, daß der Antisemitismus naturnotwendig sei, der irrationale und daher unbekämpfbare Ausdruck der Abstoßung einander fremder Volkskörper, daß es also vor ihm nur Flucht gäbe. So entscheidend die moralische Wirkung des Zionismus auf einzelne Menschen, so großartig die Eroberung Palästinas durch Arbeit war, so katastrophal wirkt sich heute aus, daß er nie eine politische Antwort auf die für die Juden zentrale Bewegung unserer Zeit gefunden hat, auf den Antisemitismus.

Entsprechend diesen Schemata stellen Juden sich heute zu dem großen Kampf um ihre Existenz. Die einen überzeugt, daß »keiner weiß, daß ich Rumpelstilzchen heiß«. Die anderen selig in dem Bewußtsein, den Zeitgeist zu personifizieren, indem sie ausgerottet werden. Und die dritten ängstlich darauf bedacht, nicht mehr zu verteidigen und nicht mehr zu fordern als jüdisches Territorium in Palästina, als Sicherheit für den Jischuw[23] von 500 000 Seelen, als das Stückchen Erde, auf dem man hofft, vor Antisemitismus sicher zu sein. Vor Antisemitismus aber ist man nur noch auf dem Monde sicher; und der berühmte Ausspruch Weizmanns[24], daß die Antwort auf den

23 Jischuw (hebr. das Volk), Bezeichnung für die organisierte jüdische Gemeinde in Palästina.

Antisemitismus der Aufbau Palästinas sei, hat sich als ein gefährlicher Wahn erwiesen.

Wir können den Antisemitismus nur bekämpfen, wenn wir mit der Waffe in der Hand gegen Hitler kämpfen. Aber dieser Kampf wiederum muß getragen sein von bestimmten theoretischen Einsichten, deren Konsequenzen wir verwirklichen wollen. Die erste dieser Einsichten ist, daß wir in den Krieg als ein europäisches Volk gehen, das zu Glanz und Elend Europas so viel beigetragen hat wie jedes andere auch. Das heißt, daß wir in unseren eigenen Reihen alle die bekämpfen müssen, die behaupten, daß wir seit eh und je nur Opfer und Objekt der Geschichte gewesen seien. *Es ist nicht wahr, daß wir immer und überall die unschuldig Verfolgten sind. Wäre es aber wahr, so wäre es furchtbar: Es würde uns nämlich endgültiger ausscheiden aus der Geschichte der Menschheit als alle Verfolgungen.* Die zweite Einsicht ist, daß, weil der »Zionismus das Geschenk Europas an die Juden ist« (Kurt Blumenfeld[25]),

---

24 Dr. Chaim Weizmann, 1874–1952; Chemiker und Politiker, ging 1904 nach London, Aktivist der World Zionist Organization (WZO) und der English Zionist Organisation. Sein politischer Einfluß verdankte sich nicht zuletzt einer kriegswichtigen Chemie-Entdeckung im Ersten Weltkrieg. War am Zustandekommen der Balfour-Deklaration maßgeblich beteiligt. Ab 1920 Präsident der WZO, Mitwirkung an der Errichtung der Jewish Agency for Palestine (der im Mandatsvertrag von 1922 vorgesehenen Vertretung des jüdischen Volkes gegenüber der britischen Mandatsregierung). Setzte im Krieg wesentlich auf die Zusammenarbeit mit den Engländern. Sein Gegenspieler war Ben Gurion (siehe Anm. 48 und 135). Weizmann wurde 1948 erster Staatspräsident Israels.

25 Kurt Blumenfeld, 1884–1963; 1911–1914 Generalsekretär des zionistischen Weltverbandes, 1924–1933 Präsident der Zionistischen Vereinigung für Deutschland. Ging 1933 nach Israel. Unterhändler bei den Briten. Anfang der 40er Jahre zahlreiche lange Aufenthalte in den USA. Hannah Arendt hatte ihn in Berlin gekannt (»in der Judenfrage sind Sie immer mein Lehrer gewesen«, siehe auch Nachwort in diesem Band). Sein Briefwechsel mit Hannah Arendt erschien unter dem Titel: »*… in keinem Besitz verwurzelt*«, hrsg. von Ingeborg Nordmann und Iris Pilling, Hamburg 1995.

Palästina nur als Siedlungsgebiet der europäischen Juden betrachtet werden kann. Mit anderen Worten: daß die Politik Palästinas von einer Gesamtpolitik des europäischen Judentums aus zu leiten ist und daß nicht umgekehrt die Palästinapolitik die gesamte jüdische Politik bestimmen kann. Denn es gibt drittens keine Lösung der Judenfrage in einem Lande, auch nicht in Palästina. Für die Juden Amerikas kann Palästina jenes europäische Mutterland werden, das nur sie von allen Völkern Amerikas bisher entbehren müssen. Für die Juden Europas kann Palästina das Siedlungsgebiet einer der Kristallisierungspunkte einer jüdischen Politik im internationalen Maßstab wie der Kernpunkt ihrer nationalen Organisation bilden.

Politische Bewegungen entstehen nicht im luftleeren Raum. Wir haben nur einen einzigen wirklichen politischen Organismus: die zionistische Organisation. In ihr müssen wir gegen die Apathie eines Apparatus, der so bürokratisch, so kompromißsüchtig und so der Realität entfremdet ist wie alle anderen politischen Apparaturen unserer Zeit, auf die ursprünglichen nationalrevolutionären Parolen der Bewegung zurückgehen und sie, so gut wir können, in konkrete Forderungen verwandeln. Die erste dieser Parolen ist die vom innerjüdischen Kampf: gegen die Schnorrer- und Philanthropen-Internationale, für eine nationale Gesundung des Volkes. Die zweite ist die alte Parole von der Auto-Emanzipation: die Gleichheit, für die »generalprivilegierte« Münz- und Hofjuden in bar hatten zahlen können, empfing die Masse des jüdischen Volkes als Geschenk aus den Händen seiner Notabeln. Auto-Emanzipation heißt: Gleichberechtigung für ein Volk, das mit seiner Hände Arbeit diese Erde reicher und schöner macht; Freiheit für ein Volk, das durch seinen Kampf bewiesen hat, daß es den Tod der Sklaverei vorzieht.

In diesem Zusammenhang ist das wichtigste Ereignis der letzten Wochen die *Washingtoner Konferenz des »Committee for a Jewish Army«*[26], über die der »Aufbau« in seiner letzten Nummer kurz berichtete. Die Konferenz hat zwei positive

Ergebnisse gehabt: Sie hat erstens bewiesen, daß die *nichtjüdische öffentliche Meinung* die Idee einer jüdischen Armee als eine selbstverständliche Forderung der Juden anerkennt und akzeptiert. Sie hat zweitens – und dies ist noch wichtiger – die B'nai Brith Hillel Foundation[27], die in 62 Städten Amerikas Studenten-Organisationen hat, dazu bewogen, eine »National Panel Discussion« über das Thema zu veranstalten: »Should a Jewish Army be organized for Service to the allied cause to fight alongside of the Polish, Czech, Norvegian and other similar legions?«

Wir haben trotz dieser Ereignisse, und obwohl jeder Schritt auf diesem Wege zu begrüßen ist, zwei Einwände gegen die Konferenz und gegen das Komitee: Es ist für jüdische Politik immer verhängnisvoll, wenn sie sich ihre Forderungen zuerst von nichtjüdischen Kreisen attestieren läßt. Und auf dieser Konferenz hat kaum ein Jude gesprochen. Das hat eine fatale

---

26 »Committee for a Jewish Army«, Initiative der militanten revisionistischen Irgun (siehe Anm. 30), um in den USA noch vor dem Kriegseintritt eine breite Basis für eine jüdische Armee und die Verteidigung Palästinas zu schaffen. Mit Unterstützung zahlreicher liberaler und linker Intellektueller fand am 4. Dezember 1941 die Gründungsversammlung statt. Als Vorsitzenden gewannen sie den Hollywood-Drehbuchautor Ben Hecht (siehe auch dessen Autobiographie *A Child of the Century*, London 1954. Hecht verfaßte 1942/43 mit Kurt Weill für die Revisionisten das Musical »We shall never die«).

Das Komitee agitierte nicht nur erfolgreich, sondern wurde auch praktisch tätig. So berichtet Eri Jabotinsky (Sohn von Vladimir Jabotinsky, s. Anm. 28) vom Aufbau einer Jewish Aviation School (»Aufbau«, 16. Januar 1942), in der Piloten für die Jewish Army oder das Jewish Squadron ausgebildet werden sollten (»jews have to participate in the war not as unknown, nameless soldiers, but as jews«).

27 B'nai B'rith (hebr: »Söhne des Bundes«); 1843 gegründeter »Brüderlicher Orden«, älteste und größte außersynagogale jüdische Organisation in den USA. Gründete 1913 die Anti-Defamation-League. 1938 wird mit Henry Monsky erstmalig ein Osteuropäer Präsident von B'nai B'rith, der mit Unterstützung der Zionisten 1943 mit der American Jewish Conference ein breites Bündnis zur Rettung der europäischen Juden initiierte (siehe Anm. 97).

Ähnlichkeit mit den Methoden der Petitionspolitik der Notabeln, die man auch jederzeit hätte fragen können: Im Namen von wem sprecht Ihr eigentlich? Und diese unsere nichtjüdischen Freunde haben noch dazu teilweise zweifellos im Namen von Leuten gesprochen, die sie kaum vom Hörensagen kannten, nämlich im Namen der Revisionisten.[28] Was zweitens die Revisionisten selber anlangt, so werden wir unser Mißtrauen so lange nicht beschwichtigen dürfen, als sie nicht klipp und klar erklären: erstens, daß ihre Terrorpolitik in Palästina zur Zeit der Unruhen[29] ein verhängnisvoller Fehler war, und daß sie zweitens bereit sind, nicht nur sich mit der Arbeiterschaft zu verständigen, sondern daß sie anerkennen, daß unsere Rechte in Palästina prinzipiell nur von den Arbeitern

---

28 Von Vladimir Jabotinsky 1925 gegründete radikale Strömung der Zionisten, welche die Realpolitik der Nachkriegszeit im Sinne von Herzls *Judenstaat* »revidieren« wollte. 1935 aus der Zionistenvereinigung ausgeschlossen. Sie verfochten militant, teils mit terroristischen Mitteln, das Ziel eines souveränen jüdischen Staates auf dem Gebiet beiderseits des Jordan-Flusses, unter Ignorierung (oder Vertreibung) der in dem Gebiet ansässigen Araber. 1931 gründete Jabotinsky, der bereits die Haganah (militärischer Selbstschutz) gegründet hatte, auch die Organisation Irgun. In Amerika arbeiteten die Revisionisten als »Bergson-Gruppe«, benannt nach Hillel Kook, alias Peter H. Bergson, der nach Jabotinskys Tod im August 1940 Anführer der revisionistisch-zionistischen Bewegung wurde. Er kam während des Krieges aus Palästina in die USA, um Unterstützung für seine Bewegung zu finden.

29 In Palästina wehrten sich die Araber 1936–1939 mit Anschlägen insbesondere auf britische Einrichtungen gegen die Landkäufe und Ansiedlungen der Juden, die unter den wohlwollenden Augen der Briten ein umfassendes medizinisches Versorgungsnetz und andere Sozialeinrichtungen sowie eine eigene politische Kultur aufbauten (inklusive der inoffiziellen Regierung: Jewish Agency for Palestine). Den Arabern gelang es, die Altstadt Jerusalems und weitere arabische Städte unter ihre Kontrolle zu bringen und die britische Mandatsregierung, Polizisten und Beamte von dort zu vertreiben. Mit Hilfe zusätzlicher Truppen (20000 britische Soldaten) gewann die Mandatsregierung die Macht zurück, woraufhin sich die Lage allmählich ent-

vertreten werden können. *Denn wenn Juden in Palästina kraft Rechts und nicht aus Duldung leben, so nur kraft des Rechts, das ihre Arbeit dort geschaffen hat und jeden Tag aufs neue schafft.*

Ein erster Schritt
30. Januar 1942

Das starke und reine Echo, das Kurt Blumenfelds Ausführungen über die Frage einer jüdischen Armee vor wenigen Tagen im New World Club fanden, beweist, daß das Volk zu mobilisieren ist, wenn einer, der nicht mehr sein will als »einer aus dem Volk«, zu ihm spricht. Die Sprache, auf die das Volk hört, ist nicht nur einfach (was man heute mit monumental verwechselt) und nicht nur zündend (was man heute mit demagogisch verwechselt), sondern es ist die Sprache der Vernunft. Blumenfelds Erfolg war gerade dem geschuldet, daß er undemagogisch und »nur« vernünftig sprach. Die Sprache des Volkes finden immer nur Einzelne, und diese nur dann, wenn sie sich dem Volke verbunden wissen. (Während die Sprache des Mob von allen Demagogen fließend beherrscht wird, die sich als Führer oder Angehörige einer Elite fühlen.)

In diesem Sinne legitimierte Blumenfeld sich gleich zu Beginn seiner Ausführungen, als er darauf hinwies, daß er hier fremd sei und »nicht in seinem Volke lebe«. Damit wurde klar, daß er als Vertreter des jüdischen Volkes in Palästina sprach.

---

spannte. Zur Unterstützung bewaffneten die Briten die vorhandene jüdische Sicherheitspolizei Haganah und bildeten zusätzliche Sicherheitskräfte aus. Die terroristische Irgun gewann an Einfluß. Siehe auch David Hirst, *The Gun and the Olive Branch,* London 1978, S. 75–107, ferner: Christopher Sykes, *Kreuzwege nach Israel,* München 1967.

Die Forderung einer jüdischen Armee leitete er ab aus dem Recht, das Schwert zu führen, das keinem streitig gemacht werden darf, der die Kelle oder den Pflug geführt hat. Eine Armee in unserem Sinne kann nur gebildet werden von Menschen, die arbeiten und die nur gezwungen und im äußersten Notfall zu den Waffen greifen. Militaristen und Leute, die im reinen Kampf und Krieg einen Wert an sich sehen, haben in ihr nichts zu suchen. Moderne Soldaten sind »Zivilisten in Uniform« und können ihr Recht zu töten, das dem Gewissen jedes nichtpervertierten Menschen immer eine furchtbare Last ist und sein muß, nur dadurch rechtfertigen, daß sie ausgezogen sind, die Früchte ihrer Arbeit und den Sinn ihres zivilen Lebens zu verteidigen.

Der Krieg verlangt nicht nur die furchtbare Bereitschaft zu töten, er verlangt auch die Bereitschaft zu sterben. Sterben aber kann man nur, wenn man genau weiß, wofür man kämpft, und wenn man der Gemeinschaft, die dies Wofür verkörpert, als gleichberechtigter Bürger angehört. Die palästinensischen Juden wissen, was sie verteidigen: ihre Äcker und Bäume, ihre Häuser und Fabriken, ihre Kinder und Frauen. Und sie gehören fraglos zu dieser Gemeinschaft, denn wir sind dort »kraft Rechts und nicht aus Duldung«. Anders steht die Frage für uns jüdische Staatenlose aus Europa, da wir, Flüchtlinge, überall nur aus Duldung und nirgends kraft Rechts leben. Wie Blumenfeld der Meinung ist, daß nur Palästina heute das einigende Band der Weltjudenheit darstellt, so ruft er die jüdischen Staatenlosen der ganzen Welt auf, sich als Freiwillige der jüdischen Armee in Palästina zur Verfügung zu stellen. Um damit in der in diesem Krieg einzig möglichen Form das Recht und die Verantwortlichkeit aller Juden auf und für Palästina zu proklamieren.

Hinter diesen Formulierungen steckt die alte zionistische Idee, daß nur Palästina und Palästina *allein* bereits die Lösung der Judenfrage ist. Einigen unter uns möchte es scheinen, daß die Ereignisse der letzten Jahre mit genügender Eindringlichkeit gezeigt haben, daß wir vor unseren Feinden auch in Palästina nicht sicher sind und daß auch Palästina uns nur dann helfen kann, wenn die Judenschaft der Welt bereit ist, sich ihrer Feinde zu erwehren. Antisemiten, die wir durch den Aufbau Palästinas überzeugen oder durch den Auszug aus den Ländern der Diaspora beschwichtigen könnten, gibt es nicht mehr.

Hingegen gibt es die Hunderttausende von jüdischen Flüchtlingen aus Europa, die die Sache ihrer zurückgebliebenen Brüder zu führen haben. Diese wissen zwar, daß nur das palästinensische Siedlungsgebiet ihnen in Zukunft Rechte wird garantieren können; sie haben aber auch gelernt, daß von ihnen und ihrem Status in einem befreiten Europa die Sicherheit Palästinas abhängen wird.

In der Politik bilden die Mißerfolge eine glatte, abschüssige Bahn, die man bequem herunterrutschen kann. Die Straße des Erfolges aber ist mit Dornen besät, und auf ihr kommt man nur mühselig vorwärts. Auf ihr haben wir in Kurt Blumenfelds Vortrag einen kleinen Schritt getan. Gar nichts garantiert uns, daß ihn die Siebenmeilenstiefel des Mißerfolges nicht schleunigst wieder rückgängig machen werden – außer unserem Willen, für das einzustehen, was wir für Recht in der Sache der Freiheit und für notwendig in der Sache des jüdischen Volkes halten.

Wer ist das »Committee for a Jewish Army«?

Letter to the Editor
6. März 1942

Wahrlich, die Juden sind ein Volk wie alle anderen Völker. Hätten wir noch eines Beweises für diese Binsenwahrheit bedurft, die faschistische Bewegung, die so betriebsam sich müht, das Gesicht der jüdischen Freiheitsbewegung, die man Zionismus nennt, zu entstellen, hätte ihn uns geliefert.

Nichts ist so erfolgreich wie der Erfolg. Daß die faschistische Politik einiger großer Völker erst einmal Erfolg hatte, hat in allen kleinen Völkern einigen Gruppen den Kopf verdreht.

Unsere jüdischen Faschisten aber in ihrem Übereifer, modern zu sein, hatten keine Zeit, sich die Struktur und die Politik ihrer großen Brüder näher anzusehen. Sie haben weder verstanden, was ein Rassenstaat ist, noch warum alle diese Quislinge gar nicht anders können, als antisemitisch zu werden.

Seit Monaten hat in diesem Lande das Committee for a Jewish Army, dessen Initiatoren Mitglieder der palästinensischen faschistischen Organisation Irgun[30] sind (und die aus dieser Tatsache auch gar keinen Hehl machen), ungehindert Propaganda für eine Jüdische Armee machen dürfen. Jetzt endlich hat sich die offizielle Vertretung der Jewish Agency[31] in Amerika, das Emergency Committee for Zionist Affairs, reichlich verspätet entschlossen, in folgenden Worten von die-

---

30 Irgun (eigentlich Irgun Zwai Leumi, auch: Etzel); militärische Gruppe der Revisionisten. Reagierte anfangs auf arabische Angriffe, hielt sich während des Zweiten Weltkrieges im Unterschied zur 1939 im Zuge der Unruhen entstandenen Stern-Gruppe an die Absprachen mit den Briten. Aus Irgun und Haganah entstand 1947/48 die israelische Armee. 1941 entsandte der Irgun Mitglieder in die USA zur Gründung des Committee for a Jewish Army (siehe Anm. 26).

31 Jewish Agency for Palestine; 1928 geschaffene Vertretungskörperschaft der Juden, die in Art. 4 des Palästina-Mandates vorgesehen war und garantieren sollte, daß die Mitwirkung aller Juden bei der Errichtung der Jüdischen Nationalen Heimstätte (Balfour) garantiert sei. Sie galt lange Zeit als heimliche Regierung. »Dr. Weizmanns Bemühungen, die jüdische Führerschaft in Palästina aus einem Partei-Hauptquartier in etwas weit Eindrucksvolleres zu verwandeln: in einen Willensausdruck des ganzen jüdischen Volkes« (Sykes, *Kreuzwege nach Israel*, S. 111), scheiterten: Die Jewish Agency war in Wirklichkeit zionistisch hoch majorisiert. Nach 1937 fand keine Wahl von Nicht-Zionisten mehr statt (siehe auch die Kritik von Hannah Arendt an der Politik der Jewish Agency in »The Crisis of Zionism«, Vortrag vor der Hadassah, 1943, Library of Congress, Container 63).

sen Herrschaften, die seit Jahren in Palästina mit Terrormethoden nicht nur gegen Araber kämpften, sondern auch Zionisten über den Haufen knallten, sich zu distanzieren:

»Es besteht keinerlei Verbindung zwischen den zionistischen Körperschaften in diesem Lande und dem Committee for a Jewish Army. Mit dem Committee for a Jewish Army steht eine Anzahl von Personen in Beziehung, die früher (!) einem extremen Flügel der Revisionistischen Organisation angehörten. – Das amerikanische Emergency Committee for Zionist Affairs ist gegen die Sammelkampagne, die von dem Committee for a Jewish Army geführt wird.«

Nun, das kommt reichlich spät und klingt reichlich zahm. Die Hintergründe dieser Geschichte enthüllen in sehr klarer Weise die Ausführungen der Februarnummer des »News Letter«, die wir im folgenden auszugsweise wiedergeben:

»Während die Zionisten schlummerten, erhielten die Revisionisten die Initiative. Sie sammelten einiges Geld und sammelten einige Namen, welche Letzteren gedruckt als Mitglieder des Committee for a Jewish Army prangten. Nun, es ist klar, daß eine erhebliche Anzahl der freiheitlichen Namen, die dort erscheinen, nicht weiß, daß das Committee revisionistisch ist, und vermutlich annimmt, daß es offizielle und legitimierte Körperschaften repräsentiert, denen sie gerne helfen wollen. Man darf wohl annehmen, daß Männer wie Hallet Abend, Melvyn Douglas, Max Lerner, Kenneth Leslie, Ludwig Lore, Reinhold Niebuhr und Harry A. Overstreet[32] ihre Namen vor

32 Prominente liberale und linke Intellektuelle der damaligen Zeit, die das Committee for a Jewish Army öffentlich unterstützten. Max Lerner beispielsweise, der aus Minsk stammte, schrieb in der »New York Post« und war Professor für Politische Wissenschaften; Reinhold Niebuhr war evangelischer Theologe, Präsident der Fördervereinigung American Friends of German Freedom, veröffentlichte u.a. in »The Nation« und war Herausgeber der Zeitschrift »Christianity and Crisis«; Ludwig Lore, ein Sombart-Schüler, ging 1905 in die USA; er war der Verfasser von: *Warum gibt es in den Vereinigten Staaten keinen*

faschistischer Befleckung hüten würden. Schuld sind die offiziellen Zionisten: Ihr Rückzug und ihre Unfähigkeit, das Publikum zu erziehen, hat dazu geführt, daß ihre eigenen Freunde in Verlegenheit geraten sind, was sie vermutlich in Zukunft mit ihrer Hilfe wird zögern lassen.

Das Committee führt als National Chairman Pierre von Paassen und als Chairman des Executive Board Alfred A. Strelsin. Beide sind bekannt als liberale Pro-Zionisten, und beide würden sich vermutlich unter Freunden besser fühlen – hätten nur die offiziellen Zionisten überhaupt irgendeine Initiative ergriffen.

Aber für einige andere Mitglieder des Committees können solche Annahmen nicht gemacht werden. Y. Ben-Ami ist in Palästina ein extremer Rechter, Ben Eliezzer ist ein bekannter Revisionist, so auch Meir Grossman. Eri Jabotinsky, der Sohn des Revisionisten, ist auch auf der Liste. Und all dies läßt sich allein von den veröffentlichten Dokumenten entnehmen.

Von einigen Vorgängen aber hat das Publikum nichts erfahren. Verhandlungen haben seit Monaten stattgefunden zwischen dem Committee for a Jewish Army (den Revisionisten) und einem Subcommittee des Emergency Committee for Zionist Affairs (der offiziellen Körperschaft aller zionistischen Gruppen mit Ausnahme der Revisionisten). Die Verhandlungen zogen sich hin, was zeigt, daß keine klare Majorität gegen die Revisionisten innerhalb der amerikanischen zionistischen Führung existiert.

Sozialismus? (1906), war Chefredakteur der »Neuen Volkszeitung« (gegründet 1932, führendes Organ der Sozialisten in Amerika) und Trotzkist. Schrieb später gleichfalls in der »New York Post«. Nach seinem Tode 1942 hieß es im »Aufbau« (17. Juli 1942): »Ludwig Lores Arbeit (hat) unendlich viel zum war effort und den kommenden Nachkriegsproblemen beigetragen. … (er hat beispielsweise) dem Projekt einer jüdischen Armee einen Platz auf dem Besprechungskalender führender Staatsmänner verschafft« (zitiert nach Joachim Radkau, *Die deutsche Emigration in den USA*, S. 145).

Die Revisionisten konnten die offiziellen Zionisten übers Ohr hauen, weil sie, so abwegig auch ihre Ziele sein mögen, wenigstens klar und deutlich wissen, was sie wollen. Solchen Leuten fällt die Initiative zu.

Die Revisionisten haben kein Recht, für Palästina zu sprechen. Seit 1927 versuchen sie vergeblich, sich dort eine Massenbasis zu schaffen: als antienglische Nationalisten, als antiarabische Terroristen und als streikbrechende Arbeiter. ... Wenn solche bekannten Faschisten sich die Führerrolle von »freien Juden« anmaßen, so sticht das so wenig, wie wenn König Carol sich anbietet, an die Spitze der »freien Rumänen« zu treten[33], nur weil er zu Hause noch nicht hat öffentlich desavouiert werden können.

Das Hauptziel der Revisionisten ist nicht die Bildung einer Armee, sondern der Versuch, durch eine Hintertür in der zionistischen Organisation wieder Einfluß zu gewinnen. Dies hoffen sie durch reaktionäre Zionisten zu erreichen oder durch Nichtjuden, welche denken, die Revisionisten repräsentieren den Zionismus.

Warum aber haben die Zionisten weder eine breite Propaganda für die Jüdische Armee gemacht noch sich gegen die Revisionisten gewandt? Einer der äußerlichen Gründe für die Untätigkeit des Emergency Committees ist die Tatsache, daß der Beauftragte für die Durchführung seiner Entscheidung selbst ein Mann der Rechten ist: Emanuel Neumann.[34] Wichti-

33 Das Free Romanian Committee for the Triumph of Democracy hatte ein doppeltes Ziel: Rumänien vom Nationalsozialismus zu befreien und die Demokratie aufzubauen. König Carol unterstützte 1937 die rechtsradikale Goga-Cuza-Partei; er hatte, als er 1938–1940 an der Macht war, aus freien Stücken antisemitische Gesetze in Rumänien eingeführt. Die gegen die umliegenden Großmächte gerichtete »Through ourselves alone«-Politik war stark antisemitisch (siehe auch »Ex-König Carol und die Juden« von Eugen Kovacs, »Aufbau«, 19. Juni 1942; außerdem: Ezra Mendelsohn, *The Jews of East Central Europe between the World Wars,* Bloomington, Indiana 1983; und L. A. Easterman, *King Carol, Hitler and Lupescu,* London 1942).

ger ist, daß ein großer Teil der Führerschaft der Hadassah[35] und der zionistischen Organisation arbeiterfeindlich ist und wenigstens teilweise mit den Revisionisten sympathisiert. Schließlich haben die zionistischen Arbeiterführer selber nicht wirksam genug ihre antireaktionären Prinzipien durchgefochten. Die Mapai (Arbeiterpartei) hat 1935 gezögert, als es darum ging, die Revisionisten aus der zionistischen Weltorganisation herauszuwerfen. Sie haben zu wiederholten Malen versucht, ihren Frieden mit den streikbrechenden Revisionisten zu machen.

Weizmann, der Präsident der Zionistischen Weltorganisation, wird in einigen Wochen hier im Lande sein. Es ist bekannt, daß er entschieden für eine Jüdische Armee und ebenso entschieden gegen die Revisionisten kämpft. Die Situation, die er hier antrifft, ist unsicher und schwankend in den offiziellen zionistischen Körperschaften. Die Untätigkeit der Zionisten und die Tätigkeit der Revisionisten wird zweifellos Weizmanns Arbeit für eine Jüdische Armee schwerer machen, als sie es ohnehin gewesen wäre.

---

34 Emanuel Neumann, 1893–1980; führender Zionist rechter Couleur, auf der Versammlung der American Jewish Conference (siehe Anm. 97) im August 1943 entschiedener Gegner einer »Rescue-First-Politik«. Neumann war 1947–1949 und 1956–1960 Präsident der Zionistischen Organisation Amerikas (ZOA); siehe auch Aaron Berman, *Nazism, Jews and the American Zionism, 1933–1948*, Detroit 1990.

35 Hadassah, eigentlich Hadassah Women's Zionist Organisation, größte und mächtigste zionistische Organisation der USA, gegründet 1912 von Gertrude Goldsmith und Henrietta Szold. Mitgliederzahl 1936: 100000. Recha Freier und Henrietta Szold (beide Hadassah) waren es auch, die 1932 zur Rettung der jüdischen Heranwachsenden die Youth Alijah ins Leben riefen, für die Hannah Arendt in Paris tätig war.

Moses oder Washington[36]

(This Means You)
27. März 1942

Es ist verzweifelt lange her, seit Moses die Kinder Israels aus dem Lande Ägypten herausführte, aus dem Hause der Knechtschaft. Selbst das berühmte Gedächtnis der Juden, das Gedächtnis eines antiken Volkes, das an seinen Gründungslegenden festhält, beginnt zu erlahmen. Auch antike Völker vergessen die Taten der Urväter, wenn sie sie nicht mehr deuten können an den Taten der Großväter, Väter und Söhne.

Als im vorigen Jahrhundert die Reformrabbiner sich unserer nationalen Feste bemächtigten und sie in eine Religion auflösten, an die keiner mehr glaubte, ist es ihnen zwar nicht gelungen, das jüdische Volk in eine »mosaische Konfession« zu verflüchtigen. Aber eines haben sie erreicht: Sie haben die Gründungslegenden zerstört. Seither sind wir kein antikes Volk mehr, sondern ein sehr modernes, das nur mit einer besonders langen Volks-Geschichte belastet oder gesegnet ist. Die »Reform«, welche unbarmherzig und unbekümmert allen nationalen, allen politischen Sinn aus der Tradition entfernte, hat nicht die Tradition reformiert – sie hat sich sogar als ihr mächtigster Erhalter erwiesen – sie hat sie nur ihres lebendigen Sinnes beraubt.

Solange uns die Pessach-Geschichte nicht den Unterschied von Freiheit und Knechtschaft lehrt, solange uns die Moses-Legende nicht die ewige Rebellion gegen Sklaverei in Herz und Sinn zurückruft, solange wird die »älteste Urkunde des

36 Dies ist der erste Beitrag der zweiwöchentlichen Kolumne, mit welcher Hannah Arendt für die »Aufbau«-Beilage »Jüdische Welt« beauftragt wurde. »This means you« lautete die Parole, mit der die Demokraten im Bürgerkrieg Soldaten gegen die Südstaatler rekrutierten. Wörtlich: »Das geht Dich an!« Während der Kolumnentitel in englischer Sprache abgefaßt war, waren die Texte selbst auf deutsch.

Menschengeschlechts« keinem Volk so tot und stumm bleiben als dem, das sie einst verfaßte. Und während die gesamte christliche Menschheit sich unsere Geschichte angeeignet hat, unsere Helden als Helden der Menschheit reklamiert, wächst bei uns höchst paradoxerweise die Zahl jener, die Moses und David durch Washington oder Napoleon ersetzen zu müssen glauben. Schließlich scheitert dieser Versuch, die eigene Vergangenheit zu vergessen und sich auf fremde Kosten zu verjüngen, nur noch daran, daß Washingtons und Napoleons Helden eben Moses und David hießen.

Die Geschichte der Menschheit ist kein Hotel, in das man sich beliebig einmieten könnte; auch kein Vehikel, aus dem man willkürlich ein- und aussteigen kann. Unsere Vergangenheit wird uns solange eine Last sein, unter der wir nur zusammenbrechen können, als wir uns weigern, die Gegenwart zu verstehen und für eine bessere Zukunft zu kämpfen. Erst dann, dann aber sofort, wird aus der Last ein Segen werden, nämlich eine Waffe im Kampf um die Freiheit.

Cui Bono?[37]
Case Against the »Saturday Evening Post« *(zusammen mit Joseph Maier)* *3. April 1942*

Das Cui bono – das Wem-nützt-es? – zur Erklärung menschlicher Überzeugungen anzurufen, hat man nur in Notfällen das Recht, nämlich nur dann, wenn der Verstand des Verständigen und die Vernunft des Einsichtigen sich nicht mehr zu helfen wissen. In diese verzweifelte Lage hat Milton Mayer uns gebracht. Was wir nicht verstehen können ist seine – offensichtlich eines säkularisierten Juden – Berufung auf die Propheten, das auserwählte Volk Gottes und das orthodoxe polnische Judentum. Nicht, daß wir dieses Judentum nicht verstünden. Die Haltung seines alten Juden, wohlgeschützt und abgesondert hinter dem »Zaun des Gesetzes«, kennen wir vielleicht besser als er und wissen, daß sie sehr wenig mit dem banalen Bewußtsein eines redlichen Lebenswandels und sehr viel mit dem Glauben an den rächenden Gott Israels zu tun hat. Aber diesem alten Juden würde es nicht einfallen, so gewitzte und in vielem so wahre Bemerkungen in der »Saturday Evening Post« zu machen: Er würde den Nichtjuden nicht vorwerfen, daß sie keine Christen seien, und den Heiden nicht, daß sie nicht human sind. Da Mayers Kritik von einem frommen Juden nicht stammen kann, da sie andererseits von einem ungläubigen Juden nicht stammt, haben wir uns auf die Suche begeben, um dieses höchst sonderbaren Pudels Kern zu entdecken.

Es ist gar nicht lange her, daß Milton Mayer mit einem Artikel in der »Saturday Evening Post« (»I'll Sit This One Out«) sich öffentlich auf die Seite derer stellte, die sich am Kampf gegen den Faschismus desinteressierten. Für einen Juden bedeutete das mehr als ein bloßes Bekenntnis zur Indifferenz im Krieg für Recht und Freiheit. Denn erstens ist der Isolationis-

---

37 Im Rahmen einer Artikelserie der »Saturday Evening Post« hatte sich (nach Judge Jerome Frank und Waldo Frank) der als Isolationist bekannte Chicagoer Milton Mayer geäußert. Sein Beitrag »The Case against the Jew« geißelte »die hastigen und unfruchtbaren Assimilationsversuche der Juden« und erklärte, daß »die Juden alle schlechten Seiten ihrer Vorbilder nicht nur nachahmten, sondern sie zwangsläufig noch stärker zeigten als die anderen« (Manfred George, »Aufbau«, 3. April 1942). Als einzige Lösung verkündete Mayer am Ende seines Textes: »Davonrennen hat den Juden nicht gerettet. Sich anzusiedeln hat ihn nicht gerettet. Seinen Namen, seine Kleider, seine Nasen und seinen Glauben zu ändern hat ihn nicht gerettet. Und die plötzlich wieder überfüllten Tempel werden ihn nicht retten. Coughlin (siehe Anm. 38) zu denunzieren wird ihn nicht retten. Die Zerstörung Hitlers wird ihn nicht retten. Alle diese trügerischen Hoffnungen sind auf den großen Irrtum von seiner Anpassungsfähigkeit gegründet. Der Jude wird nur gerettet werden, wenn er seine eigene Seele rettet.«

mus und die Ideologie des America First Committee keine Angelegenheit von isolierten Individuen, sondern die einer Partei mit bestimmten politischen Forderungen, getragen von bestimmten politischen Gruppen. Herr Mayer hat es aber dann nicht nur für nicht nötig gehalten, etwas für den bewunderten polnischen Juden zu tun, sondern keinen Anstoß daran genommen, mit Antisemiten und Faschisten an einem Tisch zu sitzen: mit großen und kleinen, mit einer gewissen Sorte von Kongreßabgeordneten, Senatoren und Rekordfliegern. Sollte er etwa (wie Jerome Frank in der ersten Phase seiner Entwicklung) sich »berufen« gefühlt haben, der jüdischen Sache dadurch zu dienen, daß er, um den Juden jeden Vorwurf der Kriegshetze zu ersparen, ganz Amerika der Sklaverei verkaufen wollte? Mit demselben Recht könnte Father Coughlin[38] sich als der Retter der Juden aufspielen. Aber die Wege der Assimilanten sind wunderbar. Sie entziehen sich selbst dem theologischen Verstand.

Es ist weiter nicht unbekannt, daß Milton Mayer sich in bestimmten katholischen Kreisen bewegt. Es liegt nahe zu meinen, daß seine Stellung zur Judenfrage hiervon nicht unbeeinflußt geblieben ist. Für die katholische Kirche sind die Juden das auserwählte und, nach der Kreuzigung Christi, das verfluchte Volk Gottes. Laut ihrem Heilsplan – und laut Römer, Kap. II – warten Gott und die leidende Menschheit mit der versprochenen Wiederkehr des Herrn auf die Bekehrung der Juden. Solange diese nicht erfolgt ist, müssen die Juden ihrem Gesetz treu bleiben, vor der Vernichtung durch den ordo christianus geschont werden, in Gedrücktheit und Armut als Zeugen für die heilsgeschichtliche Wahrheit für den

---

38 Father (Charles) Coughlin, ein charismatischer Priester und Radioprediger, der in seinen Predigten offen antisemitisch war, argumentierte in der Wochenschrift »Social Justice«, daß die Juden die Welt in den Krieg gegen Nazi-Deutschland getrieben hätten. Coughlin war Haupt der isolationistischen America-First-Bewegung (siehe Radkau, *Die deutsche Emigration in den USA*, S. 63).

gekreuzigten und auferstandenen Christus leben. Werden die Juden ihrem eigenen Gesetz untreu, ohne Christen zu werden, vermischen sie sich mit den Völkern, oder werden sie – wie der Zionismus es fordert – ein Volk wie alle anderen Völker, so ist es um den Heilsplan geschehen.

Daher hat auch der klerikale Antisemitismus – von wenigen Auswüchsen abgesehen – sich stets gegen den reichen (in Mayers Formulierung: den materialistischen) Juden gewandt, weil seine Existenz der theologischen Forderung der Gedrücktheit widersprach, oder gegen den säkularisierten ungläubigen Juden, weil dessen Existenz der theologischen Forderung der Auserwähltheit und der prinzipiellen Andersartigkeit ins Gesicht schlug. Von dieser Position aus hat der moderne Katholizismus sehr oft eine Kritik des assimilierten Judentums geführt, die der jüdisch-zionistischen Selbstkritik eigentümlich nahezukommen schien.

Um das jüdische Volk aber heute, in der Zeit seiner größten Not, zu kritisieren, muß man legitimiert sein. Für diese Legitimation genügt es nicht einmal, niemals mit den Feinden seines Volkes an einem Tisch gesessen zu haben. Sie kann nur erwachsen aus jenem leidenschaftlichen Einsatz für die Zukunft des Volkes, dem es um mehr geht als um die Seelenrettung isolierter Individuen. Selbstkritik ist nicht Selbsthaß. Die Kritik des jüdischen Patrioten am eigenen Volk hat den Zweck, das Volk auf den Kampf besser vorzubereiten. Solche Rebellion kann nie schaden. Der fragwürdige Mut von Milton Mayer zur halben Wahrheit hilft nur der frechen Lüge der Antisemiten. Wer uns, wie er, ins Ghetto zurückjagen will, und sei es wie immer ausgeputzt mit zusammengestückten Lumpen aus der Rumpelkammer der Theologie, hat sich selbst ausgeschlossen aus den Reihen derer, auf die wir, das Volk, zu hören bereit sind.

Papier und Wirklichkeit
(This Means You)
10. April 1942

Es ist eigentümlich still geworden um die Sache der jüdischen Armee. Alle nur erdenklichen Körperschaften haben zustimmende Resolutionen gefaßt, die »Protestrabbiner« sind in einer die ganze Zunft ehrenden Minderheit verblieben, und einige hastig zusammengetrommelte Massen haben Gelegenheit erhalten, durch Klatschen ihre Sympathien zu bekunden. Das ist sehr wenig, wenn man bedenkt, daß die palästinensischen Juden immer noch unbewaffnet sind; daß die europäischen Juden, wenn es ihnen gelingt, ihren Feinden zu entfliehen, von ihren Freunden in den Tod geschickt werden; daß mehr als ein Drittel des Volkes hinter Stacheldraht sitzt; und daß jene Resolutionen und jener Applaus (die einen politischen Sinn nur gehabt hätten, wenn sie einen organisierten Protest eingeleitet hätten) eines bewiesen haben, nämlich daß das Volk für den Kampf heute zu organisieren ist. Nicht in ihm, nur in seinen Funktionären steckt der geheime Defaitismus, der eine Geldkampagne[39] für wichtiger hält als die Agitation für eine gerechte Sache und die Beziehungen zu den Mächtigen der Erde[40] für aussichtsreicher als die Organisation des Volkes.

Während wir so darauf vorbereitet werden, daß die Forderung einer jüdischen Armee auf dem Papier bleibt, sind uns zum Troste vier Institute damit beschäftigt, uns mit aller nur möglichen wissenschaftlichen Gründlichkeit auf den Frieden

---

39 Sammelkampagne des American Jewish Committee zum Ankauf eines Kampfflugzeugs für die amerikanische Luftwaffe (siehe Anm. 60).

40 Verhandlungen der Zionisten (Weizmann und andere) mit den Briten hinter verschlossenen Türen über die Schaffung einer Jüdischen Armee.

vorzubereiten: das Institute of Jewish Affairs (das dem American Jewish Congress[41] angeschlossen ist) und die Institute des American Jewish Committee[42], des Jewish Labor Committee und der Agudath Jisroel.[43] Um die Chance voll auszunützen, bei identischen Themen und »neutralster« Behandlung zu den divergierendsten Resultaten zu kommen, arbeiten diese vier Friedensstäbe in völliger Isolierung voneinander. Da vor allem die beiden erstgenannten Institutionen es verstanden haben, sich die Mitarbeit namhafter jüdischer Gelehrter zu sichern, kann es natürlich nicht ausbleiben, daß einige wertvolle Materialsammlungen und Publikationen erscheinen. (So vor allem

---

41 American Jewish Congress; gegründet 1916 unter der Führung von Richter Brandeis und Rabbi Stephan S. Wise. Zusammenschluß amerikanischer Juden im Ersten Weltkrieg, um eine Gesamtvertretung der Juden zu schaffen. War in den 30er Jahren die treibende Kraft beim Aufbau des World Jewish Congress. Dieser wurde zwar 1932 gegründet, arbeitete de facto aber erst ab 1936 als Nachfolgeorganisation des Comité des Délégations Juives, das zur Vertretung der Juden bei der Pariser Friedenskonferenz nach dem Ersten Weltkrieg gegründet worden war. Der WJC betrachtete die Juden als Nation (ohne Territorium) und sich selbst als eine Organisation zur weltweiten Verteidigung der Juden gegen Nationalsozialismus und Antisemitismus. Der American Jewish Congress organisierte Boykottmaßnahmen, propagierte stärkere Zuwanderungsmöglichkeiten sowie die Ausschöpfung aller bestehenden Einwanderungsquoten.

42 American Jewish Committee (AJC); 1906 gegründete Organisation zum Schutz der bürgerlichen und religiösen Rechte der Juden in aller Welt. 1943 wurde der Richter Proskauer Vorsitzender des Committees. Im allgemeinen verfolgte das AJC eine nichtzionistische Linie, in Opposition zu dem »Nationalismus der Diaspora«. Im April 1943 trat es der American Jewish Conference (siehe Anm. 97) bei, doch als diese Organisation am 1. September 1943 in einer Resolution die Errichtung eines jüdischen Gemeinwesens in Palästina forderte, zog sich das AJC gemeinsam mit dem JLC (Jewish Labour Committee) im Oktober 1943 zurück.

43 Jewish Labour Committee (JLC); 1934 in New York City als jüdische Gewerkschaftsorganisation Agudath Jisroel gegründet; ursprünglich 1912 in Kattowitz gegründete Organisation zur Pflege des orthodoxen Judentums, aus religiösen Gründen antizionistisch.

das Heft über Juden in der Sowjet-Union des Institute of Jewish Affairs und die Sammlung der Emanzipationsedikte des American Jewish Committee.)

Gelehrte sind merkwürdige Leute, und wir haben in letzter Zeit die traurigsten Erfahrungen mit ihnen gemacht. Irgendwann einmal, als sie der Herrschaft des Positivismus erlagen, sind sie »unpolitisch« geworden; sie vergaßen vor lauter Richtigkeiten, was Wahrheit ist, und trennten sich leichtsinnigen Herzens von der Sache der Freiheit und Gerechtigkeit. Seither sind sie bereit, jedem politischen System eine helfende Hand zu reichen. Ihrer Objektivität kann sich jedes Subjekt bedienen. Und wahrlich, an Subjekten hat es dann auch nicht mehr gefehlt.

»Unpolitisch« werden also auch wir auf den Frieden vorbereitet. Zwar pflegt in einem Kriege immer eine Diskussion über Friedensziele zu entstehen – und es hat sich bisher immer herausgestellt, daß nur die Friedensziele verwirklicht werden, die sich im Kriege und in der Kriegsführung bereits durchgesetzt hatten; aber bisher ist noch kein Volk auf die Idee gekommen, die Teilnahme am Kriege durch die vorweggenommene, *erträumte* Teilnahme an der Friedenskonferenz ersetzen zu wollen. Dies ist eine Gelehrten-Idee, und wir wollen hoffen, daß es unsern Gelehrten nicht gelingt, aus dem »Volk des Buches« ein Volk des Papiers zu machen.

Denn solange die jüdische Armee auf dem Papier steht, sind die besten Materialien der Welt nur angehäuftes totes Papier. Wenn es uns nicht gelingt zu erreichen, was jetzt endlich in letzter Minute den Indern zugestanden wird: einen Platz in der Mitte der United Nations[44], wird es für uns so bald keinen Frieden geben. In diesem Krieg geht es nicht um die numeri-

44 United Nations war damals der Name für die Kriegskoalition gegen die Achsenmächte; erst 1945 wurde die Weltorganisation mit diesem Namen gegründet; siehe auch: Joseph Maier: »Indien und Palästina«, »Aufbau«, 17. April 1942.

sche Größe oder Kleinheit eines Volkes; es geht um die Freiheit aller Völker. Und der Kampf der United Nations wird so lange unvollständig sein, als sie nicht bereit sind, sich mit dem Paria unter den Völkern an einen Tisch zu setzen und ihn in ihre Front einzureihen.

Ganz Israel bürgte füreinander

(This Means You)

24. April 1942

Die Welt, in der wir leben, ist voll von Zauber, Magie und ordinärem Hokuspokus. In den Wust der uralten und hypermodernen Aberglauben, den die Verzweiflung zusammengemischt und den Maschinengewehre wie Reklame über die ganze Welt verbreitet haben, ragen herein wie erratische Blöcke die Wahrheiten von Gestern, fast schon im Schlamm versunken. In dem großen Zauberbuch der wissenschaftlich getarnten Verzweiflung sind auch einige Wahrheiten mitaufgezeichnet. Nur haben sie genau in dem Maße an Überredungskunst gewonnen, als sie an politischer Wirksamkeit eingebüßt haben.

Zu den entstellten Wahrheiten, die gerade den Vernünftigen zu betören vermögen, gehört der alte Spruch: Ganz Israel bürgt füreinander. Denn wer möchte nicht den Ruf der Solidarität mit offenem Herzen vernehmen, und wer möchte nicht in dieser zerstörtesten aller Welten zu irgendeiner Versicherungs-Gesellschaft gehören? In den Zeiten vor der Emanzipation, als es noch eine jüdische Gemeindeautonomie gab, bürgte die ganze Gemeinde dem Staat oder dem Fürsten für die Zahlung aller Steuern und Lasten jedes einzelnen ihrer Glieder. Das Ghetto war die große gegenseitige Versicherungsanstalt.

Im Laufe des 17. und 18. Jahrhunderts übernahmen dann

(als Gemeindevorsteher) jene Hofjuden die Bürgschaft, deren Macht in der Gemeinde auf Reichtum und fürstlichen Beziehungen und deren Stellung am Hofe auf der Zugehörigkeit zum Judentum und den daraus folgenden internationalen Beziehungen beruhte. Aus der demokratischen Organisation eines Paria-Volkes erwuchs das plutokratische Regime einer doppelt mächtigen Parvenu-Schicht. Sie übernahm die Verantwortung für diejenigen, denen allein sie Reichtum, Macht und (für die damalige Zeit) unbegrenzte Möglichkeiten verdankte. Und das Volk ließ sich willig von ihnen beherrschen, denn es verdankte ihnen Sicherheit, Aufstiegsmöglichkeiten und ein neues Selbstbewußtsein. Denn wenn die Antisemiten in jedem Rothschild noch den Hausierer herausspüren, so soll man nicht vergessen, daß mehr als hundert Jahre lang jeder Hausierer als künftiger Rothschild sich fühlte. Ganz Israel bürgte füreinander.

Auf der Höhe ihrer Macht – nach der mißglückten Revolution von 1848 und unter der Herrschaft Napoleon III. – hat die westeuropäische Judenheit anläßlich der Gründung der Alliance Israélite Universelle[45] es gewagt, diesen Spruch zu ihrem Leitwort zu machen. Sie lebte in der stolzen Illusion eines von ihr geeinten und beherrschten Volkes, dem sie vermöge internationaler staatlicher Geldgeschäfte überall Sicherheit und Aufstieg garantieren würde. Sie glaubte sich mächtig genug, für alle Juden die Verantwortung zu übernehmen, weil sie reich genug war, für alle Juden finanziell zu bürgen. Es war eine großartige Zeit, als Geschäftsleute noch von nationaler Einheit träumten und Geldgeschäfte noch das Bewußtsein politischer Macht verliehen.

Die Wirklichkeit sah dann allerdings sehr bald ein bißchen schäbiger aus. Ganz Israel verbürgte einander die Fahrkarten

---

45 1860 in Paris gegründetes Vertretungsorgan der Juden auf nichtreligiöser Grundlage; die Alliance war eine Vorläuferin des Jüdischen Weltkongresses.

bis zur Grenze des eigenen Landes, bürgte den Staaten dafür, daß die ungebetenen Gäste, die kein Geld in ihren Heimatlanden mehr hatte schützen können, ohne Aufsehen und Kosten verschwinden würden; und wenn dies nicht freiwillig aus der Sorge um die eigene Sicherheit geschah, hatten die Staaten sehr unangenehme Gewohnheiten angenommen, Israel auf seinen Wahlspruch aufmerksam zu machen und ihn neu zu interpretieren. Bis schließlich die Nazis in den Ghetti, ohne jede gehörige Unterscheidung von Reich und Arm, West- und Ostjude, mit Stacheldraht ihre Art von jüdischer Solidarität verwirklichten.

Lassen wir uns nicht von Zaubersprüchen beirren. Die Versicherungsgesellschaft »Ganz Israel« hat bankrott gemacht. Die jüdische Solidarität wäre eine gute Sache, wenn hinter ihr das Verantwortungsbewußtsein des Volkes stände, sein politisches Schicksal selbst in die Hand zu nehmen. Mit dem Schlagwort Solidarität kann man ein Volk dazu verführen, seine Lumpen zu reklamieren oder eine »Blutgemeinschaft« zu etablieren. Solidarität entsteht auch nicht einfach durch einen gemeinsamen Feind, weil es eine Solidarität der Angst[46] nicht gibt; auf ängstliche Menschen nämlich ist nie Verlaß. Die jüdische Solidarität unserer Väter hatte viel von dem friedlichen und profitierlichen Zusammenhausen einer Schafsherde an sich; der Wolf pflegt solche Herden zu zerstreuen, nicht sie zusammenzufassen. Der gemeinsame Feind kann Solidarität

46 In dem Begriff »Solidarität der Angst« scheint erstmals die totalitäre Gefahr auf, die Arendt später deutlicher formulieren wird. Einzelne Aspekte des Zionismus – die Vorherrschaft der Propaganda über die Wirklichkeit, den Militarismus und die Unterordnung der Gegenwart unter die Zukunft – wird sie in späteren Texten mit »totalitären Methoden« assoziieren: u. a. »daß der Terrorismus und das Anwachsen totalitärer Methoden stillschweigend hingenommen und insgeheim gutgeheißen werden« (in »About Collaboration«, 1948, abgedruckt in: *The Jew as Pariah*, S. 237–239, außerdem: *Die Krise des Zionismus*, S. 107–111).

nur *wecken*, und zwar in genau dem Maße als er die Lust weckt, sich gemeinsam zu wehren (statt getrennt davonzulaufen).

Des Teufels Redekunst
(This Means You)
8. Mai 1942

Hitler hat wieder einmal gesprochen und in aller Ausführlichkeit seine Meinung über die Rolle der Juden in diesem Krieg wie die Rolle *des* Juden in der Weltgeschichte dargelegt.[47] Journalisten und Politiker haben wieder einmal in aller Ausführlichkeit diese Rede hin- und herinterpretiert, sie auf ihre offenbaren und geheimsten Absichten hin untersucht – ohne es für nötig zu halten, auch nur ein Sterbenswörtlein über die Juden fallen zu lassen. Kein Zweifel, daß dies hartnäckige »Versehen« oft in der besten Absicht geschieht. Kein Zweifel, daß es bereits die schlimmsten Folgen gehabt hat und immer weiter hat.

Denn während man in solch einer Rede das sucht, was in ihr nicht steht und auch nicht stehen kann, nämlich die verborgenen Absichten der nächsten deutschen Offensive, erlaubt man der offen zutage liegenden Propaganda jener »Weltanschauung«, die alle Rätsel der Politik auf das einfachste »erklärt« und deren Wirksamkeit doch nun wahrhaftig genügend ausgeprobt sein dürfte, sich offen und uninterpretiert auszusprechen. Die Verschwörung des Schweigens über das Schicksal

---

47 Rede Hitlers vom 26. April 1942 im Großdeutschen Reichstag in der Berliner Krolloper (letzte Sitzung des Reichstages), in der sich Hitler zum »Obersten Gerichtsherrn« ausrufen ließ. Abgedruckt in: Max Domarus, *Hitler, Reden und Proklamationen*, 1932–45, Bd. II, 2. Halbband, 1941–45, Wiesbaden, S. 1865–1877 (Passage über die Juden, S. 1866 f.).

der Juden ist nicht nur für uns die bitterste Kriegserfahrung: Sie ist gleichzeitig – so sicher Propaganda in diesem Krieg eine effektive Waffe ist – eines der schwersten Handicaps der Alliierten.

Hitler hat ein Erklärungsschema von einer überwältigenden Simplizität: Indem er die Unterscheidung zwischen Volk und Regierung, die für die Alliierten von so großer Wichtigkeit ist, aufnimmt, behauptet er, daß eigentlich nur zwei Völker wirklich in diesen Krieg auf Gedeih und Verderb verwickelt seien: das jüdische und das deutsche. Alle übrigen Völker seien von ihren Regierungen in diesen Krieg nur hineingehetzt worden. Die Deutschen wie die Juden sind die einzigen, die von ihren Regierungen vollgültig vertreten werden, mit ihnen identisch sind; nur daß die Deutschen eine offene Regierung haben und die Juden eine geheime. Alle Völker, außer dem deutschen, werden von Juden regiert. Dieser Krieg, der Krieg zwischen dem übernatürlich guten Volk der Deutschen und dem übernatürlich schlechten Volk der Juden, bringt nur deshalb so viele Leiden über die anderen guten Völker, weil die Juden nicht kämpfen wollen, sondern sich der anderen Regierungen bedienen, um – ja, um ihre »Weltherrschaft« zu sichern.

Was diese Propaganda so ungeheuer gefährlich macht, ist, daß sie sich auf keinerlei Tatsachen stützt – ja, offensichtlich und unverschämt allen Tatsachen ins Gesicht schlägt. Sie stützt sich allein auf die Idee der grundsätzlichen Ungleichheit der Völker. Das übernatürlich gute Volk wie das übernatürlich schlechte Volk sind nur der Rahmen, in den, wie in eine Zwangsjacke, alle anderen Völker hineingepreßt und durch die sie beherrscht werden.

Die Idee der grundsätzlichen, naturhaften Ungleichheit der Völker, welche die heutige Form der Ungerechtigkeit ist, ist nur zu vernichten durch die Idee von der ursprünglichen und unabdingbaren Gleichheit alles dessen, was Menschenantlitz trägt. Mit der Ungerechtigkeit, die ungerechte Verhältnisse schafft, kann es die Gerechtigkeit nur aufnehmen, wenn sie gerechte Verhältnisse schafft. Und da – aus den verschiedensten Gründen, die ja sehr zu beklagen sein mögen – die Idee der Ungleichheit am jüdischen Volk exemplifiziert und exekutiert worden ist, wird es denen, die für Gleichheit und Gerechtigkeit kämpfen müssen, nicht erspart bleiben, ihre merkwürdige Scheu aufzugeben und den Namen des jüdischen Volkes in den Mund zu nehmen, nämlich um ihm Gerechtigkeit zuteil werden zu lassen in seinen gerechten Ansprüchen auf nationale Freiheit und um ihm Gleichheit zuzusichern als einem gleichwertigen Bundesgenossen. Das ist die einzige Art von Propaganda, der des »Teufels Redekunst« nicht gewachsen ist.

Die »sogenannte Jüdische Armee«
(This Means You)
22. Mai 1942

Auf der Außergewöhnlichen Zionistischen Konferenz, über welche die letzte Nummer des »Aufbau« so ausführlich berichtete[48], ereignete sich wirklich etwas Außergewöhnliches: das offizielle Begräbnis der Jüdischen Armee. Die Leichenrede

48 Gemeint ist die Sondersitzung des Zionistischen Weltverbandes im Hotel Biltmore, die unter dem Namen Biltmore-Konferenz als Wendepunkt in die Geschichte des Zionismus einging, weil hier, in der Zeit der schärfsten Judenverfolgung, als nächstes Ziel nicht die Rettung der Juden, sondern die Gründung eines Gemeinwesens Palästina verabschiedet wurde, in welchem der Bevölkerungsmehrheit der Araber nurmehr Minderheitenrechte zugestanden wurden. Im »Aufbau« vom 15. Mai 1942 wurden Auszüge aus den wichtigsten Reden abgedruckt. Chaim Weizmann zur Jüdischen Armee: »Ich unterstütze die sogenannte jüdische Armee, aber es werden da zu viele große Worte gebraucht. 200000 Mann sind eine phantastische Ziffer. Wir haben bereits jüdische Einheiten organisiert. Ich wäre zufrieden mit einigen jüdischen Regimentern, die, wie ich glaube und hoffe, zustande kom-

sprach von einer »sogenannten« jüdischen Armee, von »prätentiösen Worten«, von »phantastischen Ziffern« und von dem konstruktiven Plan, »wenigen jüdischen Regimentern« eine eigene Flagge zu gestatten. Nun ist es ja möglich, daß das Colonial Office, in seiner großen politischen Weisheit, die es im Fernen Osten so reichlich ausgeprobt hat, natives nicht in eigenen Formationen bewaffnen und der Jewish Agency nicht das Recht der Mobilisierung zugestehen will. Warum, fragt man sich verwundert, können wir denn nicht dem Colonial Office den Ruhm lassen, den jüdischen Jischuw in Palästina unbewaffnet seinen Feinden oder dem Schutz Gottes zu überlassen? Seit wann beantwortet man Niederlagen mit einem hörbaren Seufzer der Erleichterung?

Solche Fragen kann nur der stellen, der noch immer nicht begriffen hat, wie unglaublich verliebt ein Realpolitiker in die Realität ist. Allein die Tatsache, daß eine Sache wirklich existiert, versetzt ihn in solch einen Enthusiasmus, daß er sich gar nicht mehr fragen kann, ob das Existierende für oder gegen ihn ist. Da ferner die Realitäten, die am nächsten sind, sich am stärksten fühlbar machen, rechnet ein realistisch denkender Mensch nur mit dem, was direkt vor seiner Nasenspitze liegt.

---

men werden. Jede politische Aktion muß der zentralen Autorität der Exekutive in Jerusalem überlassen bleiben.«

David Ben Gurion sprach von einem »sogenannten arabischen Problem«. Er forderte: a) die unzweideutige Wiederherstellung des ursprünglichen Sinns der Balfour-Deklaration und des Mandates, Palästina als ein jüdisches Commonwealth aufzubauen; b) die sofortige Anerkennung der Jewish Agency als autoritative Instanz für die Kontrolle der Einwanderung und den Aufbau des Landes; c) die vollständige Gleichheit aller Einwohner Palästinas; Selbstverwaltung in allen munizipalen Angelegenheiten und autonome Verwaltung aller, des religiösen und des Erziehungswesens.

Judah L. Magnes (siehe Anm. 78) notierte am 30. August 1942 in seinem Tagebuch, der Slogan »jüdischer Staat« komme in Wahrheit einer Kriegserklärung der Juden an die Araber gleich (zitiert nach Martine Leibovici, *Hannah Arendt, une juive*, Paris 1999, S. 407).

Chamberlain, der im Gefolge der realistischsten Politik, die die neuere Geschichte kennt, die ferne Tschechoslowakei *opferte,* die Franzosen, die sich realistisch darüber mokierten, »für Danzig oder Prag zu sterben«[49], haben bewiesen, daß Realpolitik unmittelbar in Abenteuer- und Spielerpolitik übergehen kann, wenn man sie nur konsequent genug betreibt. Was heute in London als höchste politische Weisheit gilt, kann morgen in Jerusalem sich als höchst gefährliches Spiel herausstellen, als Spiel mit jener Vorsehung, an die Realpolitiker noch nicht einmal zu glauben pflegen. Fast 600000 Menschen, die man urbi et orbi als den Kern der jüdischen Nation vorstellt, unbewaffnet zu lassen, ohne die Möglichkeit, ihren Boden zu verteidigen, ihnen noch nicht einmal die Chance des Kampfes zu geben – das mag in London in der Nähe des Colonial Office sehr realistisch aussehen; überall sonst und zuerst in Palästina sieht es nach Selbstmord, nach Vernichtung der eigenen Realität aus.

Aber der Realpolitiker hat nicht nur oft die Realitäten gegen sich. Er muß mit einer unmittelbar noch unangenehmeren Sache rechnen: Die gewöhnlichen Menschen verstehen ihn nicht. Sie verstehen z.B. nicht seine Abneigung, »große Worte« zu gebrauchen, vor allem dann nicht, wenn sie das Gefühl haben, in gefährlichen Zeiten zu leben. Jene Menschen, welche wir Juden »Volksmenschen« nennen, sind solche Narren, daß sie es sich nicht abgewöhnen können, hinter bestimmten Worten Ideen zu vermuten. Ideen wiederum haben die dem Realpolitiker höchst verdächtige Eigenschaft, daß sie Menschen dazu bringen können, die Realität zu verändern. Und woran sollte sich ein Realpolitiker eigentlich noch halten können, wenn das möglich wäre, wenn der »feste Boden der Tatsachen« ihm unter den Füßen zu beben begänne? Wenn

49 Gemeint ist hier das Münchner Abkommen (29. September 1938), in welchem Mussolini, Chamberlain und Daladier Deutschland die sudetendeutschen Gebiete abtraten.

aber der Status quo so schlecht ist wie das Weißbuch[50], Tatsachen so mörderisch wie Struma und Patria, Mauritius und Athlit,[51] dann spricht man besser nicht von ihnen. Denn um solche Fakten liegt der Ludergeruch der Politik, jener demagogischsten aller Künste, die es unternehmen will, neue Realitäten zu schaffen.

---

50 Das »Weißbuch« der britischen Regierung zur Palästina-Politik aus dem Jahr 1939. Die großen Einwanderungszahlen der Juden hatten im Laufe der dreißiger Jahre auf seiten der Araber die Furcht vor einer Majorisierung bestärkt. Nicht zuletzt angesichts der bedrohlichen Weltlage wollten die Briten sich der arabischen Unterstützung versichern: Am 17. Mai 1939 verkündete die britische Regierung das »White Paper«, das sämtliche Verpflichtungen der Briten gegenüber den Juden revidierte. Es legte fest: a) Das Mandatsgebiet wird nicht geteilt; b) die Briten verfolgen nicht die Politik, daß Palästina ein jüdischer Staat oder ein arabischer Staat werden solle; c) vielmehr wird binnen zehn Jahren ein unabhängiger Staat Palästina entstehen. Es wurde für die nächsten fünf Jahre eine Einwanderungsquote von 10000 pro Jahr festgelegt, darüber hinaus waren für das Jahr 1939 25000 weitere jüdische Einwanderer geplant, danach Einwanderungsstop bzw. jede Einwanderung bedurfte der Zustimmung der Regierung. Ferner wurde ein Verbot des Landkaufs sowie in festgelegten Gebieten eine Beschränkung der Zuwanderung erlassen.

In den Augen der Zionisten war das »Weißbuch« eine Auslieferung des Landes an die Araber: Nach Ablauf der zehn Jahre würden bei einer derart niedrig angesetzten Einwanderungsquote die Araber in der Regierung des Landes die Mehrheit stellen und jede weitere jüdische Einwanderung untersagen. Zunehmend setzte sich in den Reihen der Zionisten eine von den Briten unabhängige Politik durch. Insofern ist die dem Maximalismus verpflichtete Resolution der Biltmore-Konferenz (siehe Anm. 48) – auch – ein Produkt des »White Paper«.

51 Im November 1940 trafen nacheinander drei Schiffe mit mehr als 3500 Juden in Palästina ein, die keine Einreisepapiere besaßen. Die Briten charterten ein französisches Schiff namens »Patria«, um die Illegalen in ein Internierungslager auf der Insel Mauritius im Indischen Ozean zu deportieren. Doch bevor noch alle Passagiere an Bord waren, wurde das Schiff in die Luft gesprengt. Damals hieß es, die Menschen an Bord hätten ihr Boot aus Verzweiflung selbst in die Luft gesprengt, weil sie nicht nach Mauritius wollten. Heute weiß man, daß die Haganah den Auftrag der Jewish Agency hatte, das Schiff durch Sabotage

Zu der Kategorie solcher unangenehmen großen Worte gehört auch das Wort »jüdische Armee«. Gewachsen aus Tatsachen, hängt ihm, wie man es auch drehen und wenden will, die Idee der Freiheit an. Nun weiß man ja, daß es in diesem Krieg Freiheits-Armeen gibt.

Aber diese, sagen wir, »sogenannten Armeen« der, sagen wir, sozusagen unterdrückten Völker sind von Leuten geschaffen worden, die den Mund gerne sehr voll nehmen. Das liegt daran, daß in ihren Köpfen so phantastische Ideen spuken wie, daß »der Krieg nur die Fortsetzung der Politik mit anderen Mitteln«[52] ist und daß sie daher an der Kriegsführung sich beteiligen müssen, um nicht automatisch aus der Politik überhaupt ausgeschaltet zu werden. Es liegt auch daran, daß eine beispiellose Unterdrückung die Trägheit ihrer Herzen durchbrochen hat, ohne ihnen das Herz zu brechen. Seither sind diese Narren jedenfalls nicht mehr bereit, sich auf dem Boden

---

am Auslaufen zu hindern, weshalb sie Sprengstoff an Bord schmuggelte und an einer Seitenwand befestigte. Sei es, daß der Sprengstoff falsch dosiert war, sei es, daß das Schiff maroder war, als angenommen – jedenfalls sank es binnen weniger Minuten. 252 Passagiere ertranken. Die Überlebenden wurden in das Internierungslager Athlit abtransportiert. Erst nach weiteren Protesten erklärten sich die Engländer bereit, sie nicht nach Mauritius weiterzudeportieren. Mit den Passagieren der »Atlantic«, die sich während des Anschlages noch nicht auf der »Patria« befanden, gingen die Engländer weniger zögerlich um: Sie wurden nach Mauritius verbracht und dort fast fünf Jahre festgehalten. Christopher Sykes schreibt in *Kreuzwege nach Israel* (S. 244), daß der Mann, der die Bombe gelegt hatte, später ein wohlbekannter Beamter der israelischen Hafenverwaltung von Haifa wurde. Niemand schien ihm irgendetwas übelzunehmen.

Die »Toten der Struma« sind 750 Menschen, die an Bord des Dampfers »Struma« im Schwarzen Meer versanken. Es handelte sich um Juden, die sich vor den rumänischen Massakern gerettet hatten, von der Türkei keine Landeerlaubnis erhielten und, obwohl noch 1250 Einreisezertifikate offenstanden, auch in Palästina keine Einreisebewilligung bekamen. Das Schiff lief auf der Rückreise auf eine Mine und sank.

52 Berühmtes Zitat aus General Carl von Clausewitz' (1780–1831) Abhandlung *Vom Kriege*.

jener Tatsachen zu bewegen, die von den Feinden ihrer Völker geschaffen wurden, sondern so utopisch gesinnt, sich einen neuen Boden erkämpfen zu wollen.

Nehmen wir nun einmal an, daß unsere Politik, die Politik eines Volkes, von dem rund ein Drittel der Ausrottung ziemlich nahe ist, nicht von sehr weisen Realpolitikern, sondern von jenen utopischen Narren geleitet würde, welche wir Juden Volksmenschen nennen – was könnte geschehen? Narren würden davon ausgehen, daß kein Colonial Office der Welt einem Volk verbieten darf, mit der Waffe in der Hand seinen Boden zu verteidigen; und daß keine Protektionsmacht der Welt einem Volk diese schwere und blutige Arbeit abnehmen kann. Sie würden auf Burma und Singapur[53] verweisen und bemerken, daß selbst der englischen Armee in einem Krieg Unvorhergesehenes passieren kann. Sie würden, andererseits, auf die »Schutzjuden« verweisen und bemerken, daß Protektion manchmal die physische Existenz, niemals aber die politische Freiheit garantieren kann. Diese Narren könnten sich daher weder mit »wenigen Regimentern« noch mit »sogenannten Armeen« beruhigen. Sie würden mit so phantastischen Argumenten kommen wie dem, daß alle Staaten in diesem Krieg zwischen 8 und 15 Prozent ihrer Bevölkerung unter den Waffen haben, und meinen, daß der fast 600000 Menschen zählende Jischuw mit einer besonders günstigen Altersschichtung mehr als nur ein paar Regimenter – vielleicht die 12000 Mann (etwa sechs Regimenter), welche als englische Kolonialsoldaten bereits Dienst tun? –, mehr nämlich als nur 2 Prozent seiner Bevölkerung mobilisieren kann und muß. Sie würden infolgedessen die astronomische Zahl von 100000 Mann ernsthaft in Erwägung ziehen, die mit 16 Prozent der jüdischen Bevölkerung die englische Mobilisierung nur wenig übersteigt.

Hätten die Narren ihre Armee, so würden sie sich nicht mehr sehr viel mit Statistik beschäftigen, welche ausrechnet,

---

53 Beide englischen Stützpunkte wurden Anfang 1942 von Japan erobert.

wie viele europäische Juden bis zu dem und dem Tag gestorben sein *müssen.* (Die Trauer um die wirklich Gestorbenen und die Angst vor der vollkommenen Ausrottung, welche die Statistik nicht miteinkalkuliert, die dafür aber nicht nur auf dem Papier steht, würden ihnen genügen.) Sie würden stattdessen versuchen, einige tausend deutsche Soldaten gefangen zu nehmen und eine berechtigte Hoffnung hegen, damit die Lebensmittelsituation im Warschauer Ghetto zu verbessern.[54] Sie würden, was an ihnen liegt, wenigstens *versuchen,* das Gesetz der Ausrottung und das Gesetz der Flucht durch das Gesetz des Kampfes zu ersetzen.

Ja, wenn es Wunder gäbe, wenn man seine Feinde besiegen könnte, ohne sich zu schlagen, wenn die Millionen Juden in den Konzentrationslagern und den Ghetti nur nach den Gesetzen der Statistik sterben würden, wenn wir die mirakulöse Garantie hätten, daß Palästina nicht am Mittelmeer, sondern auf dem Mond liegt und jedem Zugriff entzogen ist, wenn die Toten der »Struma« wieder lebendig werden könnten – kurz, wenn meine Großmutter Räder hätte und ein Autobus wäre, dann würden auch wir Narren und Volksmenschen uns vielleicht dafür zu interessieren beginnen, ob besagter Autobus rechts oder links um die Ecke biegt.

54 Wenn die Juden eine eigene Armee hätten, also eine kriegführende Partei wären, könnten sie, so glaubte Hannah Arendt, als eigene Organisation aus einer Position des Kampfes heraus mit den Nazis verhandeln.

Ein christliches Wort zur Judenfrage
(This Means You)
5. Juni 1942

Vielleicht ist die Zeit zu jenen großen abendländischen Aussprachen, wie der Aussprache zwischen Juden und Christen oder der zwischen Gläubigen und Ungläubigen, ohne die eine Zukunft unserer gemeinsamen Welt schwer vorstellbar ist, schon gekommen. Der Skeptiker jedenfalls, jener freundliche Herr, der so viele Jahrzehnte die öffentliche Meinung tyrannisierte, ist eines nahezu unbemerkten Todes verstorben; er wird uns nicht mehr daran hindern können, über ernste Dinge ernsthaft uns zu unterhalten und komische Sachen wie seinen berühmten Glaubensartikel: Das Gegenteil ist ebenso wahr, von der humoristischen Seite zu nehmen.

Unangenehmer schon ist, daß die Drachensaat, die er kurz vor seinem Verscheiden in die Welt gestreut hat – vielleicht um sich an ihr dafür zu rächen, daß sie endlich hinter der Maske der Toleranz die Fratze der Herzlosigkeit zu vermuten begann –, inzwischen aufgegangen ist und wir von ganzen Schwärmen auf dem Kopf stehender Skeptiker, die man Fanatiker nennt, umgeben sind. In dem Lärm des unermüdlichen Gezänks der Sektierer verliert sich die Stimme der Vernunft und der Menschlichkeit ebenso leicht, wie sie sich vor noch nicht langer Zeit verlor in dem gedämpften Gemurmel professioneller Zweifler.

Denen unter uns, die, ob sie fromm oder ungläubig sind, ihre Seelen noch nicht dem Teufel eines Götzenglaubens verschrieben haben, möchte ich das Buch von *Jacques Maritain*[55] (*Ransoming the Time*, Scribner's, New York 1941), in dem er

55 Jacques Maritain, 1882–1973; französischer Philosoph, Thomist, 1914–1940 Professor am Institut Catholique in Paris, 1945–1948 französischer Botschafter beim Vatikan.

die Aussprache zwischen Christen und Juden beginnt, dringend empfehlen. Ich hoffe, sie werden die Lektüre mit dem Kapitel über den »Nachbarn« anfangen und Maritains Ersetzung der Toleranz durch Kameradschaft (fellowship) oder schöner noch »civic friendship« akzeptieren. So sicher nämlich als wir in solchen Gesprächen nur alles verlieren können, wenn wir die Differenzen, die uns trennen, verwischen, so sicher werden wir noch nicht einmal ins Gespräch kommen, wenn wir die Grundhaltung der Humanität nicht einzunehmen vermögen. Es ist das große Vorrecht der Vernunft, »mehr Sprachen zu verstehen, als sie selbst spricht«, und es ist das große Vorrecht des Menschen, mehr zu sein als das »Modell reiner Ideen« (S. 118). In jener Vernünftigkeit und in dieser Menschlichkeit liegt die philosophische Garantie für die politische Konzeption der Menschheit.

Dagegen möchte ich wünschen, daß diejenigen unter uns, welche die 613 Ge- und Verbote nicht halten und nicht um das Kommen des Messias beten – und sie sind heute die Mehrheit des Volkes –, den Maritain'schen Ausführungen über die Auserwähltheit Israels, das er mit dem gesamten jüdischen Volk, »es mag tun, was es will« (S. 175), identifiziert, nicht folgen. Die Tatsache, daß Jesus von Nazareth, den die christliche Menschheit den Gesalbten nennt, ein Jude war, kann für uns wie die christlichen Völker das Symbol unserer Zugehörigkeit zu der griechisch-jüdisch-christlichen Kulturwelt sein. Israel mag in der christlichen Theologie diesen oder jenen Platz einnehmen; es ist nicht die Aufgabe von Juden, darüber eine Meinung zu haben. Aber im Zusammenleben der Völker und innerhalb der Geschichte der Menschheit haben wir einen Anspruch darauf, »ein Volk wie alle Völker« und Menschen unter Menschen zu sein.

Denn in diesem menschlichen und politischen Zusammenhang gilt das große Gesetz, das alle wahrhaft humanen Angelegenheiten beherrscht, das Gesetz der *Normalität.* In der irdischen Welt, in der wir leben, ist jede Ausnahme eine Monstrosität und führt jedes Übernatürliche zum Widernatürlichen. Wenn Juden, die nicht mehr auf traditionelle Weise an ihren Gott glauben, fortfahren, sich auf diese oder jene Weise für »auserwählt« zu halten, so können sie damit nichts anderes meinen, als daß sie ihrer Natur nach besser oder klüger oder rebellischer oder das Salz der Erde sind. Und das wäre, wie man es auch drehen und wenden will, nichts anderes als eine Spielart des Rasse-Aberglaubens.

Christen der protestantischen und der katholischen Konfession, Männer wie Paul Tillich[56] und Jacques Maritain, wissen, daß einer der Prüfsteine ihres Christentums heute die Judenfrage ist und daß es in ihrem Kampf gegen den Antisemitismus um sehr viel mehr geht als um eine theologische Disputation. Darum sollten wir, für die Judesein primär die Tatsache einer politisch-nationalen Zugehörigkeit ausdrückt, unsere Vertretung auch in dieser Angelegenheit nicht nur den Rabbinern überlassen.

---

56 Paul Tillich, 1886–1965; der evangelische Theologe begründete den SPD-nahen »Bund religiöser Sozialisten« (»Die sozialistische Entscheidung«, 1929), war Professor in Marburg, Dresden, Leipzig, bevor er 1933 Lehrverbot erhielt. Er emigrierte in die USA. 1940 wurde er amerikanischer Staatsbürger. 1938–1955 war er Professor für Philosophie und Theologie am Union Theological Seminary in New York. Paul Tillich war 1942 der erste Präsident der 1939 vom German Jewish Club geschaffenen Immigrants Conference, Leiter des Council for a Democratic Germany und Mitarbeiter beim antinazistischen deutschsprachigen Rundfunksender (siehe auch Anm. 63). Tillich war ein enger Freund von Arendts zweitem Ehemann Heinrich Blücher.

»Keinen Kaddisch wird man sagen«
(This Means You)
19. Juni 1942

In der nationalsozialistischen Wochenschrift »Das Reich« hat Goebbels erklärt, daß mit der Ausrottung der Juden Europas »und vielleicht außerhalb Europas« nun begonnen werden würde.[57] Die Ermordung von je 5000 Juden in Berlin, Wien und Prag wird den Auftakt zu dem Massenschlachten bilden, die erste Antwort auf die ungeheuerliche Tatsache, daß alle Völker innerhalb und außerhalb Europas sich entschlossen zeigen, der Nazi-Herrschaft um jeden Preis ein Ende zu bereiten. Der Ankündigung ist die Tat bereits vorangegangen: Am 28. Mai, unmittelbar nach dem Attentat auf Heydrich, sind 300 Juden auf den Straßen Berlins aufgegriffen und erschossen worden; ihre Frauen und Kinder wurden in Konzentrationslager überführt. Die Gesetze des Teufels sind leider verläßlicher als die der Statistik. Während wir noch damit beschäftigt sind auszurechnen, wieviel Juden diesen Krieg nach den Gesetzen der Wahrscheinlichkeitsrechnung überleben und nach Palästina oder anderen Ländern auswandern werden, droht die Furcht jener Wenigen, die glauben, daß die Wirklichkeit nicht von Gesetzen, sondern von Menschen und darum manchmal von Teufeln abhängt, auf die grauenhafteste Weise rechtfertigt zu werden.

Seit der Teufel die Macht ergriff, seit er die Terrormaschine erfand, um mit diesem wirksamsten Propaganda-Instrument der Neuzeit seine Doktrin: Recht ist, was nützt, zu verwirk-

57 Am 12. Juni 1942 hielt Goebbels eine Rede, abgedruckt in »Das Reich«, in der er behauptete, die amerikanischen und britischen Luftangriffe auf Deutschland seien das Werk von Juden. »Die Juden spielen ein frivoles Spiel. Sie werden dafür mit der Ausrottung ihrer Rasse in ganz Europa und sogar auch außerhalb Europas bezahlen müssen« (zitiert nach: »Aufbau«, 19. Juni 1942).

lichen, hat er für alle praktischen Demonstrationen sich der Juden bedient. Seit jenen unvordenklichen Zeiten, die noch keine zehn Jahre zurückliegen, hat das Schicksal der Juden immer klar angezeigt, wohin die Reise ging. Nur die Zeiträume zwischen dem Experiment und der vollkommenen Durchführung sind inzwischen immer kleiner geworden. Es hat Jahre gebraucht, bevor nicht nur Juden überfallen wurden, sondern auch Tschechen, Norweger, Holländer und Franzosen. Monate verstrichen, bevor in den besetzten Ländern nicht nur Juden Freiwild waren. Wochenlang hörte man nur von Juden-Deportationen; Franzosen und Polen sind gefolgt, und man erwägt bereits den Plan der Massenvertreibung von 3 Millionen Holländern. In wenigen Tagen schließlich folgten die Männer von Lidice den 300 Berliner Juden in den Tod, die tschechischen Frauen und Kinder den jüdischen in die Konzentrationslager. Wäre ich kein Jude, sondern gehörte irgendeinem anderen europäischen Volke zu, mir würden sich vor Angst die Haare auf dem Kopf sträuben, sobald einem Juden ein Haar gekrümmt wird.

Es war einmal eine glückliche Zeit, als Menschen frei wählen konnten: Lieber tot als Sklav', lieber stehend sterben, als auf den Knien leben. Und es war einmal eine verruchte Zeit, als schwachsinnig gewordene Intellektuelle erklärten, das Leben sei der Güter höchstes. Gekommen ist heute die furchtbare Zeit, in der jeden Tag bewiesen wird, daß der Tod seine Schrekkensherrschaft genau dann beginnt, wenn das Leben das höchste Gut geworden ist; daß der, der es vorzieht, auf den Knien zu *leben,* auf den Knien *stirbt;* daß niemand leichter zu morden ist als ein Sklave. Wir Lebenden haben zu lernen, daß man auf den Knien noch nicht einmal leben kann, daß man nicht unsterblich wird, wenn man dem Leben nachjagt, und daß, wenn man für nichts mehr sterben will, man stirbt, obwohl man nichts getan hat.

»Keine Messe wird man singen, keinen Kaddisch wird man sagen.« Diese Toten hinterlassen keine geschriebenen Testamente und kaum einen Namen; wir können ihnen nicht die letzte Ehre erweisen, wir können ihre Witwen und Waisen nicht trösten. Sie sind Opfer, wie es Opfer nicht mehr gegeben hat, seitdem Carthago und der Moloch zerstört wurden. Wir können nur ihre Träume zu Ende träumen.

Die Erbschaft dieser Toten werden die antreten, die traurig genug sind, um entschlossen zu sein, die erschüttert genug sind, um fest zu stehen, die phantastisch genug sind, um mit ihrer Einbildungskraft die Ferne zu überwinden, die menschlich genug sind, um mit ihnen die Toten aller Völker zu beweinen und die erschreckt genug sind, um aus Utopien, aus jenem ungastlichen Lande, das wir Juden so gerne bewohnen, auszuwandern. Die Sache der jüdischen Armee ist nur zu einem kleinen Teil die Angelegenheit von Diplomaten. Sie ist die Sache dieser Erben, die sie fordern werden im Namen der Lebenden und im Namen der Toten.

Mit dem Rücken an der Wand
(This Means You)
3. Juli 1942

Seit Ausbruch des Krieges bemühen sich Juden und Nicht-Juden, Zionisten und sogar Nicht-Zionisten, anglophile Amerikaner und sogar Engländer, dem Colonial Office und der englischen Kriegsführung klarzumachen, daß es im Nahen Osten – im bedauerlichen Gegensatz zu anderen Teilen des Empires – an Ort und Stelle einen zuverlässigen Verbündeten gibt, der ein für dortige Verhältnisse erhebliches Reservoir von Menschen hat und nichts sehnlicher wünscht, als es unter ehrenhaften Bedingungen zur Verfügung zu stellen. Es ist anzunehmen, daß das Colonial Office diese Tatsache inzwischen zur Kenntnis genommen hat. Es ist sogar wahrscheinlich, daß über eine andere für die englische Kriegsführung wichtige Tatsache, die Haltung der Araber, keine Illusionen mehr bestehen, zumal die letzte Woche zwar die Invasion Ägyptens, nicht aber die für diesen Fall angekündigte Kriegserklärung Ägyptens an die Axis[58] erlebt hat.

Die Sache hat nämlich einen Haken, und es wird immer klarer, daß sie nur diesen Haken hat: Die Leute dort, die so sichere Verbündete wären, sind Juden. Dies läßt sich umso weniger verheimlichen, als diese Juden, in schockierendem Gegensatz zu ihren »klügeren« Brüdern in allen Teilen der Welt, sich in den Kopf gesetzt haben, als Juden zu leben, den anderen Völkern gleich, wie Gott sie geschaffen hat, ohne mit den Lorbeerblättern irgendeiner anderen Nationalität ihre Blöße zu bedekken. Dies Ärgernis kann man schlecht öffentlich diskutieren. Aber die Juden sollten Verständnis für die Schwierigkeiten haben, in die ihre Halsstarrigkeit ihre Freunde bringt. Schließlich müssen sie doch wissen – das hört man alle Tage –, daß dieser Krieg ein ideologischer Krieg ist und daß man doch nicht Hitlers Behauptung wahrmachen kann, daß er für die Juden geführt wird; schlimm genug, daß kein Mensch leugnen kann, daß Juden an ihm ein gewisses Interesse nehmen; ein Bündnis mit den Juden – das wäre ja direkt Wasser auf Hitlers Propagandamühlen! (Denn der gesunde Menschenverstand, der weiß, daß *nur* wenn die Juden als Juden mitkämpfen, das Gerede, daß andere *für* sie kämpfen, verschwinden wird, hat die Spekulationen von Realpolitikern noch niemals zu beirren vermocht.) Die Juden also sollten verstehen und dankbar sein, wenn man ihnen den Mantel des englischen Kolonialsoldaten anbietet und ihnen erlaubt, für das britische Weltreich im Allgemeinen, statt für ihr Land, für ihre Frauen und Kinder und die Ehre ihres Volkes im Besonderen zu sterben.

Jüdische Politiker haben alles dazu getan, um das jüdische Volk an jüdischer Politik zu desinteressieren. Bleiben ein paar

58 Axis = Achsenmächte (Deutschland, Italien und Japan).

Alarmrufe des Committee for a Jewish Army, bleiben ein paar Menschen in der zionistischen Führung, die wissen und öffentlich sagen, daß der, »der nicht im Krieg ist, auch nicht im Frieden ist« (Nahum Goldmann[59]). Denn selbst wenn man einen Augenblick von der Bedrohung Palästinas absieht – was jeden Tag schwerer wird –, ist die jüdische Armee die wichtigste und bis zu ihrem Zustandekommen einzige Aufgabe jüdischer Politik. Aber das jüdische Volk beschäftigt sich mit der optimistischen oder pessimistischen Beurteilung der Ereignisse; die Optimisten sorgen sich um den kommenden Frieden, die Pessimisten um den bevorstehenden Untergang der Juden. In Furcht und Hoffnung geübt, leben wir verzweifelt und unbekümmert in den Tag.

Es ist gar nicht so leicht, Menschen oder Völker apathisch zu machen, aber wir scheinen es geschafft zu haben. Zweihundert Jahre lang haben wir es den Plutokraten und Philanthropen überlassen, uns zu regieren und uns in der Welt zu repräsentieren. Zweihundert Jahre lang haben wir uns einreden lassen, daß der sicherste Weg zum Überleben der ist, sich tot zu stellen. Mit dem Erfolg, daß wir selbst unter uns oft nicht wissen, wandeln wir unter Lebenden oder unter Toten; mit dem Erfolg, daß wir uns in einer Scheinwelt bewegen, in der überhaupt nichts mehr mit rechten Dingen zugeht: Wenn wir uns in Gefahr befinden, hoffen wir auf Wunder, und wenn wir relativ sicher sind, fürchten wir uns vor unserem eigenen

59 Nahum Goldmann, 1895–1982; Präsident des World Jewish Congress, vertrat auf der Zionisten-Konferenz Anfang Mai drei Thesen:
– Nach dem Krieg gelte es, das sowjetisch-russische Judentum zurückzugewinnen.
– Der Krieg werde ein geschwächtes Judentum zurücklassen. Eine jüdische Nation in Palästina brauche aber eine starke jüdische Weltgemeinschaft, sonst sei sie ohne jede Aussicht auf Vergrößerung und Überleben.
– Alle, nicht allein die palästinensischen Juden, müßten die Einsicht haben, daß der Zionismus eine Notwendigkeit sei für das Überleben der Juden als Volk.

Schatten; politische Bewegungen wie den Antisemitismus halten wir für naturnotwendig, aber die wenn nicht natürlichen so doch menschlichen Gesetze des Kampfes halten wir für Einbildungen; eine Geldkampagne ist bei uns eine Tat[60], aber die Organisation des Volkes demagogischer Unfug; wenn der Feind vor den Toren steht[61], entwerfen wir konstruktive Pläne für die Zukunft – und vergessen den kommenden Tag. Bedenkt man, was diesmal alles auf dem Spiel steht – man könnte das Gruseln lernen.

---

60 Der Aufruf des American Jewish Committee, Geld für ein Kampfflugzeug für die Air Force zu sammeln, prangte wochenlang auf der ersten Seite des »Aufbau«: »Als Ausdruck unserer Ergebenheit wird es als Namen tragen: ›Loyalty‹. Unite with, ›Loyalty‹ for victory.«
Am 24. April 1942 liest man:
»*Denkst Du daran,* vor welchem furchtbaren Schicksal Amerika Dich gerettet hat?
Willst Du diesem Land Deinen Dank und Deine besondere Tat bekunden?
Willst Du, daß auch Dein Name in der Declaration of Loyalty enthalten sein soll, die Präsident Roosevelt überreicht werden wird?
Dann sende diesen Schein.«
Am 8. Mai 1942 heißt es explizit über diese Geldsammlung: »Es ist die erste gemeinsame Tat (sic!) der Immigration!«

61 Bis Ende Juni 1942 waren deutsch-italienische Truppen in Nordafrika bis nach El Alamein vorgedrungen. In Jerusalem hatte es Bombenalarm gegeben. Erst im Herbst wurden die Achsenmächte zurückgetrieben.

Wenn man dem kleineren Übel nicht widersteht
(This Means You)
17. Juli 1942

In dem nun schon fast monoton gewordenen Frage- und Antwortspiel zwischen der Jewish Agency und der englischen Regierung um die Bildung einer jüdischen Armee und einer jüdischen Home-Guard[62] für Palästina ist eine kleine Änderung eingetreten: Die Stimme der Jewish Agency ist leiser, die der englischen Gegner eines jüdischen Palästina lauter und selbstsicherer geworden, die Stimmen unserer Freunde im englischen Volk, im englischen Parlament, in der englischen Presse sind nahezu verstummt. Man kann Forderungen nicht ungestraft im Widerspruch mit Handlungen proklamieren; es kommt der Tag, da alle Welt sie für leere Worte hält. Unsere Politik in Palästina hat darin bestanden, mit Worten eine jüdische Armee zu fordern und faktisch Rekrutierungsbüros für die englische Armee einzurichten. In so blutig ernsten Zeiten wie der unsrigen lernen Menschen sehr schnell, daß man in der Politik immer am besten daran tut, einander auf die Hände und nicht nur auf den Mund zu sehen.

Die unmittelbaren Folgen dieser Zweideutigkeit sind schlimm genug. Es ist überwältigend wahrscheinlich, daß wir keine jüdische Armee und noch nicht einmal die wenigen jüdischen Regimenter bekommen werden, die Weizmann noch im Mai auf der Zionisten-Konferenz für so wahrscheinlich hielt. Ferner hören wir, wie nach Palästina geflüchtete Juden die Legionen ihrer alten Heimat der englischen Armee vorziehen. Die Gefahr der Zersetzung des Jischuws liegt auf der Hand, und die Jewish Agency protestiert verzweifelt. Aber das Verhalten dieser Flüchtlinge ist nur zu begreiflich: Können sie

---

62 Sicherheitskräfte

schon nicht als Juden kämpfen, schlägt man ihnen schon als geringeres Übel eine fremde Armee vor, so bevorzugen sie Formationen, in denen sie neben gleichen militärischen auch gleiche politische Rechte haben und wenigstens theoretisch die gleiche Staatsangehörigkeit wie ihre Kameraden und kommandierenden Offiziere. Hat man erst einmal zum individuellen Ausweg seine Zuflucht genommen, so kann man nie voraussagen, wo ein Individuum seine besten Auswegchancen findet.

Ernster noch sind die mittelbaren Folgen: Wofür wir in diesem Krieg positiv kämpfen konnten, die nationale Befreiung des jüdischen Volkes, ist ohne jüdische Armee, ohne positive Beteiligung am Krieg verloren. Was wir in diesem Krieg noch gewinnen können, ist etwas rein Negatives: Vielleicht werden die anderen Nationen verhindern können, daß man uns ausrottet.

Die Politik des kleineren Übels hatte seit eh und je die fatale Tendenz, das große alte Übel festzuhalten und so auf neue größere Übel vorzubereiten. Indem man aus Angst vor dem größeren Übel das kleinere Übel in etwas Gutes umlügt, treibt man dem Volk das Unterscheidungsvermögen zwischen Gut und Böse allmählich aus. Mit Menschen aber, die gewöhnt sind, Übel zu akzeptieren, statt ihnen zu widerstehen – und sei es unter der Vorgabe, größere Übel zu vermeiden –, kann man keine Politik machen. So stimmten die Deutschen für das kleinere Übel Hindenburg und fanden dann Hitler gar nicht mehr so schlimm. So saßen wir Juden ganz friedlich und ganz unpolitisch in den französischen Internierungslagern und trösteten uns damit, daß Dachau schlimmer ist. So redeten Juden dem italienischen Faschismus das Wort, überzeugt, mit dem Beelzebub Mussolini am besten den Teufel Hitler auszutreiben. Aber so sicher wie Beelzebub am Ende sich immer mit dem Oberteufel aussöhnen und verbünden wird, so sicher können wir, von Klippe zu Klippe der kleineren Übel geworfen, nur im Abgrund der Katastrophe enden. Vor diesem selbstverschuldeten Schicksal werden uns unsere besten englischen Freunde und die besten Armeen der Welt nicht bewahren.

Die Linie zwischen dem geringsten erreichbaren Guten, auf das Forderungen in der Politik unter Umständen reduziert werden müssen – und das wäre in unserem Fall die jüdische Home-Guard –, und dem kleinsten Übel, auf das man sich nicht einlassen darf – und dies ist in unserem Fall die Eingliederung in die englische Armee und das Verschwinden der palästinensischen Juden als eines Faktors jüdischer Politik – diese Linie verläuft haarfein. Sie ist oft nicht leicht zu entdecken, aber sie kann gefunden werden, wenn Politiker prinzipiell entschlossen sind, dem Übel in jeder Form zu widerstehen, und von Menschen, die nachweisen können, nie mit ihm paktiert zu haben. Sofern man von jüdischer Politik überhaupt reden kann, hält sie an den Grundübeln des Liberalismus mit einer Beharrlichkeit fest, die einer besseren Sache wert wäre: Ihre Strategie ist es, kampflos der »Gewalt« zu weichen, und ihre Taktik besteht darin, ideenlos die Wege des geringsten Widerstandes herauszuspüren.

Für und gegen Paul Tillich[63]
31. Juli 1942

Pro:

In der Emigration ist ein Zwist ausgebrochen um eine ernste und schwere Sache. Der Anlaß ist recht banal: Ein bekannter

63 Zum 150. Jahrestag der Amerikanischen Revolution, am 4. Juli 1942, hielt der jüdische Schriftsteller Emil Ludwig (urspr. Cohn), der – aus Breslau stammend, seit 1932 Schweizer Staatsbürger – auf Biographien spezialisiert war (zuletzt über Roosevelt) und im Advisory Board des »Aufbau« saß, auf der Konferenz »Win the War – Win the Peace« in

Schriftsteller, der im vorigen Weltkrieg die alldeutsche Couleur des damaligen deutschen Imperialismus trug, der in den dreißiger Jahren die faschistische Couleur des italienischen Imperialismus annahm, versucht es mit einer neuen Großmacht, indem er das amerikanische Volk zu einem bisher Gott sei Dank

---

Los Angeles eine Rede, die zunächst in der »New York Times« (6. Juli 1942), allerdings deutlich verkürzt, wiedergegeben wurde (»Ludwig asks Fight on German People« hieß die Schlagzeile reißerisch). Darin las man, Hitler sei der legitimste Ausdruck, den das deutsche Volk von sich geben könne. Doch das deutsche Volk sei zu intelligent, um versklavt zu werden. Deshalb schlug er den Amerikanern eine freundliche Protektoratspolitik vor: keine Gebietsabtretungen, doch vollständige Entmachtung (d. h. keine Waffen, keine Bildungshoheit, keine eigene Regierung). Gedacht waren die Maßnahmen nicht als Strafe, sondern zum Schutze der Alliierten vor dem deutschen Wesen, das sonst wieder eine Revanche vorbereiten werde.

Der emigrierte deutsche evangelische Theologe Paul Tillich (siehe Anm. 56) konterte am 17. Juli im »Aufbau« Emil Ludwigs Rede: »Ein Übel, das sich zu einer bestimmten Zeit in einer bestimmten Gruppe von Menschen zeigt, wird dem ganzen Volk zugeschoben.« Und weiter: eine Rede, »die alle anständigen (sic!) deutschen Juden in Amerika veranlassen sollte, sich von Ludwig entschlossen zu distanzieren«. Seines Erachtens sei Ludwigs Denkweise der des Antisemitismus ähnlich. Über notwendige Maßnahmen könne man diskutieren, der deutsche Nationalcharakter allerdings sei ein vernebelndes Argument.

Die Debatte erhitzte die Gemüter vieler Emigranten und füllte die Spalten des »Aufbau«. Am 24. Juli 1942 veröffentlichte die Zeitung die gesamte Rede Ludwigs im Wortlaut, am 31. Juli erschien neben dem hier abgedruckten »Pro« (Hannah Arendt) ein »Contra« (Heinz Pol) zu Tillichs Angriff. Am 7. August 1942 antwortete Tillich seinen Kritikern. Dabei unterstrich er, Ludwigs Äußerungen seien eine Entmutigung des Widerstands in Deutschland: »Wenn die Deutschen erfahren, daß solche Zitate in der führenden amerikanischen Zeitung stehen, wird es ihnen schwer werden zu glauben, was wir (der Radiosender für die deutsche Opposition, an dem Tillich mitarbeitete, MLK) ihnen in wirklichem Glauben oder zumindest in starker Hoffnung sagen: daß man zwar den Nationalsozialismus ausrotten, aber das deutsche Volk in eine umfassendere Einheit als gleichberechtigtes Mitglied aufnehmen will.« Am 14. August antwortete Emil Ludwig.

inexistenten Imperialismus ermuntert. Vor noch nicht 30 Jahren überzeugt, daß »am deutschen Wesen die Welt genesen« werde, vor noch nicht zehn Jahren begeistert von der Überlegenheit der italienischen Bomben über äthiopische Stämme, bleibt ihm, da er zufällig Jude ist, nichts mehr übrig, als den angelsächsischen Völkern die Palme der überlegenen Weisheit zuzuerkennen. Und da man doch gerne dabei ist, wenn Überlegenheit die Herrschaft antritt, so sieht sich unser Schriftsteller bereits mit den zukünftigen Siegern als Lehrer der überlegenen Moral durchs Brandenburger Tor ziehen. Paul Tillich, seit je ein erbitterter Feind des Rassenwahns und des Faschismus in jeder Gestalt und Couleur, hat hiergegen im Namen der deutschen Flüchtlinge energisch protestiert. Und er hat mit sehr viel Recht hinzugefügt, daß Juden am allerwenigsten Grund hätten, eine Denkart zu verbreiten, die von ihnen so furchtbare Opfer gefordert hat.

Auf Hannah Arendt gemünzt, schrieb er: »Männer und Frauen aber, die nach ein paar Jahren der Verbannung die Hand streicheln, die sie geschlagen hat, Juden, die heute fortfahren, das deutsche Volk zu lieben und zu verteidigen, mögen solche Gefühle mit ihrem Gewissen ausmachen.«

Am 12. September 1942 erschien in der »Neuen Volkszeitung« sein Manifest »An die deutschen Patrioten im Exil«, das real so deutschfeindlich war, wie seine Gegner es ihm bislang unterstellt hatten (siehe auch Radkau, *Die deutsche Emigration in den USA*, S. 206–210).

Hannah Arendt charakterisierte Emil Ludwig in einem unveröffentlichten Text (»German Emigrees«, Library of Congress, Container 70) als Führer eines Kreises unpolitischer Emigranten, der Deutschland »immer noch als Zentrum (wenngleich dieses Mal als Zentrum des Bösen)« ansehe. Und in einem Brief an Tillich (22. Juli 1942, Library of Congress, Container 14): »... schließlich ist nur eine schmale Elite von deutscher Intelligenz weggegangen, während die jüdischen Flüchtlinge naturgemäß in ihrer überwältigenden Mehrheit aus verhinderten Gleichgeschalteten bestehen. Sie holen das nach, so gut sie immer können. Das trifft auf Ludwig natürlich besonders zu, der mit seinem Kult der Großen Männer wirklich das seinige für die Vorbereitung des deutschen Bürgertums auf den Führerkult getan hat. Es hat ihn dann ja auch prompt in Mussolinis Arme geleitet, nachdem Hitler offenbar für einen jüdischen Biographen keine Verwendung hatte.«

Der Anlaß ist banal, aber bezeichnend. Die Vergötterung des Siegers, die Anbetung der »großen Männer«, die Verachtung des durchschnittlichen amerikanischen Bürgers, der, wie der Gallup Poll zeigte, nicht das deutsche Volk und umso erbitterter den deutschen Faschismus bekämpfen will, das Mißtrauen in Freiheit, Gerechtigkeit und den politischen Willen eines Volkes – all das ist verhüllt oder unverhüllt der bekannte Nihilismus jener Intellektuellen, die sich seit mehr als 60 Jahren um die Vorbereitung der nationalsozialistischen Mentalität erhebliche Verdienste erworben und daher auch in allen Ländern so zwanglos wie keine andere Volksschicht die faschistischen Regime und ihre Rassentheorien akzeptiert haben. Der Konflikt ist so ernst, weil von allen Völkern nur wir Juden nie die Möglichkeit hatten, uns wirklich »gleichzuschalten«; und weil nur Juden unterschiedslos in die Emigration gejagt worden sind. Deshalb anzunehmen, die Juden allein seien immun gegen die furchtbare Krankheit zum Tode, die die halbe Welt ergriffen hat, wäre töricht; ihnen den Rassenwahn besonders übel zu nehmen, ungerecht.

Es ist sehr schwer, der Freund eines unterdrückten Volkes zu sein. Es ist doppelt schwer, wenn man selbst niemals zu den Unterdrückten gehört hat. Es ist sehr traurig zu erfahren, daß jeder Sklave dazu neigt, sich als Sklavenhalter zu träumen, und daß die Masse der Unterdrückten – so pathetisch ihre Leiden für die Sache der Freiheit plädieren – die Sprache der Freiheit nur schwer und langsam lernen. Die Sklavensprache wiederum, jenes Gemisch von Erniederung und heimlichem Hochmut, von Furcht und Hoffnung, von Unwissenheit und dünkelhafter Naseweisheit, ist schwer zu ertragen. Der Freund der Unterdrückten wird immer der großen Zuversicht in den Menschen bedürfen, die uns das Lachen lehrt; des ruhigen Muts, der uns den unermüdlichen Protest leicht macht; und der unbekümmerten Freiheit von unseligen, blutigen Alternativen, die, solange es Unterdrücker und Unterdrückte gibt, immer am nächsten liegen müssen. Nur so wird er, wenn er der Herzlosigkeit und Grausamkeit des Unterdrückers widerstanden hat, Kraft genug behalten, um das »feige Herz der Unterdrückten«, die immer warteten, daß die Schlacht gewonnen sei, »um dem Sieg zu Hilfe zu eilen« (Clemenceau), zu ertragen.

Die Freunde von Unterdrückten werden immer in Konflikt kommen mit den Unterdrückten selbst. Jeder große Freund der Juden hat es mit den Juden selbst zu tun bekommen – und erst in diesen Konflikten hat das jüdische Volk seine echten Freunde von den unechten Gönnern zu sondern vermocht. Aber so sicher Clemenceau erst in dem Augenblick wirklich für die Sache des unterdrückten jüdischen Volkes (in der Gestalt des Hauptmanns Dreyfus) eintrat, als er das Verhalten der französischen Juden offen und unbekümmert denunzierte, so sicher hat Tillich durch seinen Protest gegen jenen deutschen Juden der jüdischen Sache einen größeren Dienst erwiesen als alle jene Gönner, die glauben, daß sie genug tun, wenn sie jüdischen Vereinen durch Hergabe eines nicht-jüdischen Namens den Anschein der Parität geben, die uns wohlwollend irgendwelche Verdienste oder große Männer bestätigen oder die glauben, jüdischen Freunden zu helfen durch die Erklärung, es gäbe weder Juden noch Judenfrage.[64]

---

64 »Was nun uns Juden angeht«, schrieb Hannah Arendt am 22. Juli 1942 an Paul Tillich (ebenda), »so sind wir in einer besonders schwierigen Lage. (...) Bei allen anderen Völkern vollzieht sich im Verlauf dieses Krieges eine unerbittliche Trennung zwischen dem Lumpen und dem anständigen Menschen. Bei uns ist dies nicht der Fall: der Jude z. B., der gestern noch Franco finanziert hat oder nach Paris zurückgefahren ist, um dort mit den Nazis Geschäfte zu machen, erscheint morgen und erklärt, er sei ein Flüchtling. Das Schlimmste ist, daß er recht hat; er ist wirklich ein Flüchtling, ganz egal, was er getan und gewollt hat. Wir sind natürlich nur zu interessiert daran, diese Herren wenigstens politisch loszuwerden. Es pflegen erfahrungsgemäß die Gleichen zu sein, die dann aus enttäuschter ›Liebe‹ Vernichtungsmaßnahmen oder Moralpredigten vorschlagen. Indem Sie die dem Antisemitismus entsprechenden Verhaltensweisen der Juden aufdecken, helfen Sie uns natürlich, diese Scheidung zu erzwingen.«

Wir jüdischen Patrioten, die wir seit langem gezwungen sind, den großen Doppelkampf gegen Sklavenhalter und Sklavenmentalität zu kämpfen, werden jeden als unseren Freund und Bundesgenossen begrüßen, der direkt oder indirekt uns hilft, den Wahn von überlegenen Völkern auszurotten und die Humanität, die Solidarität des Menschengeschlechts wiederherzustellen.

Konfusion

(This Means You)

14. August 1942

Die hoffnungslose Konfusion und gefährliche Zweideutigkeit fast aller moderner nationaler Freiheitsbewegungen sind nicht dazu angetan, unsere ohnehin schon so trübe Welt aufzuhellen.

Am 19. August 1942: »Ich habe es sehr bedauert, daß Sie nach Pols Angriff auf Ihr ›Unterbewußtsein‹ irgendwelche Erregung oder Übereiltheit zugestanden haben. Sie hatten meiner Meinung nach auch in der Form recht. Warum sollten Sie von einem Menschen nicht sagen dürfen, daß er ein Jude ist? Das Faktum, daß es Juden gibt, versuchen doch nur Antisemiten aus der Welt zu schaffen; dafür dürfte Totschlagen dann das einzig probate Mittel sein. Mit anderen Worten: Ich habe es bedauert, daß Sie nicht etwa folgendermaßen geantwortet haben: In meinem Mund und in meiner Feder können die Worte Jude, jüdisch, deutsch-jüdisch niemals diskriminierend gemeint sein. Dem Versuch, die Juden auszurotten, können wir ja nicht dadurch begegnen, daß wir erklären, es gäbe sie gar nicht. Das wäre genau so ein verhängnisvoller Fehler, wie wenn wir deswegen, weil Hitler die Demokratien bekämpft, unsererseits die Existenz von Demokratien leugnen würden. Alle solche Dinge können nur dem Feind helfen; ihm nämlich helfen, das, was er vernichten will, selbst zu liquidieren. Und vielleicht hätten Sie noch versöhnlich hinzufügen können, daß es Ihnen leid tut, daß Ihre Landsleute unter anderem so viel dazu beigetragen haben, diese unselige Konfusion in jüdischen Köpfen anzustiften.«

Was man alles ungestraft in unserer Welt mit dem Wort Freiheit anstellen kann, hat die arabische Nationalbewegung bereits reichlich bewiesen, als sie sich vor wenigen Jahren, zur Zeit der palästinensischen Unruhen, an den deutschen und italienischen Imperialismus verkaufte[65], in der Hoffnung, durch Ausspielen der Einen gegen die Anderen ihr Schäfchen ins Trockene zu bringen. Etwas Ähnliches ist offensichtlich mit gewissen Teilen der indischen Nationalbewegung passiert: Eine nicht unbeträchtliche Anzahl ihrer Führer sitzt bereits in Berlin oder Tokio. Ob es sehr weise war, die verbleibenden Führer, die sich nicht – oder noch nicht – den Achsenmächten an den Hals geworfen haben, einfach einzusperren, mag dahingestellt bleiben. Daß Gandhi mit Verhandlungen mit Japan gedroht hat und daß ein anderer Inder genau in dem Augenblick, wo die europäischen Völker drauf und dran sind, sich das arrogante Gerede von des »white man's burden«[66] abzugewöhnen, schleunigst seinerseits in dem uns nur zu bekannten salbungsvollen Ton betont hat, was alles der Westen von Asien zu »lernen« hätte, war für die Sache der unterdrückten Völker ein fast ebenso schwerer Schlag.

Das Vorgehen der englischen Kolonialverwaltung und die Erklärung von Amery[67] zeigen, daß England entschlossen ist, sich auf die Moslems in Indien zu stützen. Dies wiederum muß zur Folge haben, daß man im Nahen Osten die durch und durch faschisierte arabische Nationalbewegung weiter befrieden und mit noch größeren Versprechungen an sich zu locken versuchen wird. (Die Rede von Lord Moyne[68] im Unterhaus, in der er eine Aus- und Umsiedlung der palästinensischen Juden vorschlug, ist leider nur zu charakteristisch für

65 Gemeint sind die deutschfreundlichen Avancen der arabischen Führer, vor allem von Husseini, dem Mufti von Jerusalem, von Ibn Saud und Mirat I.

66 Sprichwörtlich, nach einem Gedicht von Rudyard Kipling.

67 Leopold Amery, der bis 1929 Colonial Secretary in Palästina war.

diese neueren Tendenzen.) Wer die Verhältnisse im Nahen Osten kennt, mag diesen Befriedungsversuchen, die nur auf Kosten der Juden gehen können, skeptisch gegenüberstehen. Klar ist, daß angesichts der offenen Judenfeindschaft der arabischen und der ihr verbündeten moslemischen Welt, wir Juden an dem Tag, an dem die englische Kolonialverwaltung dem indischen Kongreß den Krieg erklärte, eine böse Niederlage erlitten haben.[69]

Die zweideutige Politik unterdrückter Völker: ihre fatale Tendenz, um Privilegien zu schachern anstatt um die Freiheit zu kämpfen; ihre Engstirnigkeit, die aus jeder Änderung die »Erlösung« erhofft; ihre aus der Geschichte nur zu bekannte Neigung, kaum befreit, selbst den Unterdrücker zu spielen – all dies ist ein alter Kummer demokratischer Politiker. (Und die jüdische Nationalbewegung des Zionismus ist keineswegs das weiße Lamm unter lauter mehr oder minder schwarzen Schafen; wir wissen alle, wie viele Zionisten davon geträumt haben, von den englischen imperialistischen Interessen im Nahen Orient zu profitieren.) Schlimmer ist, daß durch diese Zweideutigkeiten viele unserer Zeitgenossen, und sicher oft nicht die Schlechtesten, in eine verhängnisvolle Gleichgültigkeit, ja Feindseligkeit gegen alle nationalen Freiheitsbewegungen gedrängt wurden. Sie sahen nur den Mißbrauch und vergaßen, daß diesem alle politischen Bewegungen ausgesetzt sind.

---

68 Lord Moyne of Buny (Walter Edward Guiness); hoher Beamter im britischen Foreign Office, Deputy Minister of State in der britischen Kolonialverwaltung in Kairo, wurde für die Tragödien der Flüchtlingsschiffe mitverantwortlich gemacht. Er schlug vor, die Juden nach dem Krieg aus Palästina »umzusiedeln«. Am 6. November 1944 wurde er in Palästina von den Terroristen der Stern-Gruppe ermordet.

69 Am 8. August 1942 ließ die englische Kolonialregierung Gandhi und die gesamte Führung der Kongreß-Partei verhaften und bis zum Ende des Zweiten Weltkriegs ins Gefängnis stecken. Dies war ihre Antwort auf Gandhis Forderung, Indien sofort die Unabhängigkeit zu gewähren.

Aus ihrer Indifferenz haben die Faschisten der ganzen Welt den allergrößten Nutzen gezogen.

Etwas anderes ist es mit jenen jüdischen Spießern, die – nicht willens, überhaupt etwas für öffentliche Angelegenheiten zu riskieren – sich über alle nationalen Bande erhaben erklären. Diese merkwürdigen Freiheitshelden, die für die Freiheit kämpfen, indem sie erst einmal die Sache des eigenen unterdrückten Volkes desertieren und sich unter den sicheren Schutz irgendeiner anderen großen Nation begeben, erklären uns die jüdischen Patrioten dann, wir seien nicht »fortschrittlich«. Nun, Verrat hat bisher noch nie die Existenz eines Volkes aus der Welt geschafft; und so wenig es zum Heile des Menschengeschlechts den »emanzipierten« Weibern gelungen ist, den Unterschied zwischen Mann und Frau aufzuheben, so wenig wird es unseren »emanzipierten« Juden gelingen, sich selbst und uns aus der Welt zu debattieren.

Weniges ist für unsere heutige Politik so wichtig, wie die Freiheitskämpfe der unterdrückten Völker rein zu halten von der faschistischen Pest. Dieser Krieg wird nur gewonnen werden, wenn in seinem Verlauf alle Völker befreit und das heißt alle »Rassen« in Völker verwandelt werden. Die Politik der unterdrückten Völker ist, wie das indische Exempel zeigt, die allerschwerste. Solange nicht Demokratie die Welt regiert, bewegt sie sich auf des Messers Schneide. Zwischen der Skylla der blinden Rache und der Charybdis der tatenlosen Feigheit führt der schmale Grat des Rechts.

Die Rückkehr des russischen Judentums
(This Means You)
28. August (I) und 11. September (II) 1942

I

Außer dem Kampf um die jüdische Armee gibt es noch ein Politikum von entscheidender Bedeutung für die zukünftige Existenz des Volkes; es ist die Wiederverbindung mit den Juden der Sowjet-Union.[70] Mehr als ein Jahr ist verstrichen, seitdem die russischen Juden die ersten Schritte aus ihrer Isoliertheit heraustaten, und jeder dieser Schritte ist wichtig und bezeichnend. Das erste, was wir nach 25-jährigem Schweigen hörten, war ein Appell an das »Weltjudentum«, sich gegen Hit-

---

70 Nahum Goldmann hatte auf der Biltmore-Konferenz (siehe Anm. 48) als Aufgabe für die Zeit nach dem Kriege die Rückgewinnung des russischen Judentums formuliert, da nur so in Europa ein jüdisches Gemeinleben nach der Vernichtungspolitik der Nazis wieder würde lebendig werden können.

Am 24. August 1941 bereits (zwei Monate nach dem Überfall der Deutschen auf die Sowjetunion) gründete Stalin das Sowjetische Jüdische Komitee aus Funktionären des Staatsapparates. Zuvor war den Juden die Anerkennung als Volk konsequent verweigert worden. Offiziell bekannt gemacht wurde das Komitee erst sieben Monate später, am 23. April 1942. Inzwischen hatten die Vereinigten Staaten ihren Isolationismus aufgegeben und waren selbst in den Krieg eingetreten. Das neugegründete jiddischsprachige Zentralorgan des Komitees, »Ejnigkejt«, berichtete in der Folgezeit über die Politik in der UdSSR und den Widerstand der Juden im gesamten besetzten Europa.

Aufgrund der nationaljüdischen Ausrichtung fiel das Komitee nach Kriegsende als chauvinistisch-jüdische Abweichung in Ungnade. Da es sich als offizielle Leitung und Vertretung der sowjetischen Juden ansah, fielen viele der Anführer nach 1948 der antikosmopolitischen Kampagne zum Opfer. Nachdem der Präsident, Michoels, bei einem »Autounfall« ums Leben kam, wurde das Komitee aufgelöst, die Prozesse begannen (siehe hierzu auch: Arno Lustiger, *Kampf um Leben und Tod*, Köln 1994, sowie Ilja Ehrenburg, Wassili Grossmann, *Das Schwarzbuch. Der Genozid an den sowjetischen Juden*, Reinbek 1995).

ler und den Faschismus im Kampf zu vereinigen. Es folgte ein Aufruf an die noch in Sicherheit und Reichtum lebenden Juden der demokratischen Länder, der Roten Armee 500 Tanks und 1000 Flugzeuge bereitzustellen und den Waffen Namen aus dem großen Heer toter jüdischer Kämpfer zu geben.[71] Das letzte und in mancher Hinsicht besonders bemerkenswerte Faktum ist die Antwort der Moskauer Gemeinde, daß sie sich an dem von den amerikanischen Rabbinern ausgerufenen Fasttag beteiligt hat.

Das russische Judentum ist während der letzten 23 Jahre so oft und mit so eigensinniger Hartnäckigkeit totgesagt worden[72], daß es eigentlich keinen mehr zu wundern braucht, wenn es plötzlich höchst lebendig wieder versucht, sich an der Politik des jüdischen Volkes zu beteiligen. Denn in der Geschichte pflegen Völker und Institutionen eines von den Zeitgenossen unbemerkten Todes zu sterben, und in diesen Zusammenhängen ist sehr viel Geschrei sehr oft die unmittelbare Folge von sehr wenig Wolle. Wenn ein Teil unserer Politiker (und Statistiker) unter die Gelehrten ging und uns den Tod eines der wichtigsten und wertvollsten Teile unseres Volkes schwarz auf weiß bewies, so hatte dies politische Gründe, und

---

71 Im Juli 1942 reisten Delegierte in die USA, wo sie begeistert aufgenommen wurden. In Amerika, England und Palästina entstanden 2230 Hilfskomitees, die im Verlaufe des Krieges im Westen 45 Millionen Dollar zur Unterstützung der Roten Armee sammelten (siehe Lustiger, *Kampf um Leben und Tod*, S. 325–330).

72 Seit der Gründung der UdSSR 1919 also. In »Der Zionismus aus heutiger Sicht« (*Die Krise des Zionismus*, S. 36) heißt es dazu: »Zweitens beeinflußte die neue Doktrin des Nationalismus sehr stark die Haltung der Zionisten gegenüber dem sowjetischen Versuch, den Antisemitismus zu liquidieren, ohne die Juden zu liquidieren. Dies könnte (…) nur zum Untergang des russischen Judentums führen. (…) Der Glaube an eine unerschütterliche Freundschaft der UdSSR gegenüber den Juden wäre natürlich nicht minder naiv als der frühere Glaube an England.« Kritik an den unfreiheitlichen Zuständen in der UdSSR äußert sie hingegen nur in dem Vortrag vor der Hadassah (»The Crisis of Zionism«, Library of Congress, Container 63).

ihre Wissenschaft entsprang politischen Ideologien und Interessen, die sehr wenig mit der Vorbereitung der Zukunft, aber sehr viel mit dem Versuch, die Vergangenheit festzuhalten, zu tun hatte.

Den Untergang des russischen Judentums hat die ganze Philanthropenwelt vorausgesagt, die sich weder vorstellen will noch kann, daß Juden auch ohne Wohltätigkeitskonzerne existieren können. Sie nahm ihre Zuflucht zur Religion, dem einzigen Faktor, der bekanntlich das jüdische Volk konstituieren darf, und sie muß heute erfahren, daß nach 25 Jahren Sowjetregime noch nicht einmal die jüdische Religion sich hat zugrunde richten lassen. Das russische Judentum hat ihnen eine wahrhaft erschreckende Lektion gelesen – es hat ihnen bewiesen, daß wir schlimmstenfalls auch ohne sie leben und sogar beten können.

Die verlorenen russischen Juden waren ferner das schlagkräftigste Argument jener merkwürdigen Nationalisten, die glaubten, daß ein Volk nur dank seiner Feinde existiert und infolgedessen von dem Aufhören des Antisemitismus nichts anderes als den Untergang des Judentums erwarten konnten. Sie sind hierin kurioserweise von ihren politischen Todfeinden, den jüdischen Kommunisten, bestärkt worden, welche so oft zu Recht oder Unrecht im Namen der Sowjet-Union gesprochen haben und die von dem »Untergang des Judentums« nur deshalb faselten, weil ihnen die uralte Angst vor dem Pogrom und das glücklicherweise nicht ganz so alte Strebertum jüdischer Assimilanten noch in den Knochen steckte. Der gespenstischen Theorie, daß säkularisierte Juden Antisemiten brauchen, um Juden zu bleiben, haben die Ereignisse des letzten Jahres jedenfalls ein ebenso erfreuliches wie drastisches Ende bereitet.

Wären unsere Propheten hüben wie drüben nicht so beschäftigt gewesen, allgemeinen und notwendigen – also unmenschlichen – Entwicklungstendenzen auf die Spur zu kommen, so wären sie vielleicht auf die banale, aber menschlichere

Idee verfallen, unsere Juden einmal anzufragen, was sie nun eigentlich gerne sein möchten: Weißrussen oder Georgier oder Kirgisen oder Mongolen oder vielleicht Juden. Und sie hätten dann die gar nicht so erstaunliche Antwort erhalten, daß in einem Land, wo weder Assimilation noch Judesein die geringsten Vorteile einbringt, sich drei Millionen Menschen als Angehörige der jüdischen Nationalität deklariert haben, d.h. ungefähr 90% der faktisch in der Union lebenden Juden. (Vgl. das Heft über die Juden der USSR von dem Institute of Jewish Affairs.) In anderen Worten: Antisemitismus fördert die Selbstmordneigung der Juden; Aufhören staatlicher und sozialer Diskriminierung stärkt das jüdische Nationalbewußtsein. Juden sind Menschen und keine berufsmäßigen Schauspieler, die immerzu ihre Identität ändern müssen, um glücklich zu sein. Und nur unter unmenschlichen Bedingungen versuchen Menschen, die Farbe ihrer Haut oder die Form ihrer Nasen oder die Anzahl der Buchstaben ihrer Namen zu ändern. Läßt man sie zufrieden, so denken sie gar nicht daran, dem lieben Gott ins Handwerk zu pfuschen.

Ob dem russischen Judentum die letzten Jahre völliger Isoliertheit vom Weltjudentum genützt oder geschadet haben, werden Geschichtsprofessoren in ca. 50 Jahren ganz exakt entscheiden. Für uns ist wichtiger, daß wir heute mit einem Volksteil in Verbindung kommen, der die doppelte Knechtschaft durch Antisemitismus und Philantropenherrschaft nicht einmal mehr kennt.

Und wenn auch die russischen Juden politisch so unfrei sind wie alle Bürger der Union, so sind sie doch die ersten Juden der Welt, welche juristisch und gesellschaftlich »emanzipiert«, nämlich als Nationalität anerkannt und befreit sind.[73]

II

Es gibt keine menschlichen Institutionen, und es gibt keine noch so radikalen Revolutionen, die auf die Dauer die menschliche Freiheit sichern könnten. So gibt es auch keine Gesetze und keine noch so radikalen Maßnahmen, die auf die Dauer die Existenz und die Sicherheit des jüdischen Volkes verbürgen könnten. Dies ist einer der Gründe, warum es so müßig ist, sich über die »Lösung« der sogenannten Judenfrage den Kopf zu zerbrechen, und warum es so sinnvoll ist, die wirklich bestehende jüdische Politik, die ihren eigenen Bankrott heute überlebt, zu kritisieren und sich Gedanken über eine künftige Grundlegung der Politik unseres Volkes machen.

Soweit Sicherungen in unserer Zeit möglich sind und soweit Juden lokal gesichert werden können, insoweit sind die Juden der Sowjet-Union geschützt. Sofern eine Emanzipation von oben, ohne direkte politische Aktion der Juden, sinnvoll ist, insofern sind die russischen Juden emanzipiert. Die russische Revolution hat im Verfolgen ihrer Nationalitätenpolitik die von der französischen Revolution begonnene Emanzipation zu ihrem folgerichtigen Ende getrieben; sie ist heute verankert in der Verfassung der Union, die Antisemitismus dem Angriff auf eine der Nationalitäten der USSR gleichsetzt und ihn als Verbrechen gegen die Gesellschaft, wie Diebstahl oder Mord, verfolgt und bestraft. Läge die Sowjet-Union auf einem anderen Planeten und wäre das Schicksal der russischen Juden wirklich unabhängig von dem des Weltjudentums und umgekehrt, so hätte man selbst von einer nationalen Befreiung der russischen Juden sprechen können: Denn sie sind die ersten

73 Dieser Satz spielt an auf die damals propagierte Stalinsche Nationalitätenpolitik, derzufolge die Menschen zwar alle gleiche Rechte haben, aber deren nationale Zugehörigkeiten nicht unter einem gesamtrussischen Deckmantel verborgen werden sollten. Stalin hatte, so hieß es, aus dem Rußland des Zaren eine Union von Nationalitäten errichtet, die unabhängig von ihrer jeweiligen Größe einander gleichgestellt waren.

Juden, die als Nationalität und nicht als Individuen emanzipiert wurden, die ersten, welche bürgerliche Rechte nicht mit dem Verlust ihrer nationalen Zugehörigkeit zu bezahlen hatten.

Soweit es eine gesellschaftliche Normalisierung ohne ein jüdisches Siedlungsgebiet geben kann, insoweit sind die gesellschaftlichen Verhältnisse der russischen Juden normal. Zwar gibt es glücklicherweise in Rußland keine absolute Gleichheit der Lebensbedingungen: Aber es gibt auch nicht die übermäßige und daher unmenschliche Armut und den übermäßigen und daher unmenschlichen Reichtum, die zusammen seit zweihundert Jahren unser Volk demoralisieren. Kein Schnorrer kann mehr hoffen, durch Beziehungen so reich wie Rothschild zu werden; kein Philanthrop braucht mehr zu fürchten, durch Unglück so arm wie Rothschilds Almosenempfänger zu werden. Diese gesellschaftliche Normalisierung ist politisch wichtiger als die berufliche, welche in wenigen Jahrzehnten in Rußland so wenig wie in Palästina voll zu erreichen gewesen ist. Sicher ist die jahrtausendalte Trennung des jüdischen Volkes von der Bebauung des Bodens schlimm und sogar unmenschlich (und es ist das großartigste Verdienst des palästinensischen Jischuws, diese Trennung rückgängig gemacht zu haben); aber die jahrhundertealte Trennung jüdischer Armut von jüdischem Reichtum wie die zweifelhaften Beziehungen zwischen ihnen waren schlimmer und unmenschlicher.

Was alle diese Errungenschaften des russischen Judentums in unseren Augen immer fragwürdig gemacht hat, war seine Isolierung vom Weltjudentum. Es ist traurig und beschämend, daß es offenbar dieses Krieges bedurft hat, um Juden klar zu machen, daß es keinen lokal begrenzten Antisemitismus und kein lokal begrenztes jüdisches Paradies geben kann, daß, wenn man Juden in Warschau und Berlin und Paris verfolgt, die Juden Moskaus und Jerusalems unmittelbar bedroht sind. Aber man kann wirklich nicht behaupten, daß diese isolationistischen Illusionen ein Monopol des russischen Judentums gewesen seien. In nichts gerade unterscheiden diese Juden sich weniger von der durchschnittlichen Mentalität des Weltjudentums als in dem Wahn, Juden in einem Lande befreien oder ihre Rechte in einem Lande sichern zu können. Wir wissen alle nur zu gut, daß, abgesehen von der freiwilligen Philanthropie amerikanischer und der sehr oft erzwungenen Wohltätigkeit der europäischen Juden, die Juden aller Länder sich isoliert wähnten gegen das, was Juden im Nachbarland geschah. Wir wissen, daß selbst Teile des palästinensischen Jischuws und prominente zionistische Politiker geglaubt haben, der Aufbau Palästinas sei unabhängig von der Weltpolitik und das Schicksal des Jischuws zu trennen von dem des Weltjudentums.

Die Ereignisse haben mit der Sowjet-Union auch das russische Judentum aus seiner Isolierung herausgezwungen. Dieser Faktor kann für die jüdische Politik so entscheidend werden wie das Eintreten der palästinensischen Arbeiterschaft in die Reihen des jüdischen Volkes. Hinter dem ersten konkreten Vorschlag der russischen Juden – ihnen 1000 Flugzeuge und 500 Tanks für den Kampf gegen Hitler bereitzustellen – einem Vorschlag, der aus technischen Gründen des Lendlease-Abkommens[74] gescheitert ist, stand jedenfalls eine politische Konzeption. Tanks mit jüdischen Namen und von Juden in den Kampf gefahren, Flugzeuge von amerikanischen oder südafrikanischen Juden bezahlt und von russischen Juden geflogen – das wäre eine reale Möglichkeit gewesen, das jüdische Volk sichtbar an diesem Krieg zu beteiligen, eine handgreifliche Manifestation des Volkes.[75]

Das russische Judentum scheint, weil es arm ist und weil es kämpft, weil es auch keine Angst mehr vor Antisemiten und

74 Auch: Lendlease-Act, Leih- und Pachtgesetz vom 11. März 1941, das den Präsidenten der Vereinigten Staaten schon vor dem Kriegseintritt (8. Dezember 1941) zu unterstützenden Kriegslieferungen an die Alliierten (England, Rußland) ermächtigte.

keine Ehrfurcht mehr vor Philanthropen hat, zu politischem Leben erwacht zu sein. Sollte sich dies bestätigen, so wären wir wirklich einen Schritt weiter im Kampf gegen Hitler.

Was geht in Frankreich vor?
(This Means You)
25. September 1942

Man hat des öfteren gesagt, daß Deutschland das erste von Hitler eroberte Land gewesen sei; und diese Behauptung ist richtig, wenn man hinzufügt, daß diese Eroberung unter Beifall großer und der Indifferenz noch größerer Teile des deutschen Volkes geschah. Jedenfalls begann Hitler seine Laufbahn durch Europa damit, die Existenz der deutschen Nation zu liquidieren (und sie durch Rasse und Reich zu ersetzen). Untergegangen ist sie in der Schande von Dachau und Sonnenberg, in der

---

75 1936 hatte Arendts späterer zweiter Mann Heinrich Blücher in einem Brief an sie vorgeschlagen, das jüdische Volk solle sich dem Freiheitskampf in Spanien zugesellen: »Wenn das Radio der Welt erst ein paarmal verkündet haben wird: Mordechai Veiteles, Zugführer des 1. Zuges der 2. Kompanie des 1. jüdischen Freiwilligenbataillons – gefallen vor Saragossa –, dann werden diese jüdischen Namen einen starken Klang haben, der das dreckige Grinsen auf den Fratzen der Reaktionäre gefrieren läßt zu feiger Furcht.« *Briefwechsel Hannah Arendt, Heinrich Blücher*, München 1996, S. 55). Soweit war Hannah Arendt einverstanden. Und wirklich kämpften in Spanien viele Juden, es gab sogar unter den polnischen Verbänden innerhalb der 13. Dombrowski-Brigade ab Dezember 1937 eine jüdische Einheit, die Botwin-Kompanie (siehe auch: Arno Lustiger, *Juden im spanischen Bürgerkrieg*, Köln 1996, S. 124f., 150). Doch während Blücher die Frage des eigenen Landes auf die Zeit nach der Revolution vertagen wollte, bestand Arendt auf Palästina, denn das jüdische Volk sollte endlich ein Volk werden und sich nicht in einer wie auch immer gearteten Internationale zerstreuen.

Schande der Folterkeller, in der Schande der Nürnberger Gesetze, in der Schande des Krieges gegen Frauen, Greise und Kinder. Hatte der Untergang der deutschen Nation in Blut und Rasse die Welt das Grauen und das Entsetzen gelehrt, so drohte mit dem Untergang der französischen Nation, die, weil aus der Revolution geboren, die europäische Nation par excellence geworden war, die nihilistische Verzweiflung an der gesamten europäischen Geschichte.

Die plötzlich ausgebrochene Empörung des französischen Volkes gegen die geplanten Massendeportationen von Juden aus Vichy-Frankreich[76], die von dem katholischen Klerus so wirksam unterstützt wird[77], haben den »realistischen« Kollaborationisten wie den verzweifelten Nihilisten eine unerwartete und erstaunliche Lektion erteilt. Wer hätte aber auch

---

76 Siehe hierzu auch ihre Schilderungen in *Eichmann in Jerusalem*, S. 202 ff., insbesondere S. 205. Zur Frage des Antisemitismus der Pétain-Regierung hatte Hannah Arendt in einem Brief vom 2. April 1941 an Salomon Adler-Rudel (Central Zionist Archives, Jerusalem) geschrieben, er entspringe »durchaus eigener Initiative und trage im Ganzen ein durchaus französisches Gepräge (...) Charakteristisch an dem Statut ist der letzte Paragraph, der die jüdischen Ausländer ausdrücklich – und nicht nur faktisch! – hors la loi stellt« (zitiert auch in: Alte Synagoge (Hrsg.), *Hannah Arendt.* Lebensgeschichte einer deutschen Jüdin, S. 45).

Pierre Laval, der im April 1942 erneut Regierungschef unter Pétain wurde, unterstützte die antisemitische NS-Politik. Im Juni wurde das Tragen des gelben Sterns verpflichtend angeordnet. Im Juli begann die »Opération Printanière«. Zwischen Juli und September 1942 las und hörte man von Massendeportationen u. a. aus dem Internierungslager Les Milles. Diese Deportationen waren – so meldete der »Aufbau« am 18. September 1942 – wegen Widerstands aus der Bevölkerung zum Stillstand gekommen, wobei der Widerstand laut Hannah Arendt sich daran entzündete, daß im Sommer 1942 auch Juden deportiert werden sollten, die französische Staatsbürger waren. Französische Jugendliche etwa nähten sich aus Protest einen gelben Stern mit »BRETON«-Aufschrift an die Jacke; siehe auch: Thomas Mann, »Deutsche Hörer, 27. September 1942«, in: ders. *Deutsche Hörer, Radiosendungen nach Deutschland,* Frankfurt 1986, S. 75–77.

erwartet, daß ausgerechnet jetzt, da das französische Volk arm, unglücklich, verhungert und voll beschäftigt mit seinen eigenen Sorgen ist, daß ausgerechnet anläßlich einer Maßnahme, durch die man viele Tausende loswerden kann, mit denen man die Hungerrationen zu teilen gezwungen gewesen, daß ausgerechnet für Menschen, die so lange als Juden und als Ausländer vom Mob gehaßt worden waren, das Volk rebellieren würde? Wer hat denn noch mit dem Volk und seinem Zorn gerechnet, nachdem die nationale Katastrophe nur Einzelne und den Mob übrig gelassen zu haben schien? Von Jugoslawien bis Norwegen und von Frankreich bis zur Tschechoslowakei bekommen es die Nazis mehr und mehr mit diesen aus den Trümmern ihres nationalen Untergangs erwachenden Völkern zu tun. Was aber die französischen Vorgänge diesmal auszeichnet, ist, daß sie nicht einfach Symptome wütender Selbstverteidigung sind, sondern Ausdruck eines menschlichen Verantwortungsbewußtseins für andere, und das heißt Ausdruck eines politischen Willens. Diese Vorgänge sind auch nicht Ausdruck von Mitleid, wie die so oft wiederholten Wendungen von »diesen unglücklichen Menschen« glauben lassen könnten. Denn für Mitleid ist angesichts des alle menschliche Einbildungskraft, alle menschliche Fähigkeit des Mit-Leidens übersteigenden Grauens dieses Krieges kaum noch Platz in den Herzen der unmittelbar Betroffenen, zu denen die Franzosen wahrlich gehören. Sie sind »nur« für Schande empfindlich geworden und wollen nicht, daß auf französischem Boden das Gleiche geschieht wie auf deutschem, polnischem, rumänischem und

---

77 Zur Frage des französischen Klerus und der Hirtenbriefe der Bischöfe an das französische Volk siehe »Noé et son arche, les survivants du hasard«, von Sylvie Courtine-Denamy, in *Hannah Arendt, penseur de la Shoah,* »Revue d'histoire de la Shoah«, September – Dezember 1998, Centre de documentation juive contemporaine, S. 59; außerdem: Schlagzeile des »Aufbau« am 20. Oktober 1942: »Der Bischof von Paris trägt den Davidstern«.

ungarischem. Und das genau sind die ersten Anzeichen eines wiedererwachenden Nationalbewußtseins.

Uns Juden bringen diese Vorgänge in eine politische Konstellation, für welche es in der neueren Geschichte keinen Präzedenzfall gibt. Seit dem Entstehen der Nationalstaaten sind wir von wechselnden Regierungen geschützt und von der Gesellschaft mehr oder minder abgelehnt worden. Immer größere Volksschichten wurden in den letzten fünfzig Jahren durch ihre Konflikte mit ihren Staaten antisemitisch, bis schließlich mit dem Untergang von National- und Rechtsstaat die heutigen Judenverfolgungen einsetzten. Daß die Gesellschaft versucht, uns gegen staatliche Maßnahmen zu schützen, daß ein Volk um ausländischer Juden willen gegen seine Regierung rebelliert, ist in der jüdischen Geschichte so neu, daß man sicher sein kann, daß unsere »Realpolitiker« noch mindestens zwanzig Jahre brauchen werden, bevor diese neue Realität in ihre Köpfe hereingegangen sein wird.

Die jüdischen Volksmenschen aber täten gut daran, auf diese ersten Anzeichen künftiger Dinge auf dem europäischen Kontinent mehr zu achten als auf die großzügigen Pläne unserer verschiedenen Institute für die Friedenskonferenz. In der europäischen Katastrophe sind mit den alten Nationalstaaten auch jene Konflikte und Differenzen zwischen den Völkern, die es zur Nation gebracht hatten, und jenen, die »nur« Völker geblieben waren, untergegangen; sie sind alle miteinander wieder zu bloßen Völkern geworden. Die Judenfrage bis zu Hitler gehörte zu den zahlreichen ungelösten Nationalitätenfragen, welche die europäische Geschichte vergifteten. In dem Maße als die Völker sich von dieser Katastrophe erholen, in dem Maße werden sie sich solidarisch fühlen gegen jeden, der rassische Überlegenheits- und Herrschaftsansprüche stellt, solidarisch mit jedem, sogar mit Juden. Nur in solch einem solidarischen Zusammenhang haben wir Juden unsere große Chance einer nationalen Emanzipation.

Die Krise des Zionismus
(This Means You), 22. Oktober (I), 6. (II) und 20. November (III) 1942

I

Bezeichnend für die diesjährige Zionistische Landeskonferenz Amerikas war die große Kluft zwischen einer Reihe von politischen Referaten einerseits, die – im Gegensatz zu der außerordentlichen Tagung im Mai – nicht aus irgendwelchen verstaubten Archiven der Bewegung stammten, sondern wirklich zeitgemäß waren, und andererseits einer Resolution, die, mit Ausnahme der schwer erkämpften Ablehnung der Ichud-Partei[78], so vage und nichtssagend ist, daß sie von jedem unter-

78 Ichud-Partei (hebr.: Einigkeit, Einheit); gegründet von Judah L. Magnes, 1877–1948; Präsident der Hebräischen Universität in Jerusalem, als Antwort auf die »Jewish Commonwealth«-Resolution der Biltmore-Konferenz. Sein Ziel war es, Palästina zu einem autonomen arabisch-jüdischen Staat innerhalb einer starken panarabischen Föderation (Palästina, Transjordanien, Syrien, Libanon) zu machen. Als ersten Schritt wollte er durch Gespräche und eine Anbindung an die arabische Welt die Furcht der Araber vor einer Dominierung durch das Jüdische Nationalheim lindern. So gesichert, glaubten die Parteigründer, ließe sich die Frage der Ansiedlung und Seßhaftmachung jüdischer Flüchtlinge später großzügiger und intensiver angehen als bisher. Magnes trat ein für einen binationalen arabisch-jüdischen Staat. »Indessen«, schreibt Joseph Maier (»Aufbau«, 11. September 1942), »liegt hier ein großes Versäumnis der Jewish Agency, die seit zwanzig Jahren dieselben Reden über die Araberfrage führt und keinen Schritt vorwärts gekommen ist. Vielleicht waren ihre Verhandlungen hochgeheim und hochpolitisch zugleich. Aber bis zum heutigen Tage weiß die jüdische Öffentlichkeit nicht, mit welchen arabischen Kreisen verhandelt wurde und welche Araber in einem demokratischen Sinne bündnisfähig sind. Bis zum heutigen Tage schuldet die Jewish Agency uns einen konkreten Plan zur arabisch-jüdischen Zusammenarbeit. Nur so ist es zu verstehen, daß die vernachlässigte Araberfrage von einer jüdischen Partei aufgegriffen und diskreditiert wurde, die sich aus wohlmeinenden und notorischen Brith-Schalomisten wie Dr. Magnes,

schrieben werden kann und von niemandem unterschrieben zu werden brauchte.

Bei näherem Zusehen ist der Grund für diese entscheidende Schwäche unserer Politik nur allzu klar. Während dieses Krieges gibt es für uns nur einen einzigen Programmpunkt, den wir bei Strafe des Scheiterns aller jüdischen Politik durchsetzen müssen; dieser Programmpunkt heißt gleichberechtigte Beteiligung am Kriege, heißt Jüdische Armee. Da man diesen Punkt nicht zum Mittelpunkt der gesamten Konferenz gemacht hat, blieb den besten politischen Rednern nur übrig, in Furcht oder Hoffnung sich die Zukunft der Friedenskonferenz auszumalen; dabei wurden nahezu alle Probleme heutiger jüdischer Politik gestreift, was immerhin mehr ist, als man von sonstigen zionistischen Konferenzen sagen konnte. Aber die Grundstimmung der Konferenz kam in der öfters geäußerten Beteuerung zum Ausdruck, daß die zionistische Führung sich nicht festlegen dürfe, was wahrlich weniger ein Ausdruck politischer Weisheit ist als ein Eingeständnis der eigenen Schwäche und des Mangels an politischem Willen.

Eine Ausnahme hiervon bildete das Referat von Nahum

---

aus ebenso wohlmeinenden und unpolitischen Existentialphilosophen wie Martin Buber, aus arbeiterfeindlichen Politikern und Advokaten des ›Awoda Sola‹ wie Mosche Smilansky, aus hochherzigen und verdienten Philanthropinnen wie Henrietta Szold und aus Vertretern der Keren-Hajessod-feindlichen Palestine Economic Corporation zusammensetzt. Die Versäumnisse der Haschomer Hatzair und der Linken Paole Zion, der Parteien, in deren politischem Programm die Verständigung mit den arabischen Bauern und Arbeitern einen wesentlichen Punkt einnimmt, sind dabei nicht geringer als die der Jewish Agency.« Hannah Arendt wird später, kurz vor Magnes' Tod, sich seiner Position eines binationalen Staates verbinden und mit ihm zusammenarbeiten. 1948 bezeichnete sie ihn in einer Art Nachruf als »conscience of the jewish people« (siehe »Jewish Newsletter«, 8, 1952, 24, S. 3). Nach seinem Tode ist sie Mitbegründerin der Magnes Foundation (siehe Briefe an Judah L. Magnes, Library of Congress, Container 12, sowie an die Judah L. Magnes Foundation, Library of Congress, Container 20).

Goldmann, der, in bewußtem Rückgang auf die Herzlsche Konzeption der Lösung der Judenfrage als eines Transportunternehmens, sich einzuschalten versuchte in das große politische Spiel. Es ist kein Zufall, daß gerade ein führender amerikanischer Zionist, Stephen S. Wise[79], die Verwandtschaft zwischen den Worten Transportation und Deportation sofort heraushörte und das Recht der europäischen Juden auf freie Entscheidung betonte.[80] Die Zeiten, da man Politik »von oben herab« (Herzl) machen konnte, die Zeiten des großen realpolitischen Spiels fest etablierter Mächte, in das man sich einschalten konnte, sind vorüber. Es ist in München im Herbst 1938 eines schändlichen Todes gestorben. Seither spielen das große imperialistische Spiel nur noch die Faschisten, die Hitler und Mussolini, die Lavals und Francos, deren Terrormaschine gegen die eigenen Völker ihrer Militärmaschine gegen Fremde zum Verwechseln ähnlich sieht. Mit den Völkern, die sich ihrer Existenz wehren, sich für ihre Freiheit schlagen, kann man nicht in irgendein Spiel kommen, sondern muß sich ihrem Kampf anschließen.

Die Gründung der Ichud-Partei hat die arabische Frage zu einem der Hauptpunkte der Referate gemacht. Die amerikanischen Zionisten haben zweifellos begriffen, daß diese so unpolitische Partei der Versöhnung nur entstehen konnte, weil die Politiker sich seit Jahrzehnten in dieser Sache in einer hoffnungslosen Konfusion befinden. Die richtigste Analyse der arabischen anti-jüdischen Bewegung kam von Emanuel Neumann, der den imperialistischen Charakter der panarabischen (wie jeder Pan-Bewegung) unterstrich und den Gedanken

---

79 Stephen S. Wise, ein in Ungarn geborener Jude, der als Reformrabbiner wirkte. Begründer der Freien Synagoge in New York City, wichtigster Gründervater und 1. Präsident der AJC, Führer der ZOA. Wurde 1943 von Rabbi Abba Hillel Silver abgelöst.

80 Gemeint ist hier das Recht, nach dem Krieg auch bleiben oder anderswohin gehen zu können, wohingegen der Zionismus streng genommen nur Palästina als Heimstätte ansehen würde.

einer arabischen Föderation eine »Erfindung englischer Machtpolitik« nannte. Damit ist angedeutet, daß wir alles Interesse hätten, auf das schärfste zu betonen, daß keinerlei nationale Fragen und Konflikte lösbar sind im Rahmen eines wie auch immer gearteten Kolonialsystems. Es scheint mir andererseits sicher, daß wir vor keinem Tribunal dieser Welt etwas werden ausrichten können mit dem von Goldmann vertretenen Standpunkt einer höheren Gerechtigkeit, der kleinere, lokale Ungerechtigkeiten entsprechen dürfen. Diese Hegelianische Geschichtsdialektik ist so überspielt und veraltet wie der Herzlsche Traum, Politik in Organisation zu verwandeln. Wir leben in einer Zeit, da die vielen kleinen Ungerechtigkeiten, mit denen wir alle nur zu bereit gewesen sind, uns abzufinden, zu einer einzigen organisierten Ungerechtigkeit, der Herrschaft des Teufels auf Erden, geworden sind. Die Katastrophe ist gerade, daß es Grau nicht mehr gibt, nur noch Schwarz; das heißt natürlich nicht, daß wir nun wie durch ein Wunder alle miteinander blütenweiß geworden sind. Es wird uns aber im Verlauf dieses Krieges nicht viel anderes übrigbleiben. Und dies wiederum ist die große Chance – eine Chance, die größer ist als die Katastrophe.

Vorläufig aber stecken alle Völker, und das jüdische Volk besonders, noch mitten in der Katastrophe. In dem Maße als das Unglück die Leidens- und Mitleidensfähigkeit des menschlichen Herzens zu übersteigen droht, in dem Maße droht uns allen die Versteinerung des Herzens. Es war das Verdienst der Goldmannschen Rede, daß sie nicht herzlos war und daß selbst sein Schrei nach der »kleineren Ungerechtigkeit« menschlich blieb. Solange ein Politiker imstande ist zu sagen: »Es ist die Tragödie unserer Generation, daß die eine Hälfte von ihr erschlagen wird und die andere Hälfte untätig zusehen muß«, solange hat er ein Recht auf seine Fehler und Irrtümer.

Dies aber hindert nicht, daß die Krise des Zionismus gerade darin besteht, daß die Herzlsche Konzeption dringend revisionsbedürftig geworden ist; daß wir vor der Aufgabe stehen, unsere Rechte auf Palästina neu zu formulieren; daß unsere Stellung zu England auf eine neue Basis gestellt werden muß; daß unser ohnmächtiges Festhalten an der Balfour-Deklaration und einem nicht mehr existierenden Mandatssystem in politische Unfruchtbarkeit führt; und daß wir die Sprache jenes gemeinen Mannes, dem nach der oft zitierten Rede Wallace'[81] die Zukunft gehören soll, noch nicht einmal stottern können.

II

Die zionistische Bewegung Amerikas war bis vor wenigen Jahren im wesentlichen eine Fortsetzung des osteuropäischen Zionismus. Die überwiegende Majorität ihrer Mitglieder rekrutierte sich aus »newcomers« der ersten, höchstens der zweiten Generation. Der amerikanische Zionismus selbst ist noch sehr jung, seine praktische politische Verantwortung aber bereits sehr groß und die Welt, in der er politisch handeln soll, so radikal verändert, daß alle ihm überlieferten Lehrmeinungen wie alle traditionellen Taktiken ihn eher belasten und hindern als ihn fördern und inspirieren können.

Der Zionismus ist nie eine wirkliche Volksbewegung gewesen. Er hat zwar im Namen des jüdischen Volkes gesprochen und gehandelt; aber er hat sich verhältnismäßig wenig darum bekümmert, ob die Massen des Volkes wirklich hinter ihm standen oder nicht. Seit den Verhandlungen Herzls mit den Ministern des zaristischen Rußland oder des kaiserlichen Deutschland bis zu jenem denkwürdigen Brief, den ein englischer Lord, Lord Balfour, an einen zweiten englischen Lord, Lord Rothschild, schrieb und der zum Gegenstand das Schicksal des jüdischen Volkes hatte, haben zionistische Führer ohne große Unterstützung ihres Volkes für das jüdische Volk mit

81 Henry A. Wallace, damals Vizepräsident der Vereinigten Staaten, der innerhalb der Demokratischen Partei ein linker Flügelmann war und 1948 (vergeblich) an der Spitze seiner neu gegründeten Progressive Party als Präsidentschaftskandidat antrat.

den Staatsmännern verhandeln können, die ebenfalls *für* ihre Völker und nicht als Vertreter ihrer Völker handelten. Diese paradiesischen Zeiten »staatsmännischer Weisheit« sind in Europa vorüber, und es hat sie in Amerika niemals gegeben. Die Bemühungen um die Jüdische Armee zeigen aufs deutlichste, daß Sympathien und Verhandlungen »einflußreicher Persönlichkeiten« noch nicht einmal dahin führen, ernst genommen zu werden. Solange sich aus den verschiedenen Komitees und politischen Körperschaften nicht eine wirkliche Volksbewegung bildet, haben wir noch nicht einmal eine Chance.

Der amerikanische Zionismus, der eine erstaunlich klare Vorstellung von der allgemeinen und revolutionären Bedeutung dieses Krieges hat, steht, will er sich in dieser Welt behaupten, vor der Aufgabe, das jüdische Volk zu politisieren und ihm die Bedeutung Palästinas für seine eigene politische Existenz klarzumachen. Dabei sind gewisse philanthropische Elemente innerhalb der eigenen Reihen, deren Einfluß seit der Gründung der Jewish Agency sehr gewachsen ist, das Haupthindernis. Einmal weil das jüdische Volk, das eine lange Erfahrung mit seinen Philanthropen aufzuweisen hat, sein Mißtrauen gegen das palästinensische Experiment nicht loswerden wird, solange es ihm von elegant gekleideten Damen und Herren in erstklassigen Hotels als ein gigantisch erweitertes Asyl für Obdachlose repräsentiert wird. Zweitens aber auch, weil es aller Welt, inklusive den Juden selbst, höchst zweifelhaft ist, ob es wirklich so viele solcher Obdachlosen nach dem Kriege geben wird.

Der grundsätzliche Konflikt zwischen der jüdischen Nationalbewegung und den jüdischen Plutokraten, der Konflikt zwischen einer revolutionären Volksbewegung und einem überlieferten Herrschaftsapparat, ist in Europa nie ausgefochten worden; der Konflikt ist vielmehr erstickt worden in endlosen, gebildeten Diskussionen zwischen Assimilanten und Zionisten über die rein ideologische Streitfrage, ob die Juden ein Volk seien oder nicht. Man sah offenbar den Wald vor lauter Bäumen nicht. Gerade weil sich in diesem Land vom Präsidenten bis zum letzten jüdischen oder nicht-jüdischen Arbeiter Gott sei Dank alle Welt darüber einig ist, daß es ein »jüdisches Volk Amerikas« gibt, weil darum rein ideologische Differenzen zwischen Zionisten und Nicht-Zionisten gar nicht existieren, treten die politischen Konflikte klar ans Tageslicht. Sie werden innerhalb und außerhalb der Organisation ausgekämpft werden müssen. Amerikanische Zionisten haben den großen Vorteil, in einem Land mit demokratischer Tradition Politik gelernt zu haben. Ihre Einsichten werden aber erst dann fruchtbar werden, wenn sie sie auf das jüdische Volk anwenden und die Bewegung radikal demokratisieren.

Der amerikanische Zionismus hat im allgemeinen eine gesunde Aversion dagegen, von dem Antisemitismus-Argument, das zum Grundstock zionistischer Propaganda gehörte, einen zu ausgiebigen Gebrauch zu machen. Die Herzlsche Doktrin, derzufolge Antisemitismus ein unvermeidbares Übel ist, das man nur durch die Evakuierung der Juden heilen kann, hat sich als irrig erwiesen. Antisemitismus ist zu einer für Juden wie Nicht-Juden viel furchtbareren Waffe geworden, als es sich Herzl je hat träumen lassen: Er ist heute die furchtbarste Waffe des fürchterlichsten Imperialismus, den die Welt je gekannt hat. Vor ihm ist kein Fleck dieser Erde mehr sicher, auf den man Juden evakuieren könnte.

Andererseits ist der Antisemitismus im Verlaufe einer Generation in einem Lande, das vor fünfzig Jahren für mindestens so unheilbar antisemitisch galt wie heute vielfach Deutschland, einfach liquidiert worden, und dies im Zusammenhang mit einer gerechten und sehr modernen Lösung der Nationalitätenfrage. Diese politischen Erfahrungen aus der Ferne sind heute wirksamer als ein noch so starker gesellschaftlicher Antisemitismus in der Nähe, und jeder Jude, den man mit Hilfe des Antisemitismus-Arguments zum Zionisten machen will, weiß instinktiv oder ausdrücklich, daß er vor Antisemiten auch in Palästina nicht sicher ist, daß Antisemitismus ein politisches und kein natürliches Phänomen ist, dem man mit politischen

Mitteln beikommen kann, und daß man überhaupt besser daran tut, sich seiner Feinde zu wehren, als vor ihnen davonzulaufen.

Dies bedeutet aber, daß die zionistische Propaganda endlich eigenen Boden unter die Füße bekommen muß statt des Bodens, den unsere Feinde uns bereiten; daß sie mit den von uns geschaffenen Realitäten in Palästina und dem Freiheitswillen des Volkes argumentieren muß, statt mit den Deklarationen englischer Lords und den ausgestandenen Leiden des Volkes.

III

Ein Gespenst versucht sich auf die Schlachtfelder der Welt zu schleichen, spukt als Hoffnung in den Köpfen einiger »Staatsmänner«, hockt als Furcht in den Herzen der Besten – wie in den Worten des jungen englischen Dichters:

> *»It is the logic of our time,*
> *No subject for immortal verse,*
> *That we who lived by honest dreams*
> *Defend the bad against the worse.«*[82]

Der politische Name des Gespenstes heißt: *Status quo,* und er ist die große Angst des gemeinen Mannes, dessen Erwartungen Wallace so großartig in seiner letzten Rede Ausdruck verliehen hat. Der Status quo ist das Gespenst, das in dem alten Hause des europäischen Kontinents umgeht und es zu einer unsicheren Wohnung für die Heere der Alliierten machen könnte.

Wenn es nicht so ernst und so traurig wäre, so gäbe es kaum ein absurderes Spektakel als gerade jüdische und zionistische Politiker so eigensinnig an dem Status quo festhalten zu sehen. Alle ihre Nachkriegspläne gehen davon aus, daß der bestialische Hitlersche Antisemitismus jener milderen Form weichen

---

82 »Where are the War Poets?« (1943) des anglo-irischen Dichters und Kritikers Day Lewis (1904–1972). »Es ist die Logik unserer Zeit, kein Thema für unsterbliche Verse, daß wir, die wir einst ehrbare Träume hegten, das Schlechte gegen das Schlechtere hochhalten.«

wird, die etwa prominente Mitglieder der polnischen Exilregierung vertreten und die auf eine massenhafte zwangsweise Evakuierung von Juden aus Europa hinausläuft. Alle ihre politischen Forderungen stützen sich auf ein Mandat, das von einer verstorbenen Körperschaft erteilt und von einer Reihe nicht mehr existenter Staaten garantiert wurde. Selbst als sie noch existierten, haben weder Körperschaft noch Staaten der Mandatsmacht je ernstlich zu unseren Gunsten Schwierigkeiten bereitet. Sie waren alle noch sehr lebendig, als das englische Weißbuch Einwanderung und Bodenkauf sperrte und damit in einer Zeit höchster jüdischer Not die Balfour-Deklaration stillschweigend liquidierte. Verantwortliche Politiker der Exekutive werden es ferner nie versäumen zu versichern, daß sie nicht zu »jenen Leuten« gehören, die glauben, daß das englische Imperium in seiner gegenwärtigen Form nicht mehr lebensfähig sei. All dies ist zwar nicht ausreichend, um unsere Gegner im englischen Colonial Office zu befriedigen; aber es ist mehr als ausreichend, um neue Freundschaften und natürliche Sympathien zu verhindern.

Es gibt kein Volk, das so wenig Veranlassung hat, den Status quo herbeizusehnen, wie das jüdische. Status quo besagt für uns, daß die Welt sich – von einigen Ausnahmen abgesehen – in die Länder teilt, in denen man wünscht, daß wir hinausgehen, und diejenigen, in welche man uns nicht hereinläßt. Innerhalb der Reihen der letzteren hat Palästina bereits einen sehr beachtlichen Platz erworben, wenn man – von allem anderen zu schweigen – an Struma, Patria und St. Mauritius denkt. Es liegt in der Logik dieser Entwicklung, daß Lord Moyne z. B. bereits versucht, Palästina auch in der Reihe der erstgenannten einen ehrenvollen Sitz zu sichern.

Zionistische Politiker haben den großen Vorzug, daß sie von jenem hoch über dem Boden gespannten Seil, auf dem jüdische Politiker ihre Balance-Kunststücke aufführten, heruntergestiegen sind. Aber der Schock war wohl zu groß; denn statt auf der Erde anzukommen, auf der normale Sterbliche sich zu bewegen pflegen, sind sie bis an den Hals in den Boden Palästinas hineinversunken, was leider ihrem Blickfeld sehr geschadet hat. So allein ist es zu verstehen, daß sie nicht begreifen, daß der Status quo in Europa und der Welt unweigerlich auch den Status quo in Palästina bedeuten würde; daß, wenn der Antisemitismus nicht besiegt wird und Millionen von Juden zwangsweise evakuiert werden müssen, die englische Kolonialpolitik dadurch nicht judenfreundlicher wird und diese Millionen in Palästina vor verrammelten Toren stehen würden.

Es ist richtig, daß eine Reihe amerikanischer Zionisten diese Kurzsichtigkeit nicht teilt; aber sie sind in der Exekutive nicht vertreten, und sie haben kein eigenes Programm. So sicher ein Status quo nach diesem Krieg im Bereich der Möglichkeiten liegt, so sicher hilft jedes Programm, das mit ihm rechnet, auch mit, ihn zu realisieren. Diejenigen aber, welche die Niederlage des jüdischen Volkes nicht unterschreiben möchten, bevor sie noch stattgefunden hat, werden sich früher oder später auf einige grundsätzliche Forderungen einigen müssen:

Sie werden die veralteten Vorstellungen, daß Vergangenheit als solche Rechte verleiht oder daß man mit Geld ein Land kaufen oder daß Lords aus Edelmut einem ein Land schenken können, verabschieden. Statt dessen werden sie erklären, daß das Recht des jüdischen Volkes auf Palästina identisch ist mit dem Recht eines jeden Menschen auf die Früchte seiner Arbeit; daß die Araber 1500 Jahre Zeit gehabt haben, aus einer Steinwüste fruchtbares Land zu machen, die Juden aber noch nicht 40 Jahre, und daß der Unterschied sehr bemerkenswert ist. Sie werden die Unterscheidung, die Willkie[83] kürzlich zwischen der englischen Commonwealth und dem britischen Kolonialreich gemacht hat, sehr begierig aufgreifen, weil die Commonwealth eine der zukunftsträchtigen nationalen Organisations-

83 Wendell Willkie, republikanischer Präsidentschaftskandidat gegen Roosevelt bei den Wahlen vom November 1940; deutsch-amerikanischer Herkunft.

formen ist und niemand wissen kann, ob es sich nicht eines Tages als stark genug erweist, auch Völker nichtenglischer Abstammung in ihre Reihen aufzunehmen. Dies würde ihnen eine wirkliche Basis geben, um den notwendigen Kampf gegen die Kolonialverwaltung mit einer positiven englischen Politik zu vereinen.

Sie werden andererseits alle Bestrebungen für ein föderiertes Europa unterstützen, weil in solch einem Nationalitätenverband die Judenfrage lösbar und Palästina als jüdisches Siedlungsgebiet zu garantieren ist. Sie werden aber bereits heute einen identischen politischen Status für die gesamte europäische Judenheit verlangen, welcher die Anerkennung der jüdischen Nationalität einschließt und der den Antisemitismus als ein Vergehen gegen die Gesellschaft unter die Strafe des Gesetzes stellt. Wenn jüdische Politik erst in diesem Geiste gemacht wird, dann wird es nicht nur eine Lust sein zu leben, sondern auch eine Freude, als Jude das Licht der Welt zu erblicken.

II
Zwischen Schweigen und Sprachlosigkeit

»Aufbau«-Texte

Februar 1943 bis März 1944

Französische politische Literatur im Exil
26. Februar (I) und 26. März (II) 1943

I

Die französische Emigration dürfte politisch mindestens so gespalten und sozial mindestens so uneinheitlich sein wie die deutsche. Von Mitgliedern der Croix de Feu[84], die mit einer nicht ganz aufgeklärten Plötzlichkeit ihren Patriotismus wiederfanden und zu de Gaulle eilten, über bürgerliche Parteien aller Schattierungen, jüdischen wie nicht-jüdischen Geschäftsleuten bis zu Vertretern der Front Populaire, der Ligue des Droits de l'Homme und der sozialistischen Partei ist alles vertreten. Nachdem nun auch noch ein großer Teil des diplomatischen Korps es für geratener gehalten hat, auf Darlan[85] zu setzen und sich von Laval zu distanzieren, ist die Dritte Republik

---

84 Croix de Feu; von Colonel François de la Rocque angeführte paramilitärische Organisation, die bis 1933 nur Militärs als Mitglieder hatte und einen Staatsstreich vorbereitete. Als sie im Juni 1936 von der Volksfront aufgelöst wurde, erschien sie sofort unter dem Namen Parti Social Français wieder. Nach 1936 entwickelte sie sich zur regelrechten Rechtspartei, die einen großen Zulauf hatte (siehe auch die Arendt-Biographie von Elisabeth Young-Bruehl, S. 207).

85 Admiral Jean François Darlan, 1881–1942; seit Ende 1940 Regierungschef und Kriegsminister der Vichy-Regierung. Sein Vorgänger, Pierre Laval, war 1940 in Ungnade gefallen, weil er deutschen Truppen den Durchmarsch durch Frankreich zum Mittelmeer zwecks Verschiffung nach Libyen untersagte. Im April 1942 löste Laval Darlan erneut ab, der daraufhin die antijüdischen Maßnahmen in der unbesetzten Zone durchführte. Darlan lief im November 1942 in Algier zu den Alliierten über und kam bei einem Attentat ums Leben.

in ihrem Bestand nahezu vollständig beisammen. (Siehe für die neueste Entwicklung und die verschiedenen Fraktionen im französischen Lager Yves R. Simon, »France and the United Nations«. In: »Review of Politics«, January, 1943.)

So sicher, wie die innere Lebens- und Regierungsunfähigkeit der Weimarer Republik durch nichts besser demonstriert wurde als durch die politische Unproduktivität und Unfähigkeit ihrer exilierten Politiker, so sicher ist das Ende der Dritten Republik an wenig besser abzulesen als an dem Chaos, das sie als Erbteil in die Emigration verschleppt hat. Es mangelt natürlich nicht an Hoffnungen und Träumen der Restauration: Dafür, daß diese Blütenträume nicht reifen werden, sorgen die Vertreter besagter Träume am besten selber. Ihre Bücher zu kritisieren ist kaum am Platze, weil sie sich selbst kritisieren durch die im Leser hervorgerufene tödliche Langeweile.

Der vorschnelle und naseweise Pessimismus der Gebildeten der abendländischen Welt hat nicht nur den Zusammenbruch der Dritten Republik mit dem Untergang Frankreichs identifiziert, sondern hielt in ihm auch gleich den »Untergang des Abendlandes« für erwiesen. Obwohl es für Politiker und ehemalige Würdenträger der Dritten Republik sicher besonders schwer ist, die Dritte Republik nicht für eine ewige und notwendige Institution zu halten, hat Pierre Cot, der ehemalige Luftfahrtminister, in »Free World« vor einigen Monaten[86] einen Artikel über Demokratie geschrieben, der sicher zum Besten gegenwärtiger Publizistik gehört. Sieht man aber von dieser einen Ausnahme ab, so muß man leider sagen, daß alle eigentlich revolutionären und im besten Sinne modernen Bücher von Männern stammen, die ihrer Vergangenheit nach eher zu der rechten Opposition gehörten. Und daß gute Publizisten, die man früher eher der Linken zuzurechnen gewohnt war, eigentümlich »reaktionär« geworden sind. Julien Bendas *La Grande Epreuve des Démocraties* (Ed. de la Maison Fran-

86 »Free World«, März 1942.

çaise, New York, 1942)[87] ist hierfür der beste Beweis. Bewaffnet mit vielen Kenntnissen aus dem großen Schatz der europäischen Tradition, kommt er doch zu keinem anderen Schluß, als daß es »moralische Rassen« gibt, zu keiner anderen Haltung als der eines antiquierten Chauvinismus, dessen Bankrott ja gerade in diesem Kriege sich erwiesen hat. Diese absurde Verirrung in die Rassentheorie ist kein Zufall; sie droht jedem, der aus der positivistischen Welt sich nicht herausgefunden hat. Benda hält an der positivistischen Behauptung fest, daß der Staat dazu da ist, das Glück der Menschen zu sichern. Daß an dem Ende dieses Weges, der eine Sackgasse ist, die Despotie steht, ist eine alte Weisheit: Schon Hobbes wurde zu einem Verfechter der Despotie, weil er zu besorgt war um das private Wohlergehen und die Sicherheit der Untertanen seines Leviathan; und schon Kant warnte davor, Recht und Freiheit mit dem Wohlergehen der Bürger zu verwechseln, da dieses vermutlich durch eine Despotie besser zu sichern sei als durch irgendeine andere Staatsform. Es erweist sich hier nur wieder, daß alle wirklich wichtigen Probleme unserer Zeit, die auf so furchtbar blutige Weise ausgetragen werden, nicht modern, sondern alt sind. Je blutiger aber an uns sich die Sünden der Väter rächen, desto ungeduldiger und intoleranter werden wir werden gegen diejenigen, welche nicht davon ablassen können, sie immer aufs neue wieder zu begehen.

Nichts illustriert den innerlichen Zusammenbruch des europäischen Parteiensystems klarer als die Tatsache, daß die größte Anklage gegen den Faschismus von einem Manne stammt, der sein Leben lang Royalist gewesen ist und die größten Illusionen über die spanische Falange gehegt hat. Georges Bernanos' *Les grands cimetières sous la lune* (das Buch über

87 Julien Benda, 1867–1956; französischer Philosoph und Schriftsteller, Verfasser von *Der Verrat der Intellektuellen* (1929). 1933 erschien *Discours à la nation européenne.* Von dem im Text genannten Buch ist keine deutsche Ausgabe bekannt.

den spanischen Bürgerkrieg[88]) wird dem künftigen Historiker mehr Aufklärung über die faschistische Barbarei geben als die meisten dicken Wälzer mit einem pedantischen Anmerkungsapparat. Bernanos' neues, in der Emigration geschriebenes Buch *Lettre aux Anglais* (Atlantica Editoria, Rio de Janeiro, 1942) ist verfaßt nicht von einem Redner, obwohl in ihm die große rhetorische Tradition Frankreichs sehr lebendig ist – sondern von einem Menschen, der von dem redet, wovon sein Herz und Kopf seit langem übervoll sind, endlos redet, weil für ihn alles mit allem zusammenhängt und weil es ihm, einem großen Schriftsteller, auf kein künstlerisches Prinzip mehr ankommt, sondern nur noch darauf, wirklich alles zu sagen. Der Inhalt des Buches ist die große Leichen- und Schmährede auf die französische Bourgeoisie. Aus ihm spricht der große Ekel am Menschen, der die Besten der Kriegsgeneration in die politische Unwirksamkeit gedrängt hat, die große Verzweiflung über das Versäumte und der große Zorn der Betrogenen. Die Größe des Buches ist gerade, daß der Ekel an der Nachkriegszeit nicht in den Ekel am Menschen überhaupt umschlägt – und dies muß für einen Menschen, dessen künstlerische Überempfindlichkeit und Beobachtungsgabe in keinerlei Verhältnis zu seiner Fähigkeit geordnet vernünftiger Aufklärung steht, außerordentlich schwer gewesen sein – sondern daß der Ekel gerade zum Ansporn wird, einen ritterlichen Krieg für »die Ehre des Menschen – nicht die Ehre einer Partei, eines Systems oder selbst[89] eines Vaterlandes« zu führen. An Bernanos wird klar, wieviel schon gewonnen ist und wieviel geleistet werden kann, wenn einer nur das Herz auf dem rechten Fleck hat. Denn sein Kopf steckt noch voll mit falschen und gefährlichen Begriffen – wie dem der Rasse; voll mit

88 Georges Bernanos, 1888–1948; französischer Schriftsteller; die deutsche Ausgabe erschien unter dem Titel: *Die großen Friedhöfe unter dem Mond*, München 1949.

89 Im Original undeutlich.

abstrusen und gefährlichen Vorurteilen wie seiner Antipathie gegen Italiener und Juden. Auf ihnen zu bestehen ist aber deshalb unwichtig und kleinlich, weil sie kaum noch zur Geltung kommen neben sehr großartigen Erkenntnissen – wie der, daß der Faschismus, der so viel von Jugend schwatzt, die Kindheit getötet und aus Kindern bösartige Zwerge gemacht hat; daß die Menschheit, die einst aus Unwissenheit Götzendienst tat, zu den Götzen aus Verzweiflung und aus keinem anderen Grunde zurückgekehrt ist; und daß die Welt gerade von denjenigen in ihr heutiges »delirium tremens« geworfen wurde, die nur an bon sens, Realitäten, philisterhafte Gemäßigtheit und spießerhafte Weisheit glaubten, ein delirium tremens, das nicht nur die Voraussagen der Phantasten, sondern die Einbildungskraft der Dichter übersteigt.

II

Wenn man Bernanos sicher den stärksten Schriftsteller der französischen Emigration nennen kann, so ist Yves Simon[90] vielleicht ihr politisch klügster und produktivster Theoretiker. Sein erstes Buch *The Road to Vichy* (Sheed and Ward, 1942) gehört zum Besten, [was] über die Vorgeschichte des Zusammenbruchs, der sich seit 1918 vorbereitete, geschrieben worden ist. Sein neues Buch *La Marche à la Délivrance* (Edition de la Maison Française, New York 1942, und in englischer Übersetzung *The March to Liberation*, Milwaukee Tower Press) versucht sich an der schweren Aufgabe, politische Grundprinzipien unseres künftigen Handelns ausfindig zu machen. Hat Simon sein erstes Buch als Franzose geschrieben und als Historiker, dem Trauer und politische Leidenschaft die besten seiner Erkenntnisse vermitteln, so ist sein zweites Buch von einem Europäer und von einem Politiker verfaßt, für den

90 Yves R. Simon, 1903–1961; französischer Philosoph, Thomist, Schüler von Jacques Maritain. Von den genannten Büchern sind keine deutschen Ausgaben bekannt.

die Betrachtung des Gestern nur noch die Vorbereitung auf das Handeln von Morgen ist.

Die beste Legitimation, die dieser Professor der Philosophie für seine Einmischung in »fremdes Gebiet« vorzuweisen hat, ist seine Erklärung der Mitverantwortung und Mitschuld an der Katastrophe der Vergangenheit. Solche Mitschuld sieht er sowohl in der Desinteressiertheit seiner Generation an Politik, an ihrer hochmütigen Abrechnung des öffentlichen Lebens wie – konkreter – in der eigentümlichen Verranntheit, welche gerade die Franzosen, die für eine Verständigung mit der Weimarer Republik eingetreten waren, nicht sehen ließ, daß eine solche Verständigungsbereitschaft den Kampf gegen Hitler hätte erdrücken müssen. Sie lebten noch in dem nationalistischen Wahn, daß Deutschland gleich Deutschland sei – genau wie ihre Gegner, die französischen Chauvinisten, welche gerade das Gerede von dem »ewigen Deutschland« zu ihrer Verständigung mit Hitler vorbereitete; es war ihnen schließlich gleich, mit welcher Regierung sie ihren Frieden machten.

Weil Simon nicht zu den Leuten gehört, die dicke Bücher schreiben oder lange Reden halten, um das Unmögliche zu beweisen, nämlich daß sie immer recht gehabt haben, gelingt es ihm mit einem schmalen Bändchen, viele der wichtigsten Fragen unserer Zeit zu stellen und zu einem Teil aufzuhellen. Es ist schwer, sich auf die Zukunft vorzubereiten, ohne utopisch zu werden – und das heißt mit Simon, ohne sich auf Methoden zu stützen, die notwendigerweise in den totalitären Staat zurückführen: »Die Utopie gebiert den Absolutismus, weil sie nur Geschichte werden kann dank der absoluten Gewalt.« Dies hängt damit zusammen, daß utopisches Denken immer versucht, die Zukunft in allen Details vorwegzunehmen. Echtes politisches Denken vermeidet nach Kräften alles allzu Konkrete und begnügt sich, einige allgemeine Ideen aufzustellen und durchzusetzen. Die Allgemeinheit, mit der Simon die aktuellsten Dinge der Zeit diskutiert und die manchmal das Vage streift, ist schwer vermeidbar und eher ein Beweis für die Lebendigkeit seiner Ideen.

Simon geht in seinen Betrachtungen von wenigen fundamentalen Feststellungen aus. Die eine von ihnen heißt: »Die Deutschen wären nicht in Paris, wenn dieser Krieg nicht ein internationaler Bürgerkrieg wäre.« Sie führt zu dem Nachweis, daß wir am Ende der nationalen Kriege stehen und daß die französische Katastrophe nur der klarste Beweis des Untergangs der Nation in ihrer bisherigen Form ist, jene Nation, welche die erste staatliche Organisationsform war, welche die Ideen der Französischen Revolution hervorgebracht hat. Eine zweite solche grundsätzliche Feststellung ist, daß wir – im Gegensatz zu der Intelligenz der vergangenen Jahrzehnte – einen neuen und produktiven Zugang zu den alten, großen Formeln der Französischen Revolution gefunden haben. Mit anderen Worten, daß der lange totgesagte Ideengehalt der Französischen Revolution aus seinem Scheintod zu erwachen beginnt. Drittens, führt Simon aus, daß alle politischen Fragen unserer Zeit auf der ganzen Erde im wesentlichen gleich stehen, daß es kein Entrinnen gibt: »Man entflieht dieser runden Oberfläche nur, indem man ins Grab hinab- oder in den Himmel hinaufsteigt.« Und da es einen Ausweg aus der großen Krise unserer Zeit nicht mehr gibt, wird jede Verzweiflung eine Art kosmischer Katastrophe und jede Hoffnung »groß wie die Welt«.

Auf den weiteren Verlauf des Buches soll hier nur hingewiesen werden. Sein bester Teil ist zweifellos in den Seiten enthalten, wo Simon nachweist, daß die gängigen Alternativen, vor die uns unsere Politiker so gerne stellen wollen und die unser ganzes politisches Denken vergiften, in Autorität gegen Freiheit oder liberale Wirtschaft gegen totalitäre Planwirtschaft usw., niemandem dienen außer unseren Feinden, daß sie nichts anderes sind als das Produkt der mangelnden Einbildungskraft jener »Denker«, die, gewöhnt »die Geschichte der Menschheit mit der einer kleinen privilegierten Minorität« zu identifizieren, das »goldene Zeitalter des Liberalismus mit dem goldenen Zeitalter der Freiheit« verwechseln. Einer jener Irrtümer, denen wir es unter anderen zu verdanken haben, daß wir es so herrlich weit gebracht haben.

Die unbefriedigendsten Teile des Buches sind jene, wo eine Monarchie für Frankreich mit einer überflüssigen Umständlichkeit abgehandelt wird. Ernster, wenn auch für die wesentlichen Einsichten Simons ziemlich konsequenzlos, ist seine unkritische Übernahme des Sorelschen Elitebegriffes.[91]

Die wahren Gründe für Theresienstadt

Leserbrief

3. September 1943

... hingegen bin ich nicht einverstanden mit der Darstellung, die Ihre Zeitung von Theresienstadt gibt.[92] Theresienstadt war unter den ersten Ghetti, kann also nicht als »Alibi« geplant sein. Ich habe seit 1940 alle Deportations- und Ghettomaßnahmen sehr genau verfolgt und glaube, daß ihnen eine einheitliche politische Linie zugrunde liegt, trotz gelegentlicher lokaler Abweichungen.

1. Juden werden geduldet und manchmal protegiert, wo Aussicht auf Erregung von Antisemitismus unter der Bevölkerung besteht. Beispiel: In Paris ging bis 1941 der Ausverkauf der französischen Warenbestände an deutsche Soldaten durch jüdische Hände, und man hatte den Eindruck, daß deutsche

---

91 Das Traktat des französischen Schriftstellers Georges Sorel *Réflections sur la violence* mit seiner Elite-Verherrlichung gilt als Wegbereiter des europäischen Faschismus.

92 Im »Aufbau« vom 27. August stand unter der Überschrift »Musterghetto Theresienstadt« ein Artikel aus »Free Europe«, der die Zustände im Lager als »Alibi« bezeichnete.

Soldaten direkt dazu angehalten wurden, in den jüdischen Vierteln zu kaufen. Dies hatte zur Folge, daß aus der Toulouser Gegend, wohin sich die polnischen Teile der in Frankreich lebenden Judenschaft geflüchtet hatten, Juden in Scharen nach Paris zurückkehrten. Nach einigen Monaten wurden dann alle diese Juden verhaftet und in Konzentrationslager geschickt – die Bevölkerung sollte den Eindruck gewinnen, daß man sie vor den Juden beschützt.

2. Juden wurden deportiert aus Gegenden, wo die Bevölkerung nicht antisemitisch ist – Beispiel Holland –, nach Gegenden, wo auf Antisemitismus der Bevölkerung zu rechnen ist – Beispiel Polen. Als die Polen begannen, von ihrem Antisemitismus etwas abzulassen und sogar Sympathien für Juden zu zeigen, wurden letztere entweder weiter nach Osten transportiert oder ausgerottet.

3. Juden werden transportiert aus Gegenden, wo ihre bloße Anwesenheit zu Widerstandszentren führen kann. Beispiel Deutschland. Wenn Frau Müller sieht, daß Frau Schmidt von nebenan nett zu Frau Cohn ist, weiß Frau Schmidt ganz genau, daß sie sich vor Frau Müller nicht mehr zu fürchten braucht und sich mit ihr vielleicht sogar aussprechen kann. In diesem Sinne waren die Deportationen aus Deutschland, mit denen die ganze grausige Geschichte ja anfing, wirklich als innerpolitische Schutzmaßnahmen geplant.

4. Die Nazis haben wiederholt gerade in der Tschechoslowakei und in Deutschland zur Beruhigung der Bevölkerung erklärt, daß sie nicht eine Ausrottung der Juden, sondern eine Segregation beabsichtigten. Dazu dient Theresienstadt, das ja mitten im Protektorat liegt, also einem Gebiet, das von der Zivilbevölkerung kontrolliert werden und das nicht mehr als antisemitisch gelten kann.

5. Massenschlächtereien werden nur in Gebieten vorgenommen, die entweder menschenleer sind wie die russischen Steppen oder in welchen man darauf rechnen kann, wenigstens Teile der ansässigen Bevölkerung für eine mehr oder minder

aktive Beteiligung zu gewinnen, wie Polen und Rumänien. Ausrottungen werden total nur dann, wenn Sympathiekundgebungen zu offenkundig werden.

6. Wie Sie wissen, wurden Auswanderungsbestrebungen der Juden immer gefördert, selbst aus Frankreich, wo man es großenteils mit politischen Flüchtlingen zu tun hatte. In den letzten Monaten haben die Nazis durch die bulgarische und rumänische Regierung sogar ganz große Judenangebote gemacht. Diese Großzügigkeit würde sich sehr schnell ändern, wenn die Alliierten sich wirklich bereit erklären würden, diese Juden zu nehmen. So lange sie es nicht tun, können die Nazis den Völkern erklären: Ihr seht ja, wie man im Ausland, wo die Juden frei und gleichberechtigt sind, Juden beurteilt. Nur Ihr seid so töricht, Euch zu der »unpolitischen« Haltung des Mitleids mit diesen Schädlingen hinreißen zu lassen. – Ob diese Propaganda heute noch wirkt, weiß ich nicht.

7. Wie sehr die Nazis versuchen, den autochthonen antisemitischen Bestrebungen der einzelnen Länder entgegenzukommen, sehen Sie daraus, daß aus Frankreich nur ausländische oder (was für die Franzosen dasselbe ist) kürzlich naturalisierte Juden deportiert wurden – unter dem Vorwand der Repatriierung, die zweifellos von ganz erheblichen Teilen der Bevölkerung gebilligt wurde.

Ich schreibe Ihnen diese Beobachtungen anläßlich Ihres Theresienstadt-Artikels, weil ich schon lange der Meinung bin, daß unsere Art der Berichterstattung oft auf Unglauben stößt, weil sie es meist unterläßt, den Zusammenhang zwischen den Judenverfolgungen und dem Herrschaftsapparat der Nazis zu erklären.

Kann die jüdisch-arabische Frage gelöst werden?[93]

17. (I) und 31. Dezember (II) 1943

I

Kürzlich hat Ibn Saud[94] eine absolut feindselige Erklärung über jüdische Ansprüche auf Palästina abgegeben und damit der zionistischen Bewegung neuerlich einen schweren Schlag versetzt. Es handelt sich hierbei um die erste Erklärung, in welcher diese äußerst unabhängige Persönlichkeit der arabischen Welt eine neue Politik andeutete, nämlich seinen Wunsch, eine aktive Rolle in der sogenannten arabischen Nationalbewegung zu spielen, aus deren intriganter und korrupter Politik er sich bislang herausgehalten hatte. Und gerade deshalb ist seine Position heute umso bedeutender. Er hätte sein Schweigen kaum gebrochen, wenn nicht die Pläne einer arabischen Föderation gegenwärtig Gestalt annähmen. Während die Haltung der USA zur Lage im Nahen Osten der Öffentlichkeit noch nicht bekannt gemacht worden ist, gibt es andererseits kaum Zweifel daran, daß die Politik des Britischen Empire auf der

---

93 Als der »Aufbau« im Dezember 1943 Hannah Arendts Standpunkt zu Palästina veröffentlichte, wurde an dem Vorwort von Manfred George deutlich, daß sie sich außerhalb des zionistischen Einverständnisses befand: »Ohne in allen Einzelheiten mit Hannah Arendt einer Meinung zu sein, erfordert doch die tragische und schwierige Lage des jüdischen Volkes, daß wir alle Auffassungen zu Wort kommen lassen, wenn sie nur ehrlich sind und sich auf vernünftige Argumente stützen.«

94 Ibn Saud, 1880–1969; ein Vertreter der Wahabiten, war seit 1932 König von Saudi-Arabien. Bis zur zweiten Hälfte des Jahres 1943 gab es Verhandlungen von britischer Seite (mit Weizmann), König Saud eine ansehnliche finanzielle Unterstützung von zionistischer Seite zu gewähren und ihn zum »Overlord«, zu einem »Präsidenten der Vereinigten Staaten von Arabien«, zu machen, mit der Gegenleistung, daß er die jüdische Nationale Heimstätte anerkennen sollte.

Errichtung einer ziemlich losen Föderation abzielt, welche den Irak, Syrien, Palästina, Transjordanien, Ägypten und wahrscheinlich auch Saudi-Arabien einschließt; es gibt genügend Anzeichen, die darauf hindeuten, daß diese Politik keinerlei Rücksicht auf zionistische Proteste nimmt. Dies ist um so offenkundiger, als die feindselige Haltung gegenüber einer jüdischen nationalen Heimstätte das stärkste Bindeglied zwischen den verschiedenen arabischen Ländern darstellt, ein Punkt, in dem alle übereinstimmen.

Im freien Spiel der Machtpolitik kann man die Juden, da sie über keinerlei Machtposition verfügen, als quantité négligeable betrachten. Dies gilt besonders, seit die zionistische Führung um der »Realpolitik« willen den Kampf um eine Jüdische Armee aufgegeben hat, wobei diese doch eine gewisse Garantie für eine jüdische Zukunft in Palästina geboten hätte. Stattdessen hat man uns zwei sich gegenseitig ausschließende zionistische Programme vorgesetzt, die vom künftigen Verfassungsstatus Palästinas handeln. Eines der beiden verficht die Errichtung einer jüdischen Commonwealth in Palästina und versucht augenscheinlich, unsere mangelnde Verhandlungsposition durch extreme Forderungen wettzumachen. Ein autonomer Staat wird vorgeschlagen, der darauf gründet, daß eine zukünftige Mehrheit der jetzigen Mehrheit Minderheitenrechte einräumt, was in der Tat etwas ganz Neues in der Geschichte der Nationalstaaten wäre.

Ein bi-nationaler Staat?

Der Alternativvorschlag von Dr. Magnes[95] sieht einen binationalen Staat in Palästina vor, der in eine Arabische Föderation integriert und an eine Angloamerikanische Union angeschlossen ist. Gerade seines utopischen Charakters wegen hat dieses jüdische Staatsprogramm eine größere Anhängerschaft gewon-

---

95 Dr. Judah Leon Magnes, 1876–1948; war Professor an der Hebrew University und Gründer von Ichud (siehe Anm. 78).

nen, als dies der Plan eines Universitätsprofessors, der keine Position in der Welt der Politik innehat, normalerweise erreicht hätte. Zumindest dies muß man zugeben: Dieses zweite Programm zieht die wirklichen Faktoren, die dabei eine Rolle spielen, in Betracht, und es scheint vortrefflich ins Konzept eines neu belebten Britischen Empire zu passen. Die Sache hat allerdings einen Haken, denn Dr. Magnes' binationaler Staat wird für die Juden einen permanenten Minderheitenstatus in einem arabischen Großreich schaffen, das unter dem mehr oder weniger starken Protektorat einer dritten Partei steht, entweder unter dem Schutz des Britischen Empire oder der Vereinigten Staaten oder unter dem gemeinsamen Protektorat beider Mächte. In diesem Fall ist überhaupt nicht ausgeschlossen, daß Palästina noch zum schlimmsten Diaspora-Problem nach diesem Krieg werden kann, anstatt sich zu einem Ort jüdischer nationaler Emanzipation zu entwickeln.

Abgesehen davon, daß diese beiden »Programme« sich gegenseitig ausschließen, werden darin die gleichen politischen Denkkategorien verwendet. Beide halten die diskreditierte Vorstellung aufrecht, daß nationale Konflikte auf der Grundlage von Minderheitenrechten gelöst werden können. Die Befürworter der Jüdischen Commonwealth oder des Staates wollen eine jüdische Mehrheit und sind bereit, den Arabern die Rechte einer Minderheit zu gewähren, wohingegen die Existenz eines binationalen Staats in einer Arabischen Föderation für die Juden hieße, daß sie wiederum einen Minderheitenstatus besäßen. Außerdem halten beide Entwürfe an der Idee eines souveränen Staates oder eines Reiches fest, dessen Mehrheitsvolk mit dem Staat identisch ist.

Der Versuch, nationale Konflikte zu lösen, indem man einerseits souveräne Staaten schafft und andererseits in Staatsgebilden, die sich aus verschiedenen Nationalitäten zusammensetzen, Minderheitenrechte gewährt[96], hat in unserer jüng-

96 Gemeint ist hier die Politik des Völkerbunds.

sten Geschichte eine derart spektakuläre Niederlage erlitten, daß man eigentlich erwarten müßte, niemand käme auch nur auf den Gedanken, diesen Weg wieder einzuschlagen.

Wir müssen uns nur die Nachkriegsgeschichte der meisten ost- und mitteleuropäischen Staaten vor Augen führen, denn das Versagen, ihren Minderheiten Gerechtigkeit widerfahren zu lassen, wurde nur noch dadurch übertroffen, daß diese Minderheiten in der Theorie einen hervorragenden juristischen Schutz genossen. Seit den Friedensverträgen von 1918 hält die Geschichte eine erdrückende Anzahl von Argumenten gegen die traditionelle Lösung nationaler Konflikte bereit. Es besteht kein Grund zu der Hoffnung, daß das nationale Problem, mit dem wir es in Palästina zu tun haben, sich im Sinne nationaler Politik lösen ließe, und dabei spielt keine Rolle, ob man die Lösung in einem kleinen souveränen jüdischen Staat oder in einem riesigen arabischen Großreich sucht.

Die Wahrheit ist, ganz allgemein gesagt, daß Palästina als nationale Heimstätte für die Juden nur gerettet werden kann (wie andere kleine Länder und andere kleine Nationen auch), wenn es in eine Föderation integriert wird. Föderative Ordnungen haben große Zukunftschancen, weil sie am erfolgversprechendsten nationale Konflikte lösen und deshalb zur Grundlage eines politischen Lebens werden können, das Völkern die Möglichkeit gibt, sich politisch zu reorganisieren. Gerade wegen des starken Reizes, den diese neue Vorstellung auf die Hoffnungen und Wünsche vieler europäischer Nationen ausübt, ist es ziemlich modisch geworden, die Bezeichnung »Föderation« auf nahezu jeden Zusammenschluß von Nationalstaaten anzuwenden – von den alten Bündnissen bis zu den neuen Systemen nationaler Blöcke, die man heute »regionale Föderationen« nennt. Ob man Nationalstaaten als isolierte Gebilde oder im Verbund mit anderen Staaten plant, der Konflikt zwischen Mehrheit und Minderheit, mit dem wir es in Palästina zu tun haben, der lebt weiter. Und wie dieser Konflikt, so auch die alte Alternative zwischen Minderheitenrechten (wie im Vorschlag der American Jewish Conference[97]) und der neuen Devise des Bevölkerungstransfers[98] (wie von den Revisionisten vorgeschlagen), wobei letzteres ohne faschistische Organisationen niemals funktionieren wird.

Wenn die »regionalen Föderationen« souveräner Staaten nichts anderes sind als ein neues Bündnissystem, dann ist die sogenannte Arabische Föderation bloß ein Deckname für ein Großreich. Für die Protagonisten des Britischen Weltreichs läuft diese »Föderation« auf eine lose Vereinigung der verschiedenen arabischen Staaten hinaus, wobei die in der Regel heftigen Fehden zwischen den regierenden Familien genug

---

97 Amerikanisch-jüdische Dachorganisation, die 1943 gegründet wurde, um die amerikanischen Juden für eine gemeinsame Nachkriegspolitik zu vereinigen. Auf Initiative von Henry Monsky, dem Präsidenten von B'nai B'rith, trafen sich Vertreter von 32 nationalen jüdischen Organisationen am 23. Januar 1943 in Pittsburgh, zwei Monate nachdem in Amerika der Wise-Bericht über die systematische Ermordung der europäischen Juden publik geworden war. Die Tagesordnung für die Gründungsversammlung lautete: 1. Jüdische Rechte und Status der Juden in der Nachkriegswelt; 2. Verwirklichung jüdischer Rechte in Palästina; 3. Wahl einer Delegation zur Durchführung des Programms zur Kooperation mit jüdischen Vertretern in aller Welt. Der Tagesordnungspunkt »Rettung der europäischen Juden« wurde nur auf Druck von unten in letzter Minute aufgenommen. Über zwei Millionen Juden waren an den Delegiertenwahlen beteiligt. Da die erste Versammlung am 29. August 1943 im Hotel Waldorf-Astoria gegen die Reden von Wise, Monsky und Goldmann der Linie von Silver, Lipsky und Neumann folgte und mit überwältigender Mehrheit (477 Stimmen, 4 Gegenstimen und 20 Enthaltungen) für das »Jewish Commonwealth« votierte, traten AJC und JLC wieder aus. Die American Jewish Conference konnte ihr Ziel, als Vertreter aller amerikanischen Juden in Hilfs-, Nachkriegs- und Palästinafragen aufzutreten, nicht erreichen (siehe den Artikel »Die jüdischen Chancen: Geringe Aussichten – gespaltene Vertretung« vom 20. April 1945 in diesem Band). 1949 löste sich die American Jewish Conference auf.

98 Der Vorschlag lautete, daß die Araber Palästinas in ein ihnen zugeteiltes Territorium umgesiedelt würden (nach Jordanien wahrscheinlich).

Raum lassen, damit sich der englische Einfluß im Nahen Osten geltend machen kann. Für die herrschenden arabischen Familien andererseits bedeutet diese Föderation ein rein arabisches Großreich, innerhalb dessen jeder einzelne Clan den anderen bekämpft, um die Kontrolle über ein großes und dauerhaftes arabisches Reich zu gewinnen, das sich aus einer arabischen Mehrheit und vielen kleinen Minderheiten zusammensetzt. In beiden Fällen ist die Bezeichnung Föderation ein Etikettenschwindel. Eine echte Föderation setzt sich aus unterschiedlichen, klar erkennbaren nationalen oder anderen politischen Elementen zusammen, die gemeinsam den Staat bilden. Nationale Konflikte können in einer solchen Föderation nur deshalb gelöst werden, weil das unlösbare Mehrheiten-Minderheiten-Problem zu existieren aufgehört hätte.

Erstmals wurde eine derartige Föderation mit den Vereinigten Staaten von Amerika verwirklicht. In dieser Vereinigung besitzt kein Einzelstaat irgendeine Vorherrschaft über einen anderen, und alle Staaten zusammen regieren das Land. Auf andere Art hat die Sowjet-Union ihre Nationalitätenprobleme gelöst; sie hat das zaristische Reich aufgelöst und eine Union von Nationalitäten errichtet, die unabhängig von ihrer jeweiligen Größe einander gleichgestellt sind. Die britische Commonwealth of Nations könnte – im Unterschied zum Britischen Weltreich – als weitere Möglichkeit einer Föderation gelten. Ein Großteil der öffentlichen Meinung Englands wie auch Mitglieder des britischen Parlaments befürworten die Umwandlung des Empire in eine Commonwealth. Denn bis in die Gegenwart existieren zwei Systeme nebeneinander: die Commonwealth, eine freie Vereinigung angelsächsischer Nationen, und das Empire, in welchem Mitglieder der Commonwealth über riesige Kolonialgebiete herrschen, die von Völkern nicht-angelsächsischer Herkunft bewohnt werden.

Sobald diesen Völkern der Status eines Dominions[99] verliehen wird, wie im Fall Indiens bereits geschehen, wird die Umwandlung des Empire in eine Commonwealth erreicht und eine wahrhafte Föderation errichtet sein. Angesichts der Bedeutung des Nahen Ostens als Tor nach Indien spricht nichts dagegen, weshalb nicht auch Palästina in diesen Rahmen einbezogen werden könnte.

II

Bislang war Palästina allerdings ins Britische Weltreich eingebunden. Der Status seiner Bevölkerung, ob Jude oder Araber, ist eindeutig der von Eingeborenen. Keiner weiß, ob die sogenannte Arabische Föderation Teil des Britischen Empire bleibt oder ob sie sich in ein unabhängiges arabisches Reich weiterentwickeln darf. Doch eines steht fest: Was die Juden betrifft, so erginge es ihnen in beiden Fällen wahrscheinlich gleichermaßen schlecht.

Wenn der Nahe Osten andererseits einen Platz in der neuen britischen Commonwealth erhielte, das andere Völker nichtbritischer Herkunft einschließt, dann gäbe es das jüdische Problem in seiner gegenwärtigen Form nicht mehr.

Das jüdische Volk könnte dann in den Gebieten, die zum britischen Commonwealth gehören, als *Volk* einen gleichberechtigten politischen Status erlangen. Gleiches gilt für die Araber. In Palästina wären Juden wie Araber gleichberechtigte Mitglieder eines größeren Systems, das die nationalen Interessen beider absichert. Und die Frage, wer wen beherrschen soll, wäre dann bedeutungslos geworden. Ohne daß ein eigener Nationalstaat erforderlich wäre, besäßen die Juden den gleichen politischen Status wie alle anderen Mitglieder innerhalb der Commonwealth, wobei Palästina als jüdische Heimstätte besonders hervorgehoben wäre.

Eine weitere Möglichkeit für eine vernünftige Lösung der

---

99 Bezeichnung für jene Teile des britischen Commonwealth, die nach innen eine Selbstregierung besaßen, aber außenpolitisch geeint waren durch eine gemeinsame Treue (allegiance) zur Krone: Kanada, Neuseeland, Australien, Südafrika.

Palästinafrage wäre eine *Art Mittelmeerföderation.* In einem derartigen Modell wären die Araber stark repräsentiert, jedoch nicht in einer Position, daß sie alle anderen dominieren könnten. Insofern allgemein anerkannt wird, daß weder Spanien, Italien noch Frankreich ökonomisch ohne ihre jeweiligen Besitzungen in Nordafrika existieren können, würde eine derartige Föderation die Kolonialfrage dieser drei Länder auf faire und gerechte Weise lösen. Für die Juden hieße dies, daß man ihnen ihre Würde und ihre Stellung unter den Völkern des Mittelmeers wiedergegeben hätte, zu deren kulturellem Ruhm sie doch so viel beigetragen haben. Auch in diesem Fall muß man darauf bestehen, daß die im Gebiet dieser Föderation lebenden Juden einen gleichberechtigten politischen Status erhalten und daß auf Palästina als jüdische Heimstätte besonderes Gewicht gelegt wird.

Natürlich kann man diesen politischen Rahmen derart erweitern, daß er eine noch größere Föderation europäischer Nationen einschließt. Es ist klar, daß der Nahe Osten wie auch Nordafrika zu einem solchen System gehören müssen. Für die Juden wäre dies noch vorteilhafter, denn dies hieße, daß sie als Mitglieder der europäischen Völkergemeinschaft anerkannt würden, daß sie einen intereuropäischen Status besäßen, daß Palästina als Heimstätte des europäischen wie des Weltjudentums garantiert wäre und daß damit günstige Bedingungen für die radikale Beseitigung des Antisemitismus geschaffen würden.

Die Araber werden in diesen grob skizzierten Überlegungen in Verbindung mit europäischen Völkern gebracht. Doch dies sollte niemanden abschrecken, der sich der großen und dauerhaften Leistungen bewußt ist, die das arabische Volk einst zur abendländischen Kultur beigesteuert hat. Wenn die Chance besteht, daß sie ihre feudalen und rückständigen Verhältnisse und ihre schreckliche Armut überwinden, dann ist nicht einzusehen, warum sie dazu nicht noch einmal in der Lage sein sollten. Eine derartige Chance ist jedenfalls der Beschwichtigungspolitik gegenüber dem Panarabismus oder gar dessen Ermutigung vorzuziehen, denn wie alle Pan-Bewegungen verkommt er früher oder später notwendigerweise zu imperialistischer Machtpolitik und endet in zerstörerischen Konflikten zwischen Völkern, die so oder so miteinander leben müssen.

Das jüdische Volk hat das Recht und die Pflicht zu sagen, in was für einer Welt es leben möchte. Ohne seine aktive Mitwirkung, soviel steht fest, kann man weder das tragische jüdische Problem noch die alarmierende Existenz des Antisemitismus als politische Waffe aus der Welt schaffen. Gegenüber utopischen Forderungen und »realistischen« Beschwichtigungsversuchen, die aus berechtigter Verzweiflung heraus entstanden waren, müssen konstruktive Vorstellungen über die Zukunft des jüdischen Volkes entwickelt werden, welche die künstliche Isolation des jüdischen und palästinensischen Problems aufheben. Beide Probleme werden nur innerhalb eines politischen Rahmens gelöst werden, der auch die Lösung nationaler Konflikte und Probleme der anderen europäischen Völker garantiert.

III
Die politische Organisation des jüdischen Volkes

»Aufbau«-Texte

April 1944 bis April 1945

Für Ehre und Ruhm des jüdischen Volkes
21. April 1944

Am 19. April jährte sich der Tag, an dem der bewaffnete Aufstand der Juden im Warschauer Ghetto begann. Was die Nazis für eine Affäre von wenigen Stunden hielten, entwickelte sich zu einer großen Schlacht, die mehrere Wochen dauerte. Was wir in unserem Kleinmut erst für einen lokalen Ausbruch der Verzweiflung zu halten geneigt waren, stellte sich bald als der Beginn einer Reihe von bewaffneten Rebellionen in den Konzentrationslagern und Ghetti heraus, auf die in schneller Folge die Organisierung von jüdischen Guerilla-Banden mit eigener jüdischer Fahne folgte.[100] Worum die Juden der ganzen Welt

---

100 Im Warschauer Ghetto war es offensichtlich (so Arno Lustiger in *Kampf auf Leben und Tod)* der zu den Revisionisten gerechnete ZZW (Jüdischer Militärverband), der neben der polnischen die blau-weiße Fahne hißte. Der ZZW-Kämpfer Ryszard Walewski (Lustiger, S. 110–115) berichtete später: »Durch die Flaggen wollten die Kämpfer am Platz ihren Freunden in den übrigen Teilen des Ghettos zu verstehen geben, daß hier zur großen Entscheidungsschlacht gerüstet wurde. Betont werden sollte auch die brüderliche Einheit des kämpfenden Ghettos mit den polnischen Zivilisten, die ebenfalls gegen die Besatzungsmacht kämpften. So sollten Polen auf der ›arischen‹ Seite zur Hilfeleistung für das kämpfende Ghetto gewonnen werden. Die Kämpfer bildeten sich ein, die Nachricht von den über dem aufständischen Ghetto wehenden Flaggen werde auch über die Grenzen des besetzten Europas in die freie Welt hinausdringen und deren Gewissen wachrütteln.« Der Text von Hannah Arendt zeigt: Die Botschaft zumindest ist angekommen. Daß vor allem Anhänger der Revisionisten im Widerstand die jüdische Flagge hißten, hat eng mit deren politischer Linie zu tun (siehe auch das Nachwort in diesem Band).

und vor allem der palästinensische Jischuw seit Jahren petitioniert hatten, die Aufstellung einer jüdischen Armee, war plötzlich von denjenigen geschaffen worden, von denen man Taten am wenigsten erwartet und die man als zukünftige Bewohner von Asylen und Sanatorien, an Geist und Körper gebrochen, der Wohltätigkeit des Weltjudentums empfohlen hatte. Diejenigen, die vor einem Jahr noch verzweifelt nach Rettung schrien und hilflose Opfer der Mordlust waren, die bestimmt waren, eines Tages als Nutznießer fremder Wohltätigkeit ihr Leben zu beschließen, hatten plötzlich über Nacht beschlossen, wenn möglich sich selbst und auf jeden Fall dem jüdischen Volke zu helfen. Konnten sie schon nicht selbst gerettet werden, so wollten sie wenigstens, in ihren eigenen Worten, »den Ruhm und die Ehre des jüdischen Volkes« retten. Damit liquidierten sie die Pariastellung des jüdischen Volkes in Europa und ordneten sich als Gleichberechtigte in den Freiheitskampf der europäischen Völker ein.

Ruhm und Ehre sind neue Worte in dem politischen Vokabular unseres Volkes. Wir müßten vielleicht bis zu den Tagen der Makkabäer[101] zurückgehen, um diese Sprache wieder zu vernehmen. So sprechen keine Märtyrer, die nur den Ruhm Gottes kennen, und so sprechen keine Verzweifelten, die nur den traurigen Mut des Selbstmords haben. So spricht vielmehr die augenblickliche Avantgarde eines Volkes, die morgen einen politischen Führeranspruch zu stellen gedenkt. Wie sich das neue Gesicht Europas in den Untergrundbewegungen aller

---

101 Jüdisches Priestergeschlecht, dessen Aufstand gegen die hellenistisch-jüdische Adelspartei und den Seleukidenherrscher in der Bibel überliefert ist. Die Makkabäer gründeten für kurze Zeit einen Judenstaat. Ihr Name gilt als Inbegriff des Kampfesmutes. »Der Kampf der Makkabäer mag den ›Verständigen‹ wie Wahnwitz erschienen sein, doch anders wäre ihre Freiheit gestorben an ihrer Furcht zu sterben. Darum bleiben die Söhne des Mathias unsterblich in der Erinnerung des um seine Selbstverwirklichung kämpfenden jüdischen Volkes«, schrieb Joseph Maier im »Aufbau«, 4. Dezember 1942.

Länder vorbereitet, so bereitet sich die neue Stellung des jüdischen Volkes zu den europäischen Völkern in der jüdischen Untergrundbewegung vor.

Eine jüdische Untergrundbewegung kann nur da zustande kommen, wo der europäische Antisemitismus als eine Massenerscheinung im Verschwinden ist. Das wird jeder einsehen, der sich die Bedingungen illegal operierender Truppenkörper inmitten anderer Völker auch nur einen Augenblick vergegenwärtigt. Eine jüdische Zivilbevölkerung, die jüdische Guerillas schützen und mit Lebensmitteln versehen könnte, gibt es nicht mehr. Sie sind absolut auf die Solidarität nicht nur anderer Untergrundbewegungen, sondern auch der nicht-jüdischen Zivilbevölkerung angewiesen. Dies ist auch einer der wesentlichen Gründe, warum die jüdischen Guerilla-Banden so lange haben auf sich warten lassen, warum erst ganz Europa in Aufruhr geraten mußte, bevor sie in den Kampf eintraten. In der blutigen Schule des Nazi-Terrors mußte erst der Antisemitismus ausgerottet werden. Denn der Mut der Verzweiflung kann nie ein Volk organisieren, sondern nur einzelne in den Selbstmord treiben. Den Mut zum Kampf bringt ein Volk nur auf, wenn es noch so kleine Chancen des Erfolges sieht. Gegen eine Welt von Feinden kann sich keiner wehren. Die Entvölkerungspolitik der Nazis hat es schließlich dahin gebracht, daß Kadavergehorsam gefährlicher geworden ist als offene Rebellion. Es ist nicht nur besser, es ist auch sicherer, einer Guerilla-Truppe anzugehören, als in einem Konzentrationslager zu sitzen oder in Zwangsarbeit verschleppt zu werden. Dadurch werden in allen europäischen Völkern nicht nur die Eliten mobilisiert, sondern die Gesamtheit politisch und militärisch erfaßt. Die Deportationsbefehle der Nazis werden unmittelbar zu Mobilisierungsbefehlen des Untergrunds. Dies gilt für alle europäischen Völker, aber es gilt in weitaus verstärktem Maße für die Juden.

Wir wissen politisch von diesen kämpfenden Juden sehr wenig. Das Wenige, was bis zu uns gedrungen ist, läßt immerhin einige Schlüsse auf ihre politischen Aspirationen zu. Da ist vor allem die Tatsache, daß sie unter eigener Fahne kämpfen – und das heißt, daß sie sich *als Juden* für die Freiheit der Juden zu schlagen wünschen. Da ist ferner die Tatsache, daß sie bei manchen Gelegenheiten neben der jüdischen auch die polnische Flagge gehißt haben. Und das heißt, daß sie in Freundschaft und Solidarität mit dem polnischen Volk handeln, ohne sich mit ihm zu identifizieren. Es ist anzunehmen, daß viele von ihnen nach Palästina werden gehen wollen. Aber evakuieren wird man sie nicht können, und mit dem Judenhaß werden sie nicht zu schrecken sein. Wenn sie gehen, so darum, weil sie im Kampf gelernt haben, mehr zu verlangen als individuellen Schutz und persönliche Sicherheit. Sie werden gehen, weil sie Freiheit und Gleichberechtigung als Nation und Sicherheit als Volk verlangen.

Aber auch denen, die vielleicht bleiben wollen – und die Mehrheit wird ja vermutlich auf lange Zeit ohnehin bleiben müssen –, wird man schwerlich die Restauration des Status quo anbieten können. In der jüdischen Untergrund-Bewegung gibt es keinen Unterschied mehr zwischen West- und Ostjuden, zwischen assimilierten und unassimilierten, und das alte Sicherheitssystem, durch das die »hochvermögenden Brüder« in anderen Ländern die jüdische Masse schützte, hat sich als gefährliche Illusion erwiesen. Nur ein identischer Status der jüdischen Nationalität in ganz Europa verbunden mit gesetzlicher Verfolgung des Antisemitismus in allen Ländern, nur Anerkennung der Gleichberechtigung des Volkes und nicht des Individuums kann die Integration des jüdischen Volkes in die künftige Gemeinschaft der europäischen Völker beschließen, die heute von der jüdischen in Solidarität mit allen anderen Untergrundbewegungen in Europa angebahnt wird.

USA – Öl – Palästina
5. Mai 1944

Das Scheitern der Wagner-Taft Resolution[102] im Kongreß ist eine der schwersten Enttäuschungen, welche den Zionisten und den Juden Palästinas bisher bereitet worden sind. Die Vereinigten Staaten, welche bereits nach dem vorigen Weltkrieg vergeblich versucht hatten, sich an der politischen Neugestaltung der Länder des ehemaligen türkischen Reiches zu beteiligen, scheinen diesmal entschlossen, sich aus diesem Teil der Welt nicht wieder herausmanövrieren zu lassen. Dies hatte in den palästinensischen Juden berechtigte Hoffnungen erregt: Sie rechneten auf die oft wiederholte Sympathie von Kongreß und Regierung mit dem Aufbau des jüdischen Nationalheims, auf die Stärke des amerikanischen Zionismus und die traditionelle Hilfe, welche die Regierung der Vereinigten Staaten den Ländern und Völkern in der ganzen Welt zu leihen pflegt, die durch starke nationale Splittergruppen in der Neuen Welt vertreten sind. Diese Hoffnungen sind zunächst einmal gescheitert.

Der Jischuw in Palästina hat bisher noch keine Chance gehabt, sich politisch auf eigene Füße zu stellen. Seine Enttäuschung ist um so größer, als sein Vertrauen in England seit einem Jahrzehnt schwer erschüttert worden ist. Er hat es in jeder Hinsicht zu spüren bekommen, daß das englische Colo-

102 Um das Schweigen der amerikanischen Regierung hinsichtlich der Zukunft der Juden in Palästina zu brechen und um die Amerikaner für einen jüdischen Staat in Palästina zu engagieren, brachten auf Initiative des American Zionist Emergency Council die Abgeordneten Wagner und Taft Anfang 1944 eine Resolution im US-Senat ein. Hintergrund war, daß man Palästina als Zufluchtsstätte für die überlebenden europäischen Juden sichern wollte, 1944 aber die Fünfjahresfrist des Weißbuchs ablief und somit das Ende der jüdischen Einwanderung in Palästina drohend bevorstand (siehe Anm. 50).

nial Office, das in den Nachkriegsjahren bemüht schien, die Gegensätze zwischen den arabischen Staaten eher zu verschärfen und sich wenigstens zu einem Teil auf die Juden zu stützen, in den dreißiger Jahren plötzlich schwenkte und sich um einen inner-arabischen Ausgleich bemühte. Da die verschiedenen arabischen Familien-Dynastien sich über nichts einig waren außer über eine anti-jüdische Politik in Palästina, konnte eine solche Politik der »Versöhnung« sich schwerlich um etwas anderes als Anti-Zionismus kristallisieren. Es ist verständlich genug – wenn auch vielleicht nicht sehr vernünftig –, daß große Teile der zionistischen Bewegung seit geraumer Zeit begonnen haben, sich nach einem anderen Protektor umzusehen. Und während gewisse revisionistische Teile auf Rußland zu spekulieren scheinen, hofft man gerade in Palästina selbst auf Amerika.

Die Bedeutung des Nahen Ostens für England wie für Amerika läßt sich heute mit dem Worte Öl zusammenfassen. Dabei spielt die Frage der augenblicklichen Ölbestände Amerikas und ihre eventuelle Ergänzung aus den noch unerschöpflichen Gebieten von Saudi-Arabien eine verhältnismäßig untergeordnete Rolle. Die Beherrschung der Luft- und Seefahrt-Linien der Zukunft wird von Ölstützpunkten in der ganzen Welt abhängen. Für beides, und das heißt für den künftigen Welthandelsverkehr, nimmt der Vordere Orient eine Schlüsselposition ein. Wenn die Annahme richtig ist, daß nach diesem Krieg etwa die Hälfte des Schiffsbestandes der ganzen Welt den Vereinigten Staaten gehören wird, so würde dieser Besitz allein die amerikanische Außenpolitik zwingen, sich eigene Ölstützpunkte zu sichern.

Damit wird der Bau einer Ölleitung vom Persischen Golf zum Mittelmeer, wie sie die amerikanische Regierung geplant hatte, zu einem der wichtigsten Faktoren der Nachkriegspolitik. Da das arabische Öl offenbar mit dazu bestimmt ist, den Ölbedarf der europäischen Länder zu decken, dürfte von dieser Ölleitung zu einem beträchtlichen Teil der künftige Einfluß

Amerikas auf innereuropäische Angelegenheiten abhängen. In dem Kontraktsentwurf zwischen den Ölkompanien und der Regierung war bereits die Klausel enthalten, daß der Verkauf von Öl an fremde Länder dem Interesse Amerikas niemals abträglich sein dürfe. Eine weitere Klausel betraf die aktive Anteilnahme Amerikas an Frieden, Wohlfahrt und politischer Integrität der Regierungen der ölproduzierenden Länder. Damit hat die amerikanische Regierung eindeutig ihren Willen ausgedrückt, ihre außenpolitischen Interessen im Nahen Osten energisch zu vertreten.

Die Araber, welche mit Erpressungspolitik aller Art so glänzende Erfahrungen gegenüber England gemacht haben, glaubten, diesen Plan sofort für die Unterdrückung judenfreundlicher Äußerungen ausnutzen zu müssen. Kaum war ihnen dies gelungen, als sie das ganze Projekt wieder in Frage stellten. Nachdem das White Paper[103] endgültig in Kraft getreten war, versuchte der König Ibn Saud erst einmal die Engländer gegen die Amerikaner auszuspielen. Zu diesem Zwecke erinnerte er an den ursprünglichen Konzessionsvertrag mit den amerikanischen Öl-Kompanien aus dem Jahre 1933, denen er vor Konkurrenten Vorzug gegeben habe, weil sie unabhängig von ihrer Regierung seien. Er erklärte dem amerikanischen Vertreter in Saudi-Arabien, daß er im Falle einer amerikanischen Regierungsbeteiligung engere Ölbeziehungen mit England bevorzugen würde, und berief aus England einen Berater für Ölangelegenheiten unter dem Vorwand, die amerikanischen Sachverständigen seien inkompetent. Fast gleichzeitig wurde bekannt, daß der König Farouk aus Ägypten eine neue Ausfuhrsteuer für Öl eingeführt habe – wodurch Alexandrien als Endpunkt der geplanten Ölleitung zum mindesten in Frage gestellt wurde, da amerikanisches Öl auf dem europäischen Markt mit dem englischen Öl, das zollfrei von Haifa aus verschifft werden könnte, kaum noch konkurrenzfähig sein

103 Siehe Anm. 50.

würde. Schließlich stellte sich heraus, daß Haifa – die zweite Möglichkeit neben Alexandrien – für den Bau überhaupt nicht in Frage kommt, da unter dem Mandat keine fremde Macht außer der Mandatsmacht das Recht hat, in Palästina Land zu kaufen oder zu pachten.

Es ist keine Frage, daß Amerika durch legitime weltwirtschaftliche Interessen in das politische Spiel des Nahen Ostens hineingezwungen worden ist. Die Frage ist nur, ob man dieser Notwendigkeiten von morgen mit den veralteten Kolonial-Methoden von gestern Herr werden will. Dies wäre um so weniger erwünscht, als die Araber offenbar die Regeln des divide et impera, mit denen man heute die Araber und morgen vielleicht die Juden zu Hütern von Ölbesitzungen ausersehen kann, bereits ausgezeichnet beherrschen. Die große Chance Amerikas ist es gerade, keine koloniale Tradition und keine imperialistischen Aspirationen zu haben. Der größte Aktivposten seiner Außenpolitik ist nicht der Besitz von Öl, sondern der Besitz jenes Vertrauens, das die Völker der Welt seit eh und je in die Grundlagen der großen Republik gesetzt haben.

Balfour-Deklaration und Palästina-Mandat
19. Mai 1944

Man hat den Verkündern der Balfour-Deklaration oft vorgeworfen, daß sie ein Land weggegeben hätten, das ihnen gar nicht gehörte. Auch antizionistische Juden, die der jüdischen Plutokratie zugehörend sich sonst nicht durch übertriebene Skrupel über imperialistische Praktiken auszuzeichnen pflegten, konnten im Falle Palästinas sehr zartbesaitet erscheinen. Die Zionisten sahen im Palästina-Mandat, das durch den Völkerbund garantiert war, die internationale Verankerung der Balfour-Deklaration, während die Araber sich darauf berufen, daß der Wortlaut der A-Mandate[104] ausdrücklich verlange, daß die Mandatsmacht selbständige, souveräne Regierungen in den betreffenden Gebieten entwickele, daß dies auch im Irak bereits geschehen und Syrien zumindest versprochen sei, und daß nur die Juden, bzw. die Balfour-Deklaration eine gleich glückliche Lösung der Palästina-Frage verhindert habe.

Nun ist das Mandatssystem in Wahrheit nie mehr gewesen als eine juristische Fiktion, die geeignet schien, eine politische Wirklichkeit zu verkleiden. Es war – in den Worten eines der britischen Mitglieder der Permanenten Mandatskommission des Völkerbundes – als ein Kompromiß gedacht gewesen zwischen den Erklärungen der Alliierten während des vorigen Krieges, keine Territorien annektieren zu wollen, und ihren Wünschen bei Kriegsschluß, Teile des türkischen Reiches und die ehemaligen deutschen Kolonien doch zu annektieren. Politisch wurde das Mandatssystem bereits Ende der zwanziger Jahre liquidiert, als nämlich Irak aus dem Mandatsverhältnis entlassen wurde. Bei dieser Gelegenheit wurde 1.) der Völkerbund als der Garant des ganzen Systems verspätet benachrichtigt, 2.) Irak in ein Vertragsverhältnis zu England gebracht, das von mehreren Mitgliedern der Permanenten Mandatskommission als eine Verwandlung des Mandats in ein Protektorat angesehen wurde, und sollte 3.) die Minoritätenfrage des Irak (einer der ernsten Gründe für Mandatskontrolle in allen diesen Gebieten) dadurch »gelöst« werden, daß der Völkerbund verhindert wurde, die Lösung zu beaufsichtigen, und den Kurden empfohlen wurde »to throw in their lot with the Arabs«. Die Beendigung des französischen Mandates über Syrien sollte ausdrücklich nach dem Vorbild des Irak erfolgen.

Es ist richtig, daß die Beendigung des palästinensischen

104 Gemeint sind Mandate des Völkerbundes, die für die Verwaltung der Gebiete erteilt wurden, die ehemals zum Osmanischen Reich gehört hatten: Syrien, Palästina, Transjordanien und Irak. Bis auf Syrien wurden sämtliche A-Mandate an Großbritannien übertragen.

Mandats immer unter Hinweis auf die Balfour-Deklaration, die im Mandat zitiert wird, abgelehnt worden ist. Faktisch ist Palästina von den Leuten des Indian Office[105] immer als das wichtigste Land des Nahen Ostens angesehen worden. Lord Curzon[106] hat vor allem in den Beratungen, die dem Versailler Frieden vorausgingen, wiederholt darauf hingewiesen, daß Palästina strategisch von entscheidender Bedeutung zum Schutz des Suez-Kanals und damit zur Sicherung des Weges nach Indien sei; und hat verlangt, daß England eine internationale Verwaltung Palästinas auf der Konferenz ablehnen solle. Es wäre durchaus im Interesse einer illusionsfreien Politik, wenn man sich auch unsererseits entschließen könnte, die Balfour-Deklaration im Licht der Politik des Indian Office zu sehen. Denn wenn auch die Deklaration selbst nicht nur von selbstsüchtigen Motiven und bestimmt nicht nur von kolonialpolitischen Gesichtspunkten diktiert worden ist, so werden sich doch auf die Dauer, nämlich solange die englische Politik im Nahen Osten wesentlich von dem Besitz Indiens bestimmt ist, nur solche Interessen und Gesichtspunkte durchsetzen. Der Schutz des jüdischen Nationalheims durch das Palästina-Mandat wird dadurch nicht effektiver werden, daß der Völkerbund, der im Falle des Irak bereits seine Unfähigkeit erwiesen hatte, gar nicht mehr existiert.

Die innerzionistischen außenpolitischen Differenzen pflegen sich heute um die Frage zu konzentrieren, ob es besser ist, England oder Amerika oder Rußland als Mandatarmacht in Jerusalem zu haben. Das Prinzip der Unsicherheit würde sich dadurch nicht im mindesten ändern. Jede dieser Mächte kann ein solches Amt nur im Verfolgen seiner außenpolitischen Interessen übernehmen und muß daher immer geneigt sein, den innenpolitischen Kräften des Landes so viel zu konzedie-

105 Die Indien-Abteilung des Colonial Office in London.
106 Lord Curzon, 1869–1925; war als Nachfolger Balfours britischer Außenminister (1919–1924).

ren, wie sich mit der Kontrolle der Außenpolitik des betreffenden Gebietes verträgt. Dies war bereits vor 25 Jahren klar, als Lord Milner an Lloyd George[107] schrieb, daß die Unabhängigkeit von Arabien zwar zu den Prinzipien englischer Politik gehöre, aber daß die unabhängigen arabischen Herrscher keine ausländischen Verträge abschließen dürften außer mit England. Die Umwandlung des Mandats über Irak in einen Vertrag, demzufolge das Land innenpolitisch völlig autonom und außenpolitisch der englischen Kontrolle absolut unterworfen bleibt, hat dann vollends deutlich werden lassen, an welchen Klauseln der Mandatsverträge England wirklich im Ernstfall festzuhalten beabsichtigt.

Das White Paper ist ein weiterer, wenn auch nicht ganz so folgenreicher Schritt in dieselbe Richtung und muß deshalb, mehr noch als wegen seines Wortlautes, mit sehr ernster Sorge erfüllen. Nur wäre es ganz verfehlt anzunehmen, daß diese grundsätzliche Unsicherheit des politischen Status in Palästina durch einen Wechsel der Mandatarmacht oder durch zusätzliche Protektion anderer großer und weit entfernter Mächte zu beheben wäre. Die einzig realistische Einstellung wäre eine Politik des Bündnisses mit anderen Mittelmeervölkern, durch die die lokale jüdische Position in Palästina gestärkt und der effektiven Sympathien unserer Nachbarn versichert würde. Juristische Erwägungen und Berufungen auf das Mandat, wie man sie täglich anläßlich der Proteste gegen das White Paper lesen und hören kann, sind jedenfalls angesichts des Ernstes unserer Situation von einer hoffnungslosen Unzulänglichkeit.

---

107 Lord Milner, 1854–1925; im britischen Colonial Office jener Zeit für Südafrika zuständig, 1919–1921 Kolonialminister. David Lloyd George, britischer Premierminister 1919–1922.

Das Ende eines Gerüchts
2. Juni 1944

Die Türen, hinter denen die fünf Ministerpräsidenten der britischen Commonwealth in London[108] getagt haben, sind nicht ganz so hermetisch verschlossen gewesen, wie es sonst bei den in diesem Kriege in Mode gekommenen öffentlichen Geheimverhandlungen der Fall war. Und während die öffentlichen Geheimverhandlungen den Nachteil haben, daß sie in der öffentlichen Meinung Gerüchte erzeugen, hatte die Imperiale Konferenz in London den großen Vorzug, Klarheit über die künftigen Fundamente der britischen Commonwealth zu verbreiten und damit einer ganzen Reihe von Gerüchten ein Ende zu machen. Zu diesen toten Gerüchten gehört auch die seit Jahren immer wieder auftauchende Hoffnung auf einen Dominionstatus für ein jüdisches Palästina.

Die britische Commonwealth, die oft genug mit dem britischen Empire verwechselt wird, ist die Organisation, durch welche das englische Mutterland mit allen von Engländern besiedelten Ländern der Welt zusammengehalten wird. Erst die Dominions zusammen mit den britischen Inseln bilden die englische Nation. Dies ist gerade auch von entschiedenen Gegnern der Empire-Politik, den sog. »little Englanders«, häufig und sehr zu ihrem Schaden übersehen worden; ihre Kritik trug der wirklich bestehenden Notwendigkeit englischer Politik, um der Nation willen Weltpolitik zu treiben, niemals Rechnung. Zu ihrer Entschuldigung muß gesagt werden, daß es noch vor wenigen Jahrzehnten sehr schwer war, diese eigentümliche Organisationsform der Commonwealth (der Name stammt aus dem vorigen Krieg) richtig zu beurteilen, und daß sie sich erst im Laufe dieses Krieges, im Hin und Her der

108 Kanada, Großbritannien, Südafrika, Australischer Bund, Neuseeland.

widerstreitendsten Vorschläge, in aller Klarheit entwickelt hat. Die Ergebnisse der Imperialen Konferenz stellen auf diesem Wege einen vorläufigen Abschluß dar.

Das erste wichtige Ergebnis der Konferenz war die Ablehnung des Vorschlages des australischen Premierministers, ein permanentes Sekretariat der Commonwealth in London zu schaffen. Bisher nämlich ist nur ein Glied der englischen Nation, das Mutterland, zusätzlich auch noch eine imperialistische Macht, dessen weltpolitische Interessen weniger an den Dominions als an dem Besitz Indiens orientiert sind. Wäre der australische Vorschlag durchgegangen, so hätte dies bedeutet, daß die Außenpolitik der über die ganze Welt verstreuten englischen Länder einheitlich von London aus geleitet und daß die Dominions ihrerseits Verantwortung für den Kolonialbesitz des Mutterlandes mitübernommen hätten. Dadurch wäre die Gesamtheit der englischen Commonwealth an die Empire-Politik gebunden worden. Es ist wohl kein Zufall, daß dies gerade an dem Einspruch des amerikanischen Dominions, an Kanada, gescheitert ist.

Gescheitert ist offenbar auch der zweite seit Dezember vorigen Jahres zur Debatte stehende Vorschlag auf Umänderung der britischen Commonwealth, der auf eine Rede Jan Smuts' zurückgeht. Der südafrikanische Premierminister wollte bekanntlich westeuropäische Nationen in den britischen Verband einbeziehen, um England einen festen Fuß auf dem Kontinent zu verschaffen und um der unmittelbaren Gefahr, die seit eh und je im Falle eines Krieges den Inseln von dorther gedroht hat, ein für allemal vorzubeugen. Damit wäre aus der britischen Commonwealth, die nur die Gemeinschaft einer einzigen Nation ist, eine wirkliche Commonwealth of Nations geworden – in der Vorstellung von Smuts ein Völkerbund im kleinen, nach dessen Modell auch andere Staaten sich hätten in Zukunft zusammenschließen können.

Der Smutssche Vorschlag ist offenbar das Resultat von Erwägungen, die aus den Anfangsstadien des gegenwärtigen

Krieges stammen; aus jener Zeit, da Churchill im Angesicht der deutschen Gefahr den Franzosen gemeinsame Regierung und gemeinsame Staatsbürgerschaft anbot und da etwas später Cripps[109] im Angesicht der japanischen Gefahr den Indern Dominionstatus versprach. Daß in beiden Fällen eine ablehnende Antwort erfolgte[110], dürfte die Engländer in solchen Versuchen nicht gerade ermutigt haben. Auch die südafrikanische Heimat von Smuts, wo Buren und Engländer unter Dominionstatus zusammenleben, ist schwerlich geeignet, zu Nachahmungen anzuregen. Schließlich ist es nicht dem burischen, sondern dem englischen Element zu verdanken gewesen, daß der Bure Jan Smuts dank seiner großen Persönlichkeit jene knappe Majorität fand, die es ihm ermöglichte, die südafrikanische Union an Englands Seite in den Krieg zu führen. So gut sich der außerordentlich lose Zusammenhang zwischen Dominion und Mutterland gerade in der höchsten Not bei allen englischen Völkern bewährt hat, so unzureichend erwies er sich, sobald die Zuverlässigkeit nicht-englischer Völker ins Spiel kam.

Das wichtigste Beispiel in diesem Zusammenhang ist natürlich Irland, das zur Commonwealth nicht gehört und zu der Imperialen Konferenz nicht einmal einen Vertreter geschickt hat. Dies zeigt auf das deutlichste, wie sehr die Dominion-Organisation nur auf dem nationalen englischen Element basiert, wie unwichtig demgegenüber geographische und sogar militärische Faktoren sind. Denn während Irlands Unabhängigkeit nur von England geschützt werden kann, hat sich z. B.

---

109 Sir Stafford Cripps, 1889–1952; sozialistischer Politiker, von 1942–1945 Minister für Flugzeugindustrie. Er wurde von Churchill im März 1942 nach Indien entsandt, um den Indern die Unabhängigkeit des Landes nach dem Krieg in Aussicht zu stellen, d. h. nach dem Sieg gegen die Japaner.

110 Gandhi, der die Unabhängigkeit Indiens forderte, erachtete das Angebot Cripps' als »dauerhafte Vivisektion Indiens«; es handle sich um einen »rückdatierten Scheck einer scheiternden Bank«.

herausgestellt, daß nur Amerika imstande war, Australien zu verteidigen. Dies hat nichts geändert: Australien gehört zur britischen Commonwealth und Irland nicht.

Es mag eine offene Frage sein, ob der Krieg das englische Empire gestärkt oder geschwächt, die englischen Kolonialmethoden verändert oder unverändert zurücklassen wird. Die britische Commonwealth jedenfalls wird aus dieser Probe gestärkt und in aller Deutlichkeit als Organisation der englischen (und nur der englischen) Nation hervorgehen. Ob und wie lange Indien und damit Palästina zum englischen Empire gehören werden, kann niemand voraussagen. Daß sie in absehbaren Zeiträumen zur britischen Commonwealth gehören werden, scheint so gut wie ausgeschlossen.

Sprengstoff-Spießer

16. Juni 1944

Seit mehr als drei Jahren haben die offiziellen zionistischen Organisationen vergeblich versucht, mit einer Gruppe von »jungen Leuten« fertig zu werden, welche mit der »Verantwortungslosigkeit« von »Scharlatanen« und ohne sich der Autorität irgendeiner bestehenden Organisation zu erfreuen eine »Papier-Organisation« nach der anderen etablierten.[111] Warum es einem halben Dutzend von »Abenteurern« ohne jede offizielle Hilfe gelingen konnte, so beachtenswerte finanzielle

111 Gemeint sind die Revisionisten, insbesondere die Bergson-Gruppe (siehe auch Aaron Bermann, *Nazism, the Jews and American Zionism*, S. 119). Am 7. Mai 1943 findet sich ein ganzseitiger Aufruf im »Aufbau« zur Rettung aller Juden, die unter deutscher Herrschaft leben. Unter der Überschrift: »Rettet die europäische Judenheit durch die Tat – nicht nur Mitleid« wurde gefordert: »1. Sofortige Ausnutzung aller vorhandenen Transportmöglichkeiten, um Juden

und Prestige-Erfolge zu erzielen, wird wohlweislich verschwiegen. Denn die Wahrheit ist natürlich, daß die Anziehungskraft der Gruppe in ihrer Unverbrauchtheit lag, die es ihr ermöglichte, das Vakuum, das die offiziellen Organisationen durch ihre Tätigkeit und Untätigkeit anrichteten, wenigstens zu spüren, und daß für sie, hätte sie es ehrlich gemeint, es eher ein Vorteil gewesen wäre, zu keiner der bestehenden überalterten Organisationen in einem Beamtenverhältnis zu stehen.

Ehrlich aber haben sie es offenbar nicht gemeint. Zwar gründeten sie ein Committee for a Jewish Army, als ihnen der Wille des jüdischen Volkes nach einer jüdischen Armee entgegenklang; und sie gründeten ein Committee to save the Jews from Europe, als sie sahen, daß niemand der leidenschaftlichen Erregung von Juden und Nichtjuden über das Schicksal der europäischen Judenheit ernsthaft Rechnung trug. Beide Committees machten viel Reklame und vermutlich noch mehr Geld. Mit dem Erfolg, daß man auch nicht von einem einzigen palästinensischen oder staatenlosen Juden je gehört hat, der aufgefordert worden wäre, sich für den Fall einer Bewilligung einer jüdischen Armee als Freiwilliger zu registrieren; und daß von durch sie aus Europa geretteten Juden nichts bekannt geworden ist. Dies, und nicht die Anmaßung von Autorität, ist die eigentliche Irreführung. Denn die Autorität liegt bei der ohnehin nicht sehr demokratischen Verfassung unserer jüdischen Organisationen sozusagen auf der Straße.

---

aus Hitler-besetzten Ländern nach Palästina oder anderen temporären Asylstätten zu bringen; (…) 2. Die sofortige Schaffung einer jüdischen Armee aus staatenlosen und palästinensischen Juden einschließlich ›Selbstmord‹-Kommando-Kolonnen und Flugzeuggeschwadern zu Vergeltungs-Bombardements, die tief nach Deutschland hineinfliegen und so als besondere Einheit am Kriege teilnehmen und den Opfern Hitlers ihre Botschaft der Hoffnung bringen.«

Die Aktivitäten der Bergson-Gruppe[112] hängen aufs engste mit ihrer Verbindung mit palästinensischen Terror-Organisationen zusammen. Ihr Eingeständnis, in Zusammenhang mit dem Irgun zu stehen, hat ihr Prestige zweifellos eher erhöht. Ihr Bekenntnis zu Terror-Methoden schuf ihnen eine gewisse Sympathie bei jenen russisch-jüdischen Kreisen, welche seit dem Jahr 1905 nichts zugelernt haben und für welche das Wort Terror noch mit der Gloriole des Heroismus der Sozialrevolutionäre umgeben ist. Sie wissen nicht, daß die modernen Terroristen, mit denen wir es in Palästina zu tun haben, mit den alten Idealisten nur den Namen gemein haben. Mit jenen hätte man sich streiten können, ob im äußersten Notfalle der Zweck das Mittel heilige. Mit diesen wäre so ein Streit gegenstandslos, weil sie im Grunde ihrer Herzen der Meinung sind, daß die Mittel den Zweck heiligen und daß nur ein Zweck, der mit Terror erreicht werden kann, überhaupt der Mühe wert ist. Unsere modernen Nihilisten geben sich mit Weltanschauungen nicht mehr ab, sondern versuchen statt dessen aktiv das Nichts herzustellen. Ihnen liegt nichts an so »bürgerlichen«, moralistischen Unterscheidungen wie der zwischen Schuldigen und Unschuldigen, wirklichen politischen Repräsentanten und ahnungslosen ausführenden unteren Beamten. Ihnen ist jeder recht, wenn er nur ermordet werden kann – ein unschuldiger englischer Tommy oder harmlose Araber auf dem Markt in Haifa.

Solch überzeugte Affinität zur Zerstörung erweckt leicht den Anschein echter Leidenschaftlichkeit. Es ist zwar mehr

112 Am 9. November 1943 brachte Bergson (siehe Anm. 28) eine Resolution im Repräsentantenhaus ein, die amerikanische Regierung solle eine Ad-hoc-Kommission zur Rettung der Juden gründen. Um ein möglichst breites Bündnis für die jüdische Sache zustande zu bekommen, sparte er jegliche Palästina-Forderung aus. Eri Jabotinsky erläutert die Strategie: »The commission will soon enough discover, that the only answer is Palestine. The commission will probably become the central instrument in the fight for Palestine.«

als fraglich, ob die Bergson-Gruppe je ernsthaft an eine jüdische Armee gedacht hat. Eines hat ihre Phantasie bestimmt erregt, nämlich die mögliche Schaffung von Selbstmord-Bataillonen[113], die sie eine Zeitlang vorschlug. Nachdem die Faschisten der »Herrenrasse« den Soldaten zum Mörder erniedrigt hatten, fiel den Faschisten eines unterdrückten Volkes nur noch ein, den Helden zum Selbstmörder zu degradieren. In beiden Fällen konnten sie des Applauses der Spießer, die behaglich im Lehnstuhl die Vorgänge der ganzen Welt nur als ein erhabenes Schauspiel betrachten, völlig sicher sein.

Denn der Spießer unterscheidet sich von dem Bürger durch seine absolute Verantwortungslosigkeit für das öffentliche und seine rücksichtslose Ergebenheit in sein eigenes Wohl. Die Faschisten haben auf die Spießer der ganzen Welt großen Eindruck gemacht, weil sie ihrer Verantwortungslosigkeit einen heroischen Nimbus gaben und durch ihre aktive Bösartigkeit den Spießer aus der Langeweile einer nur passiven Böswilligkeit erlösten. Von dieser morbiden Bewunderung für Raub und Mord in der Politik war es nur ein Schritt zu der »totalen« Mobilmachung, welche um der Karriere oder des Lebens oder der Familie willen die zehn Gebote wirksamer und schneller abschaffte, als es sich irgendein nihilistischer Theoretiker je hat träumen lassen.

Erst wenn sich zu der böswilligen Gelangweiltheit des Spießers die ernste Verzweiflung eines Teiles der Bürger gesellt, welche sehen, daß ihre berechtigten politischen Forderungen von den offiziellen Instanzen einfach übergangen werden, haben unsere modernen Terroristen ihre Chance. In diesem Sinne sind die sogenannten *verantwortlichen* Organisationen wirklich und immer mitverantwortlich. Sie hätten mit der berechtigten Anprangerung der Bergson-Gruppe und des Irguns

---

113 Siehe Anm. 111; Tom Segev berichtet in *Die siebte Million* von jüdischen Fallschirmspringern, die in Osteuropa absprangen (S. 121), was eine große Gefahr für Leib und Leben darstellte.

sicher ein weit solideres Vertrauen erregen können, wenn sie sie mit einer Erklärung und Aufklärung ihrer eigenen Fehlschläge und Unterlassungssünden begleitet hätten.

Diese neuerliche Unterlassung wurde zum Teil dadurch gutgemacht, daß die hyperradikalen »jungen Leute« so unvorsichtig waren, den sicheren Boden aktivistischer Propaganda zu verlassen, um ein Stück eigener politischer Doktrin zum Besten zu geben. Ihre Unterscheidung zwischen der hebräischen Nation in Palästina und Europa und der jüdischen Religionsgemeinschaft in allen anderen Ländern weckte vertraute Erinnerungen an jene versunkenen Zeiten, da Zionismus ausgezeichnet für verfolgte Ostjuden und Palästina ein glänzendes Obdachlosen-Asyl war, das den glücklicheren assimilierten Judenheiten die Mitverantwortung für den politischen Status des ganzen Volkes und die Sorge um eine Einwanderung von Juden in ihre eigenen Heimatländer abnahm. Der Wille zu einer jüdischen Armee und der leidenschaftliche Wunsch, Juden aus Europa herauszuretten, war ihnen aus den Reihen des Volkes entgegengeklungen. Die Hebräische Nation war ihre ureigenste Erfindung. Und so kehrt der nihilistisch und wildgewordene Spießer von heute zurück in das ideologische Haus seiner Väter – jener friedlichen, um ihre eigene Sicherheit besorgten, spießigen Juden von vorgestern.

Gäste aus dem Niemandsland
30. Juni 1944

Wenn die tausend Menschen, welchen die amerikanische Regierung ein temporäres Asyl in den Vereinigten Staaten garantiert hat, Individuen wären, die um ihres religiösen Bekenntnisses oder politischen Überzeugung willen von den Staaten ihrer Heimat verfolgt worden sind, so würde dieser Maßnahme eine große Bedeutung zukommen. Sie würde besagen, daß eine der ältesten und heiligsten Pflichten abendländischer Staaten und eines der ältesten und heiligsten Rechte abendländischer Menschen, das Asylrecht, wieder zu Ehren gekommen ist.

Die tausend Menschen aber, die wir hier in Amerika erwarten dürfen, sind keine Flüchtlinge in dem alten und heiligen Sinne. Sie sind Menschen, die nicht als Individuen, sondern als Angehörige eines Volkes verfolgt werden. Nach ihrem religiösen Bekenntnis, nach ihrer politischen Überzeugung hat sie kein Mensch gefragt. Was sie hier wie in den großen Flüchtlingslagern des Mittleren Ostens vorfinden werden, ist Sicherheit und Barmherzigkeit. Von dem alten Recht auf Asyl kann nicht die Rede sein.

Denn dieses Recht ist untergegangen, seit nicht mehr die Freiheit und Menschenwürde des Individuums auf dem Spiel stand, sondern die nackte Existenz ganzer Völker; als nicht mehr Einzelne ins Exil gingen, sondern große Menschenmassen mitten im Frieden sich auf die Flucht begeben mußten. Es gibt in dem gesamten Kodex nationaler oder internationaler Gesetze, welche das innere Leben und das Zusammenleben der Nationen miteinander regeln, nicht ein einziges, welches diesen ungeheuerlichen Fall, den Versuch der Ausrottung eines Volkes vorgesehen hätte. Darum leben die seit 1933 aus Deutschland und die seit 1940 aus Europa vertriebenen Juden im wahrsten Sinne des Wortes außerhalb des Gesetzes. Es gibt für sie keinen Präzedenzfall und sie müssen von Glück sagen, wenn sie, wie in die sem Lande, auf eine Tradition der Einwanderung treffen, in die sie sich eingliedern können.

Gern gesehen aber sind sie nirgends – außer in Palästina, wo ihre Ankunft durch das Gesetz des Landes vorgesehen ist. Überall erregt das Wort Flüchtling, das einst einen fast Ehrfurcht gebietenden Klang hatte, die Vorstellung von etwas zugleich Verdächtigem und Unglückseligem. Wenn auch nur tausend von ihnen in einem großen Land erwartet werden, so findet sich bestimmt ein Parlamentarier, der verwundert anfragt, wie weit man zu gehen gedenke in dem Austausch von »feinen jungen Amerikanern gegen refugees« und sicher ein viel gelesener Journalist, der mit der Binsenwahrheit daß »nicht alle Flüchtlinge durch ihre Leiden geadelt« worden seien, sie im vorhinein zu diskreditieren sucht.

Die Unbeliebtheit der Flüchtlinge hat wenig mit ihrem Verhalten und viel mit dem zweideutigen legalen Status zu tun, unter dem sie, aber nicht nur sie leiden. Sie kommen aus dem Niemandsland, denn sie können weder ausgewiesen noch deportiert werden. Keine Gegenseitigkeitsverträge, die ihre Gültigkeit zwischen den Nationen auch im Kriege beibehalten, schützen sie oder das Land, in welches sie kommen. Weil sie außerhalb der Gesetze der Nationalstaaten, die Staatenlose nur als negativen Grenz- und Ausnahmefall kennen, stehen, gefährden sie die normale Gesetzlichkeit jedes Landes, welches sie aufnimmt. Niemand weiß recht, was man mit ihnen anfangen soll, wenn die Barmherzigkeit erst einmal zu ihrem Recht und zu ihrem notwendigen Ende gekommen ist.

Sie sind Staatenlose, aber man kann sie doch nur als feindliche Ausländer klassifizieren – als ob das Niemandsland einer Nation den Krieg erklären könne. Man erlaubt ihnen, im englischen Heere zu dienen, aber diskutiert gleichzeitig darüber, wie man sie nach dem Krieg repatriieren könne – in das Land des gemeinsamen Feindes. Zehn- und wahrscheinlich Hunderttausende von ihnen kämpfen in allen europäischen Untergrundbewegungen, als individuelle Mitkämpfer oder in jüdischen

Einheiten; aber noch hat keine Exilregierung sich darüber geäußert, was sie nach dem Kriege mit den ausländischen oder staatenlosen Juden zu tun gedenkt, die mitgeholfen haben, ihr Land zu befreien. Sie sind als Juden angegriffen, vertrieben, totgeschlagen worden, aber sie können sich als Juden nicht wehren, und wollen oft gar nicht zu diesem Volk gehören. Da sie offenbar zu anderen Völkern auch nicht gehören, erwecken sie in ihrer nackten, nur auf Barmherzigkeit angewiesenen Nur-Menschlichkeit den unheimlichen Eindruck von etwas ganz und gar Unmenschlichen.

Denn so sehr der Mensch infolge der ewigen Unzulänglichkeit des Gesetzes, der Barmherzigkeit des Menschen bedarf, so wenig darf man von ihm verlangen, das Gesetz durch Barmherzigkeit zu ersetzen. Die ungeheure Unbarmherzigkeit der Evian- und Bermuda-Konferenzen war nur die allzu-menschliche Antwort auf eine übermenschliche Forderung. Die übereifrigen Praktiker, die glaubten, daß man erst Menschen retten und dann ihren legalen und politischen Status feststellen könne, haben sich als unpraktisch und unrealistisch erwiesen. Erst wenn die europäische Judenschaft als ein den Alliierten verbündetes Volk anerkannt worden ist, wird die Frage der Gäste aus dem Niemandsland wie das Problem der Rettung der europäischen Juden einer gerechten Lösung einen Schritt näher gekommen sein.

Das neue Gesicht eines alten Volkes

14. Juli 1944

Minsk und Wilna sind in den Händen der sowjetischen Armee, die Wege nach Bialystock und Warschau sind geöffnet. Die Befreiung der Juden in Osteuropa hat begonnen, und der General, der an ausgezeichneter Stelle an der Befreiung der alten jüdischen Gemeinden beteiligt ist und der »höchst wahrscheinlich als erster seine Truppen auf deutschen Boden führen wird, ist ein sehr verdienstvoller Jude«, nämlich der jüngste General seiner Armee, Ivan D. Chernyakhovsky.[114]

Diese Tatsache hat nicht nur den englischen Minister Brendan Bracken so tief berührt und entzückt; sie wird in der Erinnerung der Völker weiterleben, weil in ihr eine fast überwirkliche Gerechtigkeit lebendig ist, die mit einer fast das Ironische streifenden Präzision den Ablauf des Verhängnisses lenkt. Sie wird in der Erinnerung des jüdischen Volkes weiterleben, weil in ihr das gerechte Bedürfnis des Volkes nach Vergeltung, an dem gemessen das hysterische Rache-Geschrei einzelner jüdischer Literaten wie ein ins Groteske pervertierter Kontrast wirkt, Ausdruck und Bestätigung findet.

Es ist den Historikern bekannt, daß die Geschichte manchmal Völker durch Jahrhunderte unverändert, mit identischen Charakteristiken behaftet, dahinleben läßt – um sie dann plötzlich, gleichsam aus der Konservenbüchse der toten Zeit in die Lebendigkeit der Gegenwart zu stellen, in welcher sie sich im Laufe eines Jahrzehntes oder eines Vierteljahrhunderts entscheidender verändern als vorher in fünfhundert Jahren. Dann plötzlich scheint es, als hätten die Ereignisse selbst sich verschworen und als könnten die widerspruchsvollsten Begebenheiten gar nicht anders, als zu identischen Resultaten führen. Dieses ihr altes und von Historikern immer wieder bestauntes Kunststück scheint die Geschichte unserer Zeit an dem jüdischen Volk neu ausprobieren zu wollen.

Was hatte schließlich die russische Revolution, welche den Juden der Sowjet-Union die wirkliche Emanzipation, nämlich die Emanzipation als Volk, bescherte, zu tun mit der großen Bewegung, durch welche das jüdische Volk in Palästina sich selbst befreite? Nichts, außer daß sie beide um Freiheit zentriert waren. Und es scheint, wenn man die Endergebnisse,

---

114 Hier verwirklicht sich ein Stück des Blücher-Briefes von 1936 (siehe Anm. 75).

nämlich die Veränderung des Volkscharakters betrachtet, wichtiger zu sein als der lange, erbitterte Disput zwischen den verschiedenen Isten.[115] Ein Volk, das man politisch totgesagt hatte und das zweifellos die ältesten und hartnäckigsten Vorurteile gegen militärische Tugenden hatte, brachte plötzlich Truppen hervor, die zu den besten der alliierten Armeen gehören, zeigte militärische Begabungen auf, die zu den erstaunlichsten dieses Krieges gerechnet werden müssen.

Die Geschichte aber begnügt sich offenbar nicht, die Ähnlichkeit feindlicher Brüder nachzuweisen. Sie hat paradoxerweise aus der furchtbarsten Verfolgung und Versklavung das gleiche Resultat entstehen lassen wie aus den Anfängen einer neuen Freiheit. Denn den jüdischen Einheiten der palästinensischen Armee und der jüdischen Nationalität der Sowjet-Union treten würdig die Helden der jüdischen Untergrundbewegung, die Kämpfer des Warschauer und des Bialystocker Ghettos, die jüdischen Gruppen in Titos Armee, Tausende von jüdischen Guerillas in Frankreich[116] und die Partisanen an die Seite, welche vor dem Fall von Minsk die Schlacht in der Stadt selbst eröffneten und die vermutlich zum großen Teil Juden waren.

Was für den Historiker wie ein paradox-tiefsinniges Schauspiel aussehen mag, dessen Fäden nur die Götter selbst zu knüpfen und zu entwirren vermögen, erscheint dem Politiker wie das neue Gesicht eines alten Volkes, das durch eine Reihe von Katastrophen langsam belehrt mit großer Plötzlichkeit zu neuem Leben erwacht. Für ihn sind die Taten des sowjet-jüdischen Generals und die Kämpfe der europäisch-jüdischen Par-

---

115 Gemeint sind Anhänger von Bewegungen wie: Zionisten, Revisionisten, Nationalisten, Kommunisten usw.

116 Siehe Arno Lustiger, *Kampf auf Leben und Tod*, S. 447. Die im Januar 1942 in Toulouse gegründete »Armée juive« wurde unterstützt durch die Jewish Agency und das Joint Distribution Committee. Sie unterhielt in einigen französischen Städten Freikorps und »wurde von militanten Zionisten geschaffen, um bei der Verwirklichung des Programms einer nationalen jüdischen Renaissance zu helfen«.

tisanen und die Leistungen der palästinensisch-jüdischen Einheiten Etappen und Aspekte des gleichen großen Kampfes – des Befreiungskampfes des jüdischen Volkes.

Die Tage der Wandlung
28. Juli 1944

Der Krieg steht für uns nun im 12. Jahr, und unsere Feinde, von allen Seiten umringt, haben begonnen, sich gegenseitig den Garaus zu machen. Das ist der Anfang vom Ende, wenn auch keiner weiß, wie lange das Ende noch dauern kann. Das ist der »Germanen Untergang«, wie ihn Hitler versprochen hat, und keiner weiß, ob und wie das deutsche Volk den Untergang der »arischen« Rasseorganisation überleben wird.

Das jüdische Volk aber wird diesen Krieg überleben. Es wäre töricht zu glauben, daß der Friede für uns leichter sein wird als der Krieg, in dem wir bis zum Ende als Alliierte nicht als eine der verbündeten Nationen anerkannt worden sind. Angesichts von Millionen wehrlos hingeschlachteter Opfer ist es schwer, nicht bitter zu werden; nach so vielen leeren Versprechungen, nach so vielen getäuschten Hoffnungen ist es schwer, sein Herz nicht zu verhärten.

Wenn der Friede kommt, werden wir mit Furcht und Hoffnung, diesen beiden Erzfeinden jüdischer Politik, unsere Zeit nicht verlieren dürfen. Um die europäischen Juden zu verstehen, die durch zu viele Höllen gegangen sind, als daß ihnen noch jemand Furcht einjagen könnte, und die durch zu viele eitle Hoffnungen sich haben narren lassen, als daß sie jemand noch verlocken könnte, sollte jeder versuchen, sich alle Stadien des Verlaufs der Schlacht im Warschauer Ghetto aufs Genaueste mit Geist und Sinnen zu vergegenwärtigen. (Dies ist erst jetzt möglich geworden dank eines meisterhaften Berichtes von Shlomo Mendelsohn in der letzten Nummer des »Menorah-Journal«[117].) Denn in den Straßen von Warschau hat das europäische Judentum noch einmal, als sei es aufgerufen zu einer endgültigen Lektion, alle vergangenen Stadien typisch jüdischen politischen Verhaltens durchlaufen, gleichsam repetiert – bis es zu jener Tat kam, durch welche das Antlitz des jüdischen Volkes geändert wurde.

Es begann mit dem 22. Juli 1942. An diesem Tag beging der Vorsitzende des »Judenrats«, der Ingenieur Czerniakow, Selbstmord, weil die Gestapo ihn aufgefordert hatte, sechs- bis zehntausend Menschen täglich zur Deportation bereitzustellen. Eine halbe Million Juden war im Ghetto, und die Gestapo befürchtete bewaffneten oder passiven Widerstand. Nichts dergleichen geschah. Zwanzig- bis vierzigtausend Juden meldeten sich freiwillig zur Deportation, und Zettel der polnischen Untergrundbewegung, die vor Deportation warnten, wurden nicht beachtet. Die Bevölkerung war »gefangen zwischen Furcht und fieberhafter Hoffnung«. Die einen hofften, daß »Evakuation« nur Umsiedlung bedeute, die anderen, daß sie von den Maßnahmen nicht betroffen werden würden. Die einen fürchteten, daß Widerstand ihr sicherer Tod sei; die anderen fürchteten, daß Widerstand die unmittelbare Gesamtexekution des Ghettos nach sich ziehen würde; und da die allgemeine jüdische Meinung gegen Widerstand war und Illusionen vorzog, scheuten sich die wenigen, die kämpfen wollten, die Verantwortung zu übernehmen.

Die Deutschen benutzten sorgfältig Hoffnung wie Furcht. Sie teilten die jüdische Bevölkerung in Kategorien: Sie gaben Papiere aus für die, welche in deutschen Fabriken arbeiteten – und die Arbeiter fühlten sich sicher. Sie stellten eine jüdische Polizeitruppe auf, welche zusammen mit Ukrainern, Litauern und Letten die Deportationen ausführten. Und ein Teil der Bevölkerung war zu Verrätern geworden. Sie trennten zwei

117 »Menorah Journal«, März 1944.

Bezirke vom Ghetto ab; in dem einen lebten etwa 6000 jüdische Arbeiter, in dem anderen eine Bevölkerung von zirka 40000, und eine Solidarisierung der Gesamtheit wurde verhindert. Jeder hatte besondere Gründe zu hoffen und zu fürchten.

Nach einigen Wochen ging den Bewohnern des Ghetto die Hoffnung verloren. Die Wahrheit über die Bestimmung der Deportierten war durchgesickert, und die Illusionen über die »Umsiedlung« waren zerstört. Auch dies hatte keinen Widerstand zur Folge. Die Stelle der Hoffnung wurde nur urplötzlich durch die Furcht ausgefüllt. »Durch die Straßen von Warschau wanderten bleiche Schatten, mit erschrockenen, blicklosen Augen. Sie liefen von Straße zu Straße in dem Wahn, daß vielleicht in der nächsten Straße die Gefahr nicht so groß sein würde« – sagt der polnische Berichterstatter. Die Deutschen waren von nun an völlig beruhigt: Von diesen Menschen war weder aktiver noch passiver Widerstand zu befürchten.

Die polnische Bevölkerung, die über das endgültige Schicksal der Deportierten unterrichtet war, verstand nicht, »warum die Juden keinen Widerstand leisteten, warum die jüdische Polizei so eifrig und die Überlebenden so apathisch waren. Über der Tragödie der Juden lag etwas Fatalistisches in all ihrem Schrecken, eine Ausweglosigkeit, die noch unterstrichen wurde dadurch, daß die zivilisierte Welt praktisch nicht reagierte«. So berichtet eine polnische Untergrundzeitung.

Ende August wußten Gruppen der Arbeiter und der Intelligenz, daß bewaffneter Widerstand unumgänglich der einzige moralische und politische Ausweg sein würde. Aber die »konservativen Kreise im Ghetto lehnten jede Idee des Kampfes kategorisch ab« – und hatten damit offenbar noch die Mehrheit der Bevölkerung hinter sich. Im Dezember lebten im Ghetto nur noch jüngere und vergleichsweise gesunde Menschen – alles andere war »umgesiedelt«. Unter Führung von Bundisten und Zionisten hatte sich eine jüdische Kampforganisation gebildet, welche ihre ersten Waffen Ende Dezember und Anfang Januar erhielt.

Nach einer kurzen Unterbrechung wurden im Januar 1943 die Deportationen wieder aufgenommen. Von der halben Million Juden, deren Widerstand die Gestapo im Juli 1942 gefürchtet hatte, waren nur noch etwa 40000 am Leben; vor diesen fürchteten sie sich nicht. »Am 18. Januar marschierten starke SS-Abteilungen, unterstützt von deutscher und lettischer Polizei, in das Ghetto. Sie trafen auf etwas, was sie nie erwartet hatten. Einige Juden hatten sich in Wohnhäusern verbarrikadiert. Ein heftiger Kampf entspann sich. Die Kampforganisation hatte Gewehre und Munition aufgespeichert. Der Kampf dauerte mehrere Tage. Am 23. Januar rollten Tanks in das Ghetto.« (Bericht einer polnischen Untergrundzeitung)

Dieser erste, kurze Kampf war ausschließlich eine Angelegenheit des jüdischen Untergrunds, die allgemeine Bevölkerung beteiligte sich an ihm nicht. In einem an die amerikanischen Juden gerichteten Appell heißt es: »Nur Ihr könnt uns retten. Die Verantwortung vor der Geschichte tragt Ihr.« Die erwartete Hilfe von außen blieb aus, und in den folgenden Monaten organisierte die Kampforganisation die Bevölkerung des Ghettos und bereitete sie auf das vor, was der polnische Regierungsberichterstatter dann mit Recht den »jüdisch-deutschen Krieg« genannt hat. Von jüdischer Seite war dieser Krieg eine levée en masse: Jeder hatte mitgearbeitet an der Befestigung der Straßen und Häuser, jeder hatte eine Waffe, jeder hatte eine bestimmte Aufgabe. Jeder wußte, daß der kommende Krieg nur mit einer militärischen Niederlage enden könne und daß er zu physischer Vernichtung führen würde. Jeder wußte, daß – in den Worten der polnischen Untergrundzeitung – »der passive Tod der Juden keine neuen Werte geschaffen hatte; daß er sinnlos gewesen war; daß aber ihr Tod mit der Waffe in der Hand neue Werte in das Leben des jüdischen Volkes bringen kann«. Ein letzter Versuch des Nazikommandanten, Illusion und Hoffnung im Ghetto wiederzuerwecken, blieb ohne Echo. Furcht und Hoffnung hatten das Ghetto verlassen.

Am 19. April begann der Kampf. SS-Divisionen, schwer bewaffnet, mit Maschinengewehren und Tanks, marschierten in das Ghetto. Die jüdische Verteidigung war glänzend organisiert. Eine Woche lang wurde eine reguläre Schlacht gekämpft, bei der die Deutschen schwere Verluste an Menschen und Material erlitten. Mehrere Male wurden sie hinter die Ghettomauern zurückgeschlagen. Daraufhin verzichteten sie auf die militärischen Regeln des Krieges und gingen zu jenen aus Grausamkeit und Feigheit gemischten Taktiken über, welche sie in den Augen der Polen um das Prestige »arischer Kriegstüchtigkeit« brachten. Mit Flammenwerfern und Dynamit griffen sie Haus nach Haus gesondert an. Diese Prozedur dauerte mindestens fünf Wochen. Ende Juni noch berichten Untergrundzeitungen von Guerilla-Kämpfen in den Straßen des Ghettos. Dieser »Sieg« ist bis heute der letzte Sieg der Nazis geblieben.

Aus den Trümmerhaufen der Schlacht war niemand mehr zu deportieren. Viele waren mit der Waffe in der Hand gefallen. Wenige hatten sich mit der Waffe in der Hand gerettet – um dann jene Dutzende von jüdischen Kampfeinheiten zu organisieren, welche seither die Felder und Wälder Polens durchziehen und uns den Frieden, *unseren* Frieden erkämpfen.

Eine Lehre in sechs Schüssen

11. August 1944

»Junge jüdische Mädchen, Maschinenpistolen über den Schultern und Granaten am Gürtel, marschieren stolz durch die Straßen Wilnas, für dessen Befreiung sie drei Jahre kämpften.« So berichtet der Moskauer Korrespondent Mikhailov laut einer AP-Meldung. Eines der Mädchen, die siebzehnjährige Betty, erzählte dem Korrespondenten ihre Geschichte in den folgenden Sätzen:

»Ein Deutscher kam und führte meine Familie ins Ghetto. So widerstandslos und gefügig waren wir im Jahre 1941. Aber das deutsche Regime hat uns eine Lektion erteilt. Die im Ghetto lebten, wurden die wirklichen Rächer. Ich tötete nur sechs Deutsche, aber es gibt Juden in unserer Abteilung, welche Dutzende getötet haben.«

Die Lektion ist sehr einfach, und Betty hat in wenigen Sätzen ihren wesentlichen Gehalt zusammengefaßt.[118] Sie schämt sich, wenn sie nur daran denkt, wie ein einzelner Deutscher sechzig Juden ungestraft in die Sklaverei und wahrscheinlich in den Tod hat führen können. Mit sechs Schüssen hat sie die Schande der Opfer, der wehrlosen und gefügigen Opfer ausgetilgt. Ihren Nachnamen hat sie dem Korrespondenten nicht gesagt, weil sie fürchtete, über Gebühr gepriesen zu werden.

Ich habe große Angst, daß der Friede Betty eine zweite grausame Lektion erteilen wird. Sie wird erfahren, wie unbegründet ihre Furcht vor zu großem Ruhm war. Sie weiß noch nicht, daß wir uns geradezu rühmen, nur Opfer, unschuldige Opfer zu sein, und daß wir sie und ihresgleichen als Märtyrer, aber nicht als Helden feiern. Sie kennt noch nicht jene neue, fast unbewußte, fast automatische »Verschwörung des Schweigens«, das mit lauten, allzulauten Klagen ihre Stimme und die Stimme ihresgleichen zudeckt.

Dabei ist ihre Stimme laut genug. Sie klingt dem, der guten Willens ist, nahezu täglich aus kleinen – verkleinerten und ver-

118 »Am 15. September 1943 wurde das Ghetto noch einmal umstellt, aber die SS-Truppen zogen sich zurück, als sie erfuhren, daß die FPO kämpfen würde«, heißt es bei Lustiger (*Zum Kampf auf Leben und Tod*, S. 264) über die Lage in Wilna. Wilna wurde am 13. Juli 1944 befreit. An den Kämpfen um Wilna nahmen auch die Wilnaer Partisanen teil. Es gibt berühmte Gruppenfotos dieser Männer und Frauen am Tage der Befreiung. Ilja Ehrenburg reiste extra an und posierte mit jüdischen Partisanen für ein Gedenkfoto. Am 27. Juli 1944 veröffentlichte die »Ejnigkejt« (Organ des Jüdischen Antifaschistischen Komitees der Sowjetunion) das Bild (siehe auch den Wiederabdruck in *Das Schwarzbuch. Der Genozid an den sowjetischen Juden*).

zettelten – Meldungen der Zeitungen entgegen. Sie bringt die gute Botschaft, daß sich einmal und gerade für uns die uralten Gesetze des Krieges, der die Besten erschlägt – »denn Patroklos liegt erschlagen und Thersites kehrt zurück«[119] –, umgekehrt haben; daß in dem furchtbaren Morden, das die Nazis angerichtet haben, die Überlebenden zu den Besten gehören werden. Denn die Widerstandslosen und Gefügigen erwartete der sichere Tod.

Für uns aber, die wir die gesamtjüdische Welt etwas besser kennen als Betty, die wir wissen, wie schwer es schon für normal lebende Völker ist, die Kluft zu überbrücken, die den heimkehrenden Soldaten von dem daheimgebliebenen Zivilisten trennt; wie lange es dauert, bis ein Volk die wesentlichen Lehren seiner Avantgarde verstanden hat; wie langsam gerade unser Volk im Lernen politischer Lehren ist – für uns stellt sich die Frage nach der Zukunft von Betty und ihresgleichen. Denn ohne die Hilfe, die aktive und begeisterte Hilfe des gesamtjüdischen Volkes wird es weder ihr noch ihresgleichen in den Ländern Europas beschieden sein, die Ernte einzubringen und der schwer erkämpften Früchte sich zu freuen.

Wir wissen, was die jüdischen Kämpfer noch nicht wissen – oder im Feuer der letzten Jahre vergessen haben werden –, wir wissen, daß die »Wohltätigkeitsmaschine«, die in Herzls Worten zur »Erstickung der Notschreie« der Unterdrückten funktioniert hat, morgen vielleicht eingesetzt werden kann zur Erstickung der politischen Forderungen derer, die sich selbst befreit haben. Daß die Vertreter des europäischen Judentums im Exil von ihrem Volk in dem gleichen Ausmaß getrennt sind wie die Exilregierungen anderer Völker, ist nur allzu natürlich.[120] Nur daß für uns dies ungleich schlimmere Folgen haben kann, weil unsere Widerstandsbewegung nicht einheitlich organisiert, nicht auf ein Territorium beschränkt ist, sondern

---

119 Eigentlich: »denn Patroklos liegt erschlagen und Thersites kommt zurück«, aus F. Schiller, » Das Siegesfest«.

aus verstreuten Gruppen besteht, welche erst im Moment des Waffenstillstandes eine Chance der Verständigung untereinander und mit den Vertretern des Weltjudentums haben werden. Dies ist, verglichen mit den Widerstandsbewegungen anderer europäischer Völker, die sich seit Jahren politisch vorbereiten und ihre Vertreter im Ausland haben, sehr spät; es besagt, daß Betty und ihresgleichen es noch schwerer als ihre Kameraden in anderen Völkern haben werden, das Neue, das sie und nur sie zu sagen ein Recht haben, durchzusetzen.

Diejenigen aber unter uns, die guten Willens sind und wissen, daß Hitlers Sturz nicht die automatische Lösung der Judenfrage bedeuten kann, sondern sich vorbereiten wollen für die harten Aufgaben einer jüdischen Zukunft, möchte ich bitten, Bettys sechs Schüsse nicht aus der Erinnerung zu verlieren und so oft wie möglich, im Sinne der alten Exerzitien, die Stadien der Schlacht im Warschauer Ghetto zu rekapitulieren.

Neue Vorschläge zur jüdisch-arabischen Verständigung

25. August 1944

Opportunistische Politik, die sich von Tag zu Tag irgendwie durchzuschlagen versucht, pflegt ein Chaos widerstreitender Interessen und scheinbar aussichtsloser Konflikte zu hinterlassen. Die zionistische Politik gegenüber den Arabern während der letzten 25 Jahre könnte als ein Schulbeispiel hierfür in die Geschichte eingehen. Den eigentlichen Kern des zionistischen

120 Über die Trennung der Exilregierungen von dem Freiheitskampf der eigenen Völker siehe vor allem: »Das deutsche Problem«, in: Hannah Arendt, *Zur Zeit*, Neuausgabe 1999, S. 23–41 und 214–225, sowie das Nachwort zur Neuausgabe.

Versagens hatte bereits vor dem ersten Weltkrieg einer der arabischen Führer richtig erkannt, als er den jüdischen Verhandlungspartnern zurief: *»Gardez vous bien, Messieurs les Sionistes, un gouvernement passe, mais un peuple reste.«*[121]

Inzwischen verschwand die türkische Regierung, und an ihrer Statt erschien die englische. Dies bestärkte die zionistische Führung in ihrer Haltung, mit Regierungen anstatt mit Völkern zu verhandeln. Bis zu den Unruhen von 1936 tat sie alles dazu, die Araberfrage zu bagatellisieren. Erst als im Gefolge der Unruhen die englische Regierung dazu überging, die Araber auf Kosten der Juden bevorzugt zu behandeln, begann die zionistische Organisation sich ernsthaft über diese Frage den Kopf zu zerbrechen. Seitdem hören wir entweder von einer freiwilligen arabischen Auswanderung nach Syrien und Irak oder von einem »tragischen Konflikt« zweier Völker, der nur international von den großen Mächten entschieden werden kann – wobei dann eine verhältnismäßig kleine Ungerechtigkeit (gegenüber den palästinensischen Arabern) in Kauf genommen werden müsse zu Gunsten einer »höheren Gerechtigkeit« für die Juden, denen im Unterschied zu den Arabern kein anderes Land als Palästina offen steht.

Der Trug dieser Lösungen des Unlösbaren ist offensichtlich: Palästina ist umgrenzt von arabischen Ländern, und selbst ein jüdischer Staat in Palästina mit einer überwiegend jüdischen Majorität, ja selbst ein rein jüdisches Palästina wäre ein höchst prekäres Gebilde ohne vorhergehendes Einverständnis mit den arabischen Völkern an allen seinen Grenzen.

Parallel zu den Bemühungen der zionistischen Organisation, für die eine Unmöglichkeit aufrichtiger Verständigung offenbar zum Axiom geworden ist, laufen in Palästina selbst seit Jahren Versuche, um eine Verständigung an Ort und Stelle

121 Dt: »Seien Sie auf der Hut, Sie Herren Zionisten, eine Regierung mag vergehen, aber ein Volk bleibt.« Siehe auch das Zitat in: »Der Zionismus aus heutiger Sicht«, *Die Krise des Zionismus,* S. 41.

herbeizuführen. Die neueste dieser Gründungen ist die Palästinensische Liga für eine jüdisch-arabische Verständigung und Zusammenarbeit[122], die sich auf Arbeiter- und Intellektuellengruppen stützt und nicht mit den selbstmörderischen Vorschlägen der Magnes-Gruppe, die teilweise von jüdischen Plantagenbesitzern gedeckt wurde, zu verwechseln ist. Die Liga verlangt *Massenimmigration und Aufbau Palästinas als Jüdisches Nationalheim auf der Basis einer »permanenten gegenseitigen Verständigung« zwischen den beiden Völkern; eine binationale Lokal-Verwaltung und* – nach Sicherstellung der jüdischen Rechte in Palästina – *einen eventuellen Eintritt des Landes in eine Föderation mit benachbarten Ländern.*

Die Liga hat in der letzten Zeit wesentliche Fortschritte gemacht: Es ist ihr gelungen, in einer neu gegründeten Tageszeitung, »Mishmar«[123], die Totschweigepolitik der hebräischen Presse zu durchbrechen, und sie hat die aktive Unterstützung aller linken Arbeitergruppen, deren wichtigste der Hashomer Haza'ir[124] und seine Kibbutz-Organisation ist, gefunden. Durch diese enge Verbindung mit jüdischen Arbeitern und Bauern ist eine Wiederaufnahme jener lokalen Zusammenarbeit garantiert, welche von einzelnen jüdischen Arbeitergruppen immer wieder versucht worden ist und erst durch die Unruhen von 1936 nahezu vollständig liquidiert wurde.

Die letzte Etappe in dieser Entwicklung ist die Gründung eines amerikanischen Ablegers, des Council on Jewish-Arab Cooperation, durch einige jüngere amerikanische Zionisten, welche gerade mit der ersten Nummer eines neuen Bulletins,

---

122 Liga für eine jüdisch-arabische Verständigung und Zusammenarbeit, von Chaim Kalvarski geführte Gruppe, die Binationalismus propagierte und eine Einigung der Arbeiter anstrebte.

123 Dt.: »Die Wache«.

124 Hashomer Haza'ir (hebr. für »Junge Wächter«); 1913 gegründete linkszionistische Jugendorganisation Osteuropas, die in Palästina die Mapai gründete. Führende Mitglieder der jüdischen Widerstandsbewegung kamen aus dem Hashomer Haza'ir.

eines Informationsblattes mit redaktionellem Kommentar, herausgekommen sind. Das Informationsblatt bringt Informationen aus der hebräischen und arabischen Presse Palästinas, die hier nur schwer sonst zu beschaffen sind; der redaktionelle Teil wendet sich programmatisch gegen das Gerede von einem »tragischen Konflikt«, gibt eine im wesentlichen richtige Analyse der Klassenverhältnisse in Palästina und warnt vor der sehr realen Möglichkeit einer Verständigung zwischen dem halbfeudalen arabischen und dem kapitalistisch-industrialisierten jüdischen Großgrundbesitz, die beide gleichermaßen an billiger arabischer Arbeit, an der Erhaltung der Fellachen und an einer sehr beschränkten jüdischen Einwanderung interessiert sind.

Der politische Kern dieser neuen innerzionistischen Opposition ist die Erkenntnis der verhängnisvollen, utopischen Überspitztheit der Jewish-Commonwealth-Forderung und die Ablehnung, die gesamte jüdische Politik in Palästina von der Protektion großer Mächte abhängig zu machen. Es ist zu hoffen, daß im Laufe ihrer Entwicklung diese neuen Gruppen sich nicht in dem endlosen Gestrüpp soziologischer Untersuchungen verlieren werden – wie es das Schicksal so vieler Oppositionen aus der Arbeiterbewegung in unseren Tagen gewesen ist. Ökonomische Interessen, sei es der Arbeiter, sei es der Kapitalisten, sind auf die Dauer kein Ersatz für Politik, obwohl man sie politisch benutzen kann. So richtig es ist, daß eine eigenwüchsige Verständigung zwischen Juden und Arabern an der Basis beginnen muß, so verhängnisvoll würde es sein zu vergessen, wie oft solche Bestrebungen bereits von politischen Entscheidungen an der Spitze durchkreuzt worden sind und wirkungslos gemacht werden konnten.

Es scheint, daß die Liga in Palästina dies verstanden hat, denn sie nennt unter ihren Aufgaben an erster Stelle den innerzionistischen Kampf. Es ist anzunehmen, daß auch der Council die Gefahr des Ökonomismus vermeiden wird, denn da es hier ja keine Arbeit an der Basis zu leisten gibt, kann seine Aufgabe nur die einer wirklichen politischen Opposition und eines wirklich einwandfreien Nachrichtendienstes sein. Sollte ihm dies gelingen, so wird er der Sache des jüdischen Volkes in Palästina einen wichtigen Dienst erwiesen haben.

Die jüdischen Partisanen im europäischen Aufstand

8. September 1944

Der siegreiche Vormarsch der alliierten Armeen, die Befreiung Frankreichs und die fortschreitende Zersetzung der deutschen Militär- und Terrormaschine haben die ursprüngliche Struktur dieses Krieges, der als ein intereuropäischer Bürgerkrieg begann, wieder aufgedeckt. Es ist erstaunlich, wie das Ende dem Anfang gleicht – nur mit umgekehrten Vorzeichen. Damals wie heute wird die schnelle Durchschlagskraft der regulären Armeen durch die Existenz einer »fünften Kolonne« ermöglicht. Damals wie heute spielt sich für die europäischen Völker selbst dieser Krieg in der Form des Bürgerkrieges ab. Nur mit dem Unterschied, daß die fünften Kolonnen der Nazis aus den herrschenden Schichten rekrutiert waren, deren Namen aller Welt bekannt und deren Positionen mit einer Gloriole von Respektabilität umgeben waren; während die fünfte Kolonne der Alliierten aus der Masse des Volkes besteht, das zu den Waffen gegriffen hat und dessen Vertreter mit wenigen Ausnahmen unbekannt sind. Sie schlagen sich seit Jahren gegen alle Nazis, gleich welcher Nationalität, und jubelnd über die Befreiung durch die alliierten Armeen verstehen sie darunter Bedingung und Beginn ihrer eigenen Aktion.

Angesichts des Charakters dieses Krieges in Europa kann die Existenz einer Nazi-kontrollierten fünften Kolonne unter den Juden, von der Einzelheiten in den Spalten dieser Zeitung öfters berichtet wurden, schwerlich wunder nehmen. Die Gesetzmäßigkeiten des jüdischen Sonderschicksals verloren immer ihre Gültigkeit, wenn Juden sich weigerten, es als Schicksal zu akzeptieren. Dies geschah in unserer Zeit in der Form des Verrats durch eine kleine Minorität jüdischer Millionäre und Lumpen – z. B. in Italien, Polen und Rumänien – und in der Form des Kampfes durch einen offenbar sehr erheblichen Teil des Volkes. Seitdem die Juden nach der Schlacht im Warschauer Ghetto überall begannen, sich gleich den anderen Völkern als Partisanen zu organisieren, hat sich Schicksal wie Charakter ihres Kampfes mehr und mehr dem ihrer europäischen Nachbarn angeglichen. Es ist in dieser Hinsicht bezeichnend, daß die Schlacht des Warschauer Ghettos genau wie die Kämpfe der Maquis mit einem Aufstand gegen den inneren Feind, die gefürchtete jüdische Polizei, mit einem Attentat auf den Kommandanten dieser Truppe und mit einer nicht sehr friedfertigen Aktion begann, die dem Nazi-kontrollierten Judenrat[125] eine Million Zlotys für den Ankauf von Waffen abnötigte.

Die numerische Stärke der jüdischen Partisanen geht – einem Bericht von Elieser Kaplan[126] zufolge, der in der Türkei mit jüdischen Untergrundführern konferierte – in die Hunderttausend. In Polen kämpfen sie offenbar alle unter der

---

125 Hier geht es um die Frage, die später im Eichmann-Prozeß wieder auftaucht: Welche Möglichkeiten zu handeln bzw. nicht zu handeln hatten die Judenräte? Arno Lustiger berichtet (in: *Zum Kampf auf Leben und Tod*, S. 82), daß der Warschauer Judenrat tatsächlich kritisiert wurde, er setze sich nicht für die Belange der Juden ein. Kampfbereite entwendeten die Kasse des Judenrates und kauften mit dem Geld Waffen (siehe auch Arendts Auseinandersetzung mit den Judenräten in *Eichmann in Jerusalem*). Die dahinterliegende Frage nach der Handlungsfähigkeit der Menschen unter totalitären Bedingungen durchzieht Arendts gesamtes Werk (siehe auch das Nachwort in diesem Band).

126 Elieser Kaplan, 1891–1952; Schatzmeister der Jewish Agency for Palestine.

blau-weißen Fahne. Aber auch in anderen Ländern, in welchen früher Juden in nicht-jüdischen Einheiten mitgekämpft haben, ist die Tendenz, auf der Grundlage jüdischer Einheiten mit den anderen Partisanengruppen zu kooperieren, deutlich erkennbar. So wird aus Litauen berichtet, daß sich nach jahrelanger Existenz gemischter Bataillone drei selbständige jüdische Einheiten unter der Führung von Shlome Brandt, Chone Magid und Aba Kovner gebildet haben.[127] In Karpatho-Rußland schlägt sich eine Truppe von 1400 Juden gegen die Ungarn, aus deren Konzentrationslagern sie entwichen sind. Am erstaunlichsten sind Nachrichten aus Frankreich, welche aus den letzten Tagen des Vichy-Regimes stammen, daß die jüdischen Untergrundkämpfer, angeblich 10000 an der Zahl, die bis vor kurzem in den Reihen der Maquis organisiert waren, sich selbständig gemacht haben. Wenn man der Zuverlässigkeit der Berichte trauen darf, so ist diese neue, unabhängige Guerilla-Truppe ein Werk von Veteranen der Warschauer Ghetto-Schlacht, die nach Frankreich gekommen sind, um den Maquis ihre Erfahrungen im Städte-Krieg mitzuteilen. Dies wäre an sich durchaus möglich und würde mit zahlreichen Meldungen über die Verbindung der europäischen Untergrund-Bewegungen untereinander übereinstimmen.

Die detailliertesten Berichte gerade für die letzten Wochen haben wir aus Polen. In den Straßen von Warschau schlagen sich augenblicklich die Kämpfer der von Aron Kaplan geführten Berek-Yeselevitch-Einheit – »in der Tradition der Helden und Märtyrer des Warschauer Ghettos«. In engem Zusammenhang mit der Roten Armee kämpft seit Monaten die Bar-

---

127 Abba Kovner (auch: Kowner), ein Dichter des Hashomer Haza'ir, der aus Wilna stammte; am 1. Januar 1942 verfaßte er den berühmten Aufruf, in dem er die systematische Vernichtung der Juden anprangerte: »Laßt uns nicht wie Schafe zur Schlachtbank gehen«, hieß es dort. Eines der von Kovner gegründeten Bataillone in den Wäldern Litauens hieß »Nekome« (»Rache«). Andere Einheiten trugen Namen wie »Tod dem Faschismus«, »Kampf« oder »Für den Sieg«.

Kochba-Einheit, die ihre Gefangenen an die Russen abzuliefern pflegte. Nach der Befreiung von Lublin veranstaltete sie eine Gedenkfeier für die Toten der Schlacht von Warschau. Die »Makkabäer« operieren immer noch in den Wäldern von Radom, Kielce und Miechow. Sie sind spezialisiert auf Überfälle auf Konzentrationslager, aus denen sie ihre Truppen rekrutieren. Sie haben große Verluste in den letzten Wochen erlitten, als sie versuchten, ihren Kameraden in Warschau zu Hilfe zu kommen und die deutschen Linien zu umgehen. Die Nazis setzten als Gegenmaßnahme eine Kopfprämie von 100 Zloty auf den Kopf jedes jüdischen Guerillakämpfers – wobei sich herausstellte, daß die polnischen Endekes[128] noch in genügender Stärke existieren, um eine wirksame Denunziationstätigkeit für die Gestapo zu entfalten.

Es ist offenbar: Wenn man das, was als »Schicksal« auftritt, nicht akzeptiert, ändert man nicht nur dessen Gesetzmäßigkeiten, sondern auch die Gesetze des Feindes, der Schicksal spielt. In Warschau versuchten die Nazis mit den Juden zu verhandeln und boten ihnen, unter offenbarer Vernachlässigung der Rasse-Gesetze, den Status von Kriegsgefangenen an[129] – wenn sie nur das Kämpfen ließen. Die Juden lehnten natürlich ab.[130] In Paris verhandelten die Nazis mit den französischen Partisanen über den Austausch von Gefangenen. Als sie erklärten, daß jüdische Gefangene »natürlich« nicht in das Abkommen einbezogen werden könnten, brachen die Partisanen die Verhand-

---

128 Endekes, Nationaldemokratische Partei Polens, die an der Regierung beteiligt war und deren starker, gewalttätiger Antisemitismus nach dem Tod von Pilsudski (1935) zunehmend vorherrschend wurde. (Geschäfte etwa mußten die Namen der Inhaber anschreiben, damit der Judenboykott gelingen konnte; der Zugang von Juden zu Hochschulen und Universitäten wurde äußerst niedrig quotiert.)

129 Gemeint ist der Warschauer Aufstand vom August 1944. Die gefangenen Aufständischen wurden tatsächlich nach Deutschland verbracht.

130 Die Juden unter den Aufständischen (z.B. Marek Edelmann) gingen größtenteils wieder zurück in den Untergrund.

lungen kurzerhand ab. Selbst Erwägungen der Zweckmäßigkeit konnten diese Franzosen nicht mehr dazu veranlassen, ein »Sonderschicksal« der Juden anzuerkennen.

Von der Armee zur Brigade

Eine kleine Erfüllung, aber immerhin eine Erfüllung

6. Oktober 1944

Vor fünf Jahren, unmittelbar nach Ausbruch des Krieges, begann die Jewish Agency mit der englischen Regierung über die Bildung einer Jüdischen Armee zu verhandeln. Vor vier Jahren, in den Monaten der großen Niederlagen, brach die englische Regierung die Verhandlungen ab. Vor drei Jahren, zur Zeit der deutschen Erfolge in Afrika, begannen die Nazis den systematischen Deportations- und Ausrottungsfeldzug gegen die Juden. Daraufhin wurden die jüdischen Massen zum ersten Male politisch aktiv. In Nord- und in Südamerika, in Palästina und Südafrika und England verlangten sie in zahllosen Massenversammlungen und Petitionen die sofortige Aufstellung einer Jüdischen Armee aus palästinensischen und staatenlosen Juden. Man dachte weder an Hilfskomitees noch an Fast-Tage, noch an Proteste, sondern an die Einreihung der Juden in die Reihe der Vereinigten Nationen zur Rettung der in Nazi-Europa gefangenen Brüder und zur Verteidigung des auf der ganzen Welt angegriffenen Volkes. Aus einem vagen Bedürfnis in den Herzen einzelner und einer politischen Forderung der zionistischen Repräsentation war eine mächtige Bewegung des ganzen Volkes geworden.

Diese Bewegung blieb eigentlich ohne Führer. Für die Zionistische Organisation war die Forderung einer Jüdischen Armee eine Forderung unter Forderungen. Für das Volk war sie zu *der* Forderung geworden. Die englische Regierung, erschreckt von der plötzlichen Heftigkeit der Agitation vor allem in Amerika, verhielt sich noch um eine Schattierung ablehnender als zuvor. Bis dann Weizmann, in seiner berühmten Rede über die »sogenannte Jüdische Armee« auf der amerikanischen Zionistenkonferenz im Frühling 1942, der ganzen Bewegung ein plötzliches Ende bereitete.

Im sechsten Jahre des Krieges, nachdem die echte politisch produktive Erregung der Volksmassen längst abgeklungen ist in hilflose Trauer und ohnmächtige Proteste, hat das englische Kriegsministerium die Bildung einer Jüdischen Brigade angekündigt. Sie gilt als ein diplomatischer Erfolg Weizmanns, wirkt wie eine unerklärlich verspätete Antwort auf die Forderungen der Jewish Agency aus dem Jahre 1939 und hat mit der dazwischen im Leeren verpufften Volksbewegung wenig zu tun.

Die Jüdische Armee im Jahre 1942 hätte bedeutet, daß man die Nazis nach dem im Kriege geltenden Gesetz der Vergeltung hätte zwingen können, den europäischen Juden den Status von feindlichen Ausländern zuzubilligen[131], was beinahe ihrer Rettung gleichgekommen wäre. Das hätte bedeutet, daß die jüdischen Partisanen in Europa sich nicht so furchtbar verblutet hätten, sondern das Minimum an Hilfe von den Verbündeten hätten erlangen können, das allen anderen kriegführenden Völkern zugebilligt worden ist. Die Jüdische Armee damals hätte die »Verschwörung des Schweigens«, welche jahrelang die Ausrottung der Juden begleitete, verhindert, und sie

131 In dieser Argumentation unterstellte Hannah Arendt, daß die Nazis an internationale Verträge wie die Haager Konvention über die allgemeine Landkriegsordnung gebunden blieben, so daß sie die Juden beispielsweise nicht ungestraft hätten verhungern lassen können. Damals wußte man allerdings nicht, was man heute weiß: daß Hitler zu Beginn des Rußland-Feldzuges das internationale Kriegsrecht und die eigene Militärgerichtsbarkeit mit dem Plan Barbarossa außer Kraft setzte (siehe Nachwort in diesem Band).

hätte es nie zu der unerträglichen Demütigung des Volkes, das sich von der ganzen Welt zu der erniedrigenden Rolle, nur Opfer zu sein, verdammt fühlte, kommen lassen. Für all das ist es heute zu spät. Und selbst die Hoffnung auf eine Teilnahme an der Friedenskonferenz, die damals ein so wirksames Argument der Agitation bildete, ist inzwischen erloschen: Die Konferenz hat längst begonnen, und es ist nicht sehr wahrscheinlich, daß irgendeines der »kleinen Völker« auf ihr eine Stimme erhalten wird. Das macht natürlich die Bildung einer Jüdischen Armee und die Anerkennung des jüdischen Volkes als eine der kriegführenden Nationen sehr viel ungefährlicher.

Mit der Zubilligung einer Jüdischen Brigade an die Jewish Agency macht die englische Regierung von sich aus der langen Periode der Non-Cooperation, die seit der Verkündigung des Weißbuches de facto die jüdisch-englischen Beziehungen gekennzeichnet hat, ein Ende. Dies ist ihre diplomatische Bedeutung. Sie ist bewußt als eine Konzession an die Jewish Agency gedacht, die vermutlich dazu dienen soll, die jüdischen Instanzen zu einer Annahme von Teilungsplänen in Palästina zu bewegen. Sie muß als ein persönlicher Erfolg Weizmanns erscheinen und wird vielleicht seinen Einfluß innerhalb der Organisation wieder stärken. Dies wäre für etwaige Teilungspläne natürlich wichtig, da Weizmann ein alter Anhänger der Teilung ist, Ben Gurion hingegen, dessen Einfluß in Palästina sehr gestiegen ist, deren erbitterter Gegner.

Die wirkliche, nämlich politische Bedeutung der Jüdischen Brigade liegt in Europa selbst. Dort könnte sie heute zu einer Zentralisationskraft ersten Ranges für die bestehenden, zerstreuten jüdischen Partisaneneinheiten werden. Zu ihrer Fahne könnten sich die jüdischen Flüchtlinge in den befreiten Gebieten melden, die damit eine vielleicht letzte Chance bekämen, den unsinnigen Identifizierungen mit anderen Völkern, deren Staatsangehörigkeit sie formal tragen, endlich zu entgehen. So wird die Anerkennung einer jüdischen Nationalität auf Grund der Jüdischen Brigade, die nicht nur auf Palästinenser[132] beschränkt bleibt, unter Umständen das einzige sein, was deutsche Juden davor retten kann, ihre Staatenlosigkeit nach Annullierung der Rasse-Gesetze zu verlieren und automatisch wieder »Deutsche« zu werden. Es wird diesen und jüdischen Flüchtlingen anderer Staatszugehörigkeit vielleicht die gefürchtete Rücktransportierung in die ehemaligen Wohnsitze ersparen und ihnen die Tore Palästinas öffnen. Es wird ihnen vor allem die Genugtuung verschaffen, nicht nur von Wohltätigkeitsbeamten gerettet, sondern von Soldaten ihres eigenen Volkes befreit zu werden.

»Frei und demokratisch«
3. November 1944

Zionistenkongresse wiesen immer eine eigentümliche Mischung zwischen parlamentarischer Verhandlung und propagandistischer Agitation auf. Die parlamentarischen Verhandlungen pflegten mit Majoritätsbeschlüssen zu enden, denen zumeist ein Minoritätsvotum gegenüberstand. Die propagandistische Agitation kam in den großen Reden zur allgemeinen Lage des jüdischen Volkes zum Ausdruck und wandte sich vornehmlich an die jüdische Welt selbst.

All dies hat sich gründlich geändert. Die innerjüdische Agitation ist verschwunden, vermutlich weil man sie für überflüssig hält. Von parlamentarischer Verhandlung ist kaum noch die Rede. Resolutionen werden mit einer Einstimmigkeit angenommen, die nur dadurch zu erklären ist, daß sie als Propaganda für die nicht-jüdische Welt gemeint sind. Dissentierende

132 Als »Palästinenser« galten zu jener Zeit sowohl Juden als auch Araber. Es gab auch eine palästinensische Staatsbürgerschaft. Hier sind palästinensische Juden gemeint.

Fraktionen beugen sich, bringen, selbst wenn sie eine verhältnismäßig starke Minderheit bilden, keine Minoritätsvoten mehr ein, sondern enthalten sich höchstens der Stimme. Einstimmig wurde demzufolge auf der letzten Landeskonferenz der amerikanischen zionistischen Organisation eine Resolution angenommen, die ganz Palästina, »ungeteilt und unvermindert«, für eine künftige jüdische Commonwealth verlangt und die Existenz palästinensischer Araber noch nicht einmal erwähnt. Freiwillig und nur durch Stimmenthaltung ihren Protest andeutend, akzeptierten die dissentierenden Delegierten des Hashomer Haza'ir und der Alijah Chadaschah[133] zu der November-Konferenz des Jüdischen Weltkongresses die Instruktionen des Vaad Leumi[134], die vorschrieben, daß die palästinensische Delegation nur en bloc stimmen dürfe, und die den Delegierten jegliche politische Aktivität außerhalb des vorgeschriebenen Votums untersagten.

Wenn auch der Einstimmigkeit, mit der in allen zionistischen Körperschaften heute Resolutionen angenommen werden, noch keine wirkliche Uniformität der Meinungen, welche bekanntlich das Ende jeder Demokratie ist, zu Grunde liegt, so ist sie doch allein aus innerzionistischem Meinungsterror, den es auch gibt, nicht zu erklären. Die Minoritäten lassen sich offenbar nur zu gern majorisieren, nicht weil sie glauben, daß ein Maximalprogramm, wie es heute von der Majorität des

---

133 Alijah Chadaschah (hebr.: »Neue Einwanderung«); Mitte 1942 (im Zusammenhang mit der Unzufriedenheit über die Biltmore-Politik) von mitteleuropäischen Juden in Palästina gegründete Organisation (Kreis um Kurt Blumenfeld). Die Organisation trat ein für jüdisch-arabische Zusammenarbeit und löste sich nach der Staatsgründung auf. Hannah Arendt hielt sie damals für gefährlich, da erstmals in Palästina nach Herkunftsländern unterschieden werde, was, wie sie meinte, die Einheit der Juden in Europa 150 Jahre lang gespalten hatte (»The Crisis in Zionism«, unveröffentlichter Vortrag, 1943, Library of Congress, Container 63).

134 Jüdischer Nationalrat in Palästina zur Zeit der britischen Mandatsregierung.

Jischuw unter Führung Ben Gurions[135] und der Zionistischen Organisation Amerikas vertreten wird, verwirklichbar ist: wohl aber weil sie Einstimmigkeit für das beste Mittel der Propaganda und Propaganda für das beste Mittel der Politik halten. Vermutlich sind sie auch heimlich der Meinung, daß ein Maximalprogramm, das in seinen außenpolitischen Forderungen von revisionistischen Entwürfen nicht mehr zu unterscheiden ist, die Basis für künftige Verhandlungen und Kompromisse bietet. Denn der einzige Unterschied, der heute noch zwischen Revisionisten und Zionisten besteht[136], ist der, daß die Zionisten zu Kompromissen bereit als Verhandlungspartner auftreten, während die Revisionisten, zum mindesten in ihren extremen Gruppen, andere Methoden für zweckmäßiger halten.

Ob diese Haltung einer nur scheinbaren Intransigenz sehr weise ist, mag dahingestellt bleiben. Die Front der Einstimmigkeit ist jedenfalls nur eine Außenwand, hinter der sich Differenzen verbergen, die dadurch nicht kleiner werden, daß man sie öffentlich nicht mehr diskutiert. So steht der nach außen einmütigen Ablehnung der Teilung Palästinas im Innern der

---

135 David Ben Gurion, 1886–1973; kam als David Grün 1906 aus Plonsk (Polen) nach Palästina, kämpfte im Ersten Weltkrieg in der jüdischen Legion, war als aktiver Zionist am Aufbau der Mapai (Arbeiterpartei) und der Gewerkschaft Histraduth beteiligt. 1935–1948 Generalsekretär der Jewish Agency for Palestine, 1944 Präsident der WZO. Nach der Staatsgründung am 14. Mai 1948 erster israelischer Ministerpräsident. Er war spätestens seit 1942 innerhalb des Zionismus der Gegenspieler von Chaim Weizmann.

136 Zur programmatischen Annäherung zwischen Revisionisten und Zionisten siehe auch: Sykes, *Kreuzwege nach Israel.* Es gebe »keine wesentlichen Programmunterschiede mehr«, resümierte der Präsident der ZOA Anfang Oktober 1942. »Wenn man heute Ben Gurion reden hört, so glaubt man, Jabotinsky vor sich zu haben. … Heute nehmen wir als zionistische Maximalisten sein Programm an. Dennoch kann es zu keiner endgültigen Verständigung mit den Revisionisten kommen, solange sie keine Schekelzahler sind und sich nicht der zionistischen Disziplin unterwerfen.«

Organisation der Kreis um Weizmann und die neue Gruppe der Alijah Chadaschah gegenüber, welche in Teilung und Kantonisierung des Landes den Ausweg aus dem jüdisch-arabischen Konflikt gefunden zu haben glaubt. So steht der nach außen einmütig angenommenen »ungeminderten« Souveränität eines jüdischen Staates im Innern die zahlenmäßig starke, vom Hashomer Haza'ir geführte Opposition entgegen, die selbst die Formel der jüdischen Commonwealth nie akzeptiert, sondern stets einen bi-nationalen Staat gefordert hat.

Weniger bekannte, aber nicht weniger entscheidende Differenzen bestehen über die Frage der außenpolitischen Zukunft Palästinas. Während der engere Kreis um Weizmann, unterstützt von der Alijah Chadaschah, nach wie vor eine ausschließliche, ja bedingungslose Orientierung an England verlangt, hoffen große Teile der Arbeiterschaft auf eine aktive Unterstützung eines jüdischen Palästina durch die Sowjetunion; und wieder andere Kreise, denen Ben Gurion nahesteht, versprechen sich von den Vereinigten Staaten und ihrer starken zionistischen Organisation so viel für die Zukunft, daß sie keinesfalls mehr geneigt sind, englische Forderungen oder Lösungen als ultima ratio einfach zu akzeptieren.

Charakteristisch für diese innerzionistischen Differenzen ist es, daß offenbar von allen Beteiligten die Aufteilung der Welt in die Interessensphären der Großen Mächte bereits als ein Faktum angesehen wird, so daß man an das Nächstliegende, nämlich das Verhältnis des neuen Staates zu seinen Nachbarn, den Völkern des Mittelmeeres, als eines selbständigen Faktors noch nicht einmal denkt, sondern sich nur darüber streitet, unter der Protektion welcher Großen Macht man besser wird gedeihen können.

Der erste sichtbare Erfolg der »freien und demokratischen jüdischen Commonwealth« ist jedenfalls die Unterdrückung jeglicher freien und demokratischen Diskussion. Seit der Annahme des Biltmore-Programmes[137] glaubt keine der Parteien mehr, den innerzionistischen Gegner überzeugen zu können, ja auch nur von ihm angehört zu werden. Jede von ihnen hofft auf ein fait accompli von seiten der Großen Mächte; jede von ihnen glaubt ehrlich, daß nur ein fait accompli noch Überzeugungskraft besitzt. Man läßt sich gern majorisieren, weil man trotz aller radikalen Worte und Beschlüsse kaum noch an eine mögliche eigene Politik glaubt. Die Folge dieser Art von Geschäftsführung, die politische Resolutionen nur noch nach ihrem unmittelbaren propagandistischen Wert beurteilt, ist die rigorose Verhinderung jeder normalen politischen Meinungsbildung innerhalb des Volkes, die Stabilisierung fanatischer und fanatisierender Schlagworte im Bewußtsein der Massen, die Monopolisierung der gesamten jüdischen Politik in den Händen von Berufspolitikern, die sich als Führer gebärden, und damit schließlich die nicht gerade erfreuliche, aber für unsere Zeit so charakteristische Verwandlung eines Volkes in mehr oder minder fanatisierte Scharen von »Anhängern«.[138]

Die Entrechteten und Entwürdigten
15. Dezember 1944

Die Staatenlosen sind das neueste Phänomen der neueren Geschichte. Entstanden aus den ungeheuren Flüchtlingszügen, welche seit der Russischen Revolution die demographische Karte Europas unaufhörlich verändert haben, sind sie bis auf weiteres das auffälligste Produkt von dreißig Jahren europäischer Kriege und Bürgerkriege. Freiwillig oder unfreiwillig

137 Zum Biltmore-Programm siehe Nachwort sowie Anm. 48 und 59 in diesem Band.

138 Entgegen dieser Befürchtung stimmten im Dezember 1944 bei Wahlen in Palästina 30% der jüdischen Einwohner für Organisationen, die sich vom Biltmore-Programm distanzierten.

sind sie herausgebrochen aus der alten Dreieinigkeit von Volk – Staat – Territorium, welche die solide Grundlage der Nation gebildet hat, und sie haben dabei den Gürtel gemischter, durcheinander siedelnder Volksgruppen, welche den osteuropäischen Raum so unsicher und die neuen, in Versailles errichteten Nationalstaaten so lebensunfähig machten, über ganz Europa verbreitet. Sie stellen die Staatsmänner dieses Krieges und des künftigen Friedens vor ein ähnliches, nur viel schwierigeres Problem wie die Minoritäten am Ende des vorigen; denn sie befinden sich politisch wie sozial wie rechtlich in einem ständig sich vergrößernden Vakuum, in das die nationale Gesetzgebung der Staaten nicht hineinreicht und das, wenn es außerhalb des Gesetzes belassen wird, die Struktur des Nationalstaates aufs schwerste erschüttern muß.

Weder Asylrecht, das immer nur auf Einzelne zugeschnitten war und Völkerwanderungen nicht gut in Rechnung ziehen kann, noch Naturalisierung, die in nicht auf Immigration beruhenden Staaten nur als Grenz- und Ausnahmefall vorgesehen ist, können ihrer Herr werden. Keine noch so feierliche Wiederholung der Menschenrechte, die nur auf den Schutz des Individuums vor Übergriffen der öffentlichen Gewalt abzielten, werden sie effektiv schützen oder ihnen positive Rechte verschaffen können. Denn sie treten nicht als Individuen, sondern als kompakte Volksgruppen auf, und sie werden nicht als Individuen, sondern als Glieder von Völkern oder als Volkssplitter, welche ohne staatlichen Schutz leben, angegriffen und verfolgt.

Vergeblich haben in letzter Zeit James G. McDonald, der ehemalige Hohe Kommissar für das Flüchtlingswesen am Völkerbund, und mit ihm alle Kenner der Frage, viele Sozialarbeiter und die verschiedensten jüdischen Körperschaften davor gewarnt, die Flüchtlingsfrage auf den internationalen Konferenzen einfach zu ignorieren. Vorläufig scheint man entschlossen, die Behandlung der Flüchtlinge, die Frage ihres gegenwärtigen und zukünftigen Status den neu sich bildenden europäischen Regierungen jeweils zu überlassen und eine Gesamtlösung zu vermeiden. Und so wenig vorläufig über das Schicksal der Flüchtlinge entschieden ist, so klar machen sich doch bereits bestimmte Tendenzen geltend, die anzeigen, daß das Ende des Krieges keinesfalls automatisch den Zustand der Recht- und Gesetzlosigkeit beseitigen wird, in welchem viele Tausende seit mehr als zwanzig Jahren, andere seit mehr als zehn Jahren und die Reste der regulären spanischen Armee z. B. seit mehr als sechs Jahren dahinvegetieren.

Ihre größte Gefahr ist paradoxerweise die Normalisierung; denn während des Kampfes gegen den deutschen Faschismus haben sie, in geschlossenen Formationen, ihren Platz unter den Partisanen gefunden; in der allgemeinen Illegalität wurden sie legal und konnten Schicksal und Ruhm des allgemeinen Kampfes gegen den Faschismus teilen. Aber kaum hatte de Gaulle die spanischen Maquis in einer großen Kundgebung in Toulouse öffentlich geehrt und für ihre Verdienste um die Befreiung Frankreichs dekoriert, da forderte die französische Armee die gleichen Spanier, die keinen konsularischen Schutz genießen und als Staatenlose zu betrachten sind, bereits auf, sich entweder der Fremdenlegion oder einem Zwangsarbeitsdienst zur Verfügung zu stellen. Noch ist die Widerstandsbewegung in Frankreich und ihr Ehr- und Solidaritätsgefühl zu stark, als daß diese Verordnung hätte durchgeführt werden können. Aber den Hunderttausenden von ausländischen Juden, welche unter der blau-weißen Fahne für Frankreichs Befreiung gekämpft haben, wurde bereits verboten, mit ihrer Fahne an der Waffenstillstandsparade am 11. November teilzunehmen.

Die Tendenz, die Existenz der Flüchtlinge auf internationalen Verhandlungen einfach zu ignorieren, hat vorläufig zur Folge gehabt, daß die United Nations War Crimes Commission Verbrechen, die an Juden nicht-alliierter Staatsangehörigkeit begangen worden sind, nicht als Kriegsverbrechen anerkennt. Das bedeutet, daß die Ermordung deutscher, ungarischer, rumänischer, österreichischer und anderer Juden straffrei bleiben wird, daß diesen Juden noch im Tode bestätigt wird, daß sie Freiwild sind und bleiben. Es hat schwieriger und langwieriger Verhandlungen bedurft, um zu erreichen, daß UNRRA[139] für Juden feindlicher Staatsangehörigkeit sorgen darf; und auch dies Ergebnis ist lediglich ein Kompromiß zwischen dem guten Willen der Beteiligten und dem unveränderten Prinzip, Juden als Staatsangehörige der Länder zu betrachten, die eben noch versuchten, sie auszurotten. Die belgische Regierung hat den noch auf ihrem Territorium lebenden deutsch-jüdischen Flüchtlingen, die ja sogar rechtlich ausgebürgert sind, bereits wieder den Stempel »deutscher Nationalität« in die Identitätspapiere gedrückt. Der International Migration Service denkt vor allem an Repatriierung und stellt ausdrücklich fest, daß es mit zu seinen schwierigsten Aufgaben gehören wird, »den Leuten, welche Angst haben, in Länder zurückzukehren, wo sie so viel gelitten haben, beizubringen, daß sie dort sicher sein werden«. Und alles, was das International Committee of Refugee Professional Workers der Schweizer Regierung zur Lösung ihres Flüchtlingsproblems vorzuschlagen hatte, war die Bitte, den Flüchtlingen eine Karenzzeit zu gewähren, während der sie sich beruflich auf die Rückkehr in die alte Heimat – die sie meist vor mehr als zehn Jahren verlassen haben – vorbereiten könnten.

Im Sinne der bestehenden internationalen Rechtsabmachungen laufen alle Versuche, die Staatenlosenfrage zu lösen, auf das Bemühen hinaus, die Flüchtlinge wieder deportationsfähig zu machen. Dies ist auch der wahre Grund, daß es bisher trotz vieler Bemühungen der jüdischen Organisationen und

---

139 United Nations Relief and Rehabilitation Administration; 1943 von den Alliierten gegründete und 1945 nach Gründung der UNO von dieser übernommene Hilfsorganisation zur Unterstützung von Flüchtlingen und »Displaced Persons« in den von den Alliierten befreiten Gebieten.

trotz guten Willens seitens der alliierten Regierungen nicht gelungen ist, eine intereuropäische Anerkennung des jüdischen Volkes durchzusetzen.[140] Eine solche Anerkennung, welche sich über die früheren Staatszugehörigkeiten hinwegsetzen würde, würde Juden, die dann ja ohne jeden nationalstaatlichen Schutz blieben, deportationsfähig machen. Sie würde die Möglichkeit der Deportation ausländischer Juden nahezu automatisch ausschließen oder sie zumindest – wenn man Palästina als »Deportationsland« in Rechnung stellen sollte – sehr erschweren.

Die eigentliche Schwierigkeit des Flüchtlings- und Staatenlosenproblems liegt darin, daß es innerhalb einer alten nationalstaatlichen Organisation der Völker schlechthin unlösbar ist. Die Staatenlosen zeigen vielmehr, deutlicher als alles andere, die Krise des Nationalstaates an. Und dieser Krise wird man nicht dadurch Herr werden, daß man Ungerechtigkeit auf Ungerechtigkeit häuft, nur um eine Ordnung wiederherzustellen, die weder dem modernen Rechtsbewußtsein noch den modernen Bedingungen des Zusammenlebens der Völker entspricht.

---

140 Die Forderung nach einer eigenständigen Vertretung der Juden in den Vereinten Nationen (also der Kriegsallianz) war bereits 1942 auf einer Großkundgebung breit vertreten worden, desgleichen in der American Jewish Conference.

Völkerverständigung im Nahen Osten – eine Basis jüdischer Politik
16. März 1945

Aus Jerusalem wird gemeldet, daß die Außenminister der arabischen Staaten in Kairo als Kompromiß-Lösung des Palästina-Konflikts eine sofortige Einwanderung von 300000 Juden vorschlagen werden, wodurch in Palästina mit einer Million Juden eine jüdisch-arabische Parität erreicht werden soll. Gleichzeitig wird gemeldet, daß unter der Bedingung einer jüdisch-arabischen Verständigung England bereit sein würde, sein Mandat an die United Nations abzutreten.

Ein Heim, das mein Nachbar nicht anerkennt und nicht respektiert, ist kein Heim. Ein Jüdisches Nationalheim, das von dem Nachbarvolk nicht anerkannt und nicht respektiert wird, ist kein Heim, sondern eine Illusion – bis es zu einem Schlachtfeld wird. Dieser einfache Tatbestand – die Tatsache, daß die Araber das Jüdische Nationalheim bislang nicht anerkannten und nicht respektierten – konnte natürlicherweise durch keine Deklarationen ferner Mächte und durch keine legalistischen Interpretationen internationaler Abmachungen aus der Welt geschafft werden. Er bezeugte jenes illusionistische, utopische und unpolitische Element, das der jüdischen Politik um Palästina so oft anhaftete, wenn es sich auch erst in einer Überschätzung des Praktisch-Opportunen und dann in einer Radikalität politischer Forderungen äußerte.

Dies ist das erste Mal, daß Vertreter des arabischen Volkes ihre Zustimmung zu jüdischer Einwanderung anbieten. Damit ändert sich mit einem Schlage die Lage des jüdischen Volkes wie des arabischen. Das jüdische Recht auf Palästina, erworben und gegründet auf jüdische Arbeit, wird anerkannt von dem einzigen Partner, der in der Frage der Anerkennung wirklich zählt, weil er der Nachbar ist. Dem Zionismus wird das Odium (das der Balfour-Deklaration wie dem Palästina-Mandat immer anhaftete) genommen, daß er Nutznießer und Agent fremder Interessen sei. Das arabische Recht auf eigene Politik wird anerkannt und von der arabischen Nationalbewegung das Odium, das ihr immer anhaftete, genommen, daß Araber sich auf nichts als auf Feindschaft gegen das jüdische Nationalheim einigen könnten.

Selbstverständlich ist diese arabische Zustimmung nicht vom Himmel des guten Willens der Araber als unerwarteter Segen auf uns herabgefallen, sondern ist das Ergebnis realpolitischer Verhandlungen. Selbstverständlich hat Roosevelt mit den Führern der arabischen Welt auch verhandelt, weil wichtige amerikanische Interessen im Nahen Osten auf dem Spiel stehen. Entscheidend aber ist, daß die Ergebnisse dieser Verhandlungen darauf hinauslaufen, eine echte Verständigung zu erzielen, anstatt über den Kopf aller Beteiligten hinweg Entscheidungen aufzuzwingen, durch die sich niemand gebunden fühlen kann und die daher nur zu einer Verewigung von Konflikten führen können. Selbstverständlich kann nur eine große Macht wie Amerika die Zustimmung zu solchen Entscheidungen den kleineren Nationen abgewinnen. Entscheidend ist, daß es im Interesse amerikanischer Außenpolitik zu liegen scheint, einen neuen Weg zur Lösung von Völkerkonflikten anzubahnen, welcher darauf hinauslaufen würde, kleineren Nationen mit Hilfe der eigenen Macht jenen Boden zu bereiten, von welchem aus sie weiterhin von sich aus in relativer Unabhängigkeit Politik machen konnen.

Diese Real- und Machtpolitik unterscheidet sich von imperialistischer Machtpolitik dadurch, daß sie nicht darauf aus ist, auf Grund der bestehenden Macht unbegrenzt mehr und mehr Macht zu akkumulieren. Zeichen des Imperialismus ist es, in allen Konflikten einen Partner gegen den anderen auszuspielen, um sich selbst die permanente Herrschaft des ewigen Schiedsrichters zu sichern und um die betroffenen Völker mit Vorspiegelungen von »tragischen Konflikten« in politischer Sterilität und permanenter Unmündigkeit zu halten. Die offenbar von Roosevelt angebahnte Lösung des palästinensischen Konfliktes versucht gerade, ihn aus der tragischen Hölle der Unlösbarkeit, welche die Folge auch des gemäßigtsten Imperialismus ist, heraus in die Sphäre jener Humanität zu heben, in welcher manchmal bessere und manchmal schlechtere und meistens Kompromiß-Lösungen gefunden werden.

Denn diese Lösung ist selbstverständlich ein Kompromiß. Nicht deshalb, weil sie weder den radikalen Forderungen der Araber noch den ebenso radikalen Forderungen der Juden gerecht wird; die Forderungen beider Seiten waren so ungerecht (was die Araber angeht) und so utopisch (was die Juden angeht), daß sie Lösungen prinzipiell ausschlossen. Aber die Juden laufen das große Risiko, in Palästina zu einer permanenten Minderheit zu werden. Dies Risiko ist vermutlich ein nicht zu hoher Preis für den ungeheuren Vorteil eines Einverständnisses der arabischen Welt zu jüdischer Einwanderung, weil diese Anerkennung jüdischen Rechtes eine prinzipielle Basis darstellt für weitere Verhandlungen. Hat man ein solches Fundament erst einmal unter den Füßen, so kann man es sich in der Tat leisten, »opportunistisch« zu werden – das heißt, dem natürlichen Lauf der Zeit, den natürlichen Veränderungen politischer Konstellationen und dem Wachstum der eigenen Kräfte, das ja garantiert ist, zu vertrauen.

Viel ernster als Erwägungen einer noch fernen Zukunft ist, daß wir es bisher zu keiner Anerkennung unserer Beteiligung am Kriege und infolgedessen zu keiner Vertretung in den Verhandlungen der United Nations gebracht haben. Dies wird jetzt von entscheidender Bedeutung sein, weil im Falle der Übertragung des Palästina-Mandates an die United Nations die Araber unter ihnen vertreten sein werden und die Juden nicht. Dies ist eine Benachteiligung, die so unmittelbar praktische Folgen haben kann, daß man sich mit ihr unter keinen Umständen zufriedengeben darf. Eine anerkannte, gleichberechtigte internationale Vertretung des jüdischen Palästina ist, nachdem die Frage der Immigration geregelt und die Basis für eine jüdisch-arabische Verständigung geschaffen ist, die wichtigste Forderung jüdischer Politik.

Das jüdische Volk hat sich in den letzten Jahren so sehr daran gewöhnen müssen, daß alle Nachrichten für Juden schlechte Nachrichten sind, daß es sehr schwer sein wird, ihm begreiflich zu machen, daß wir es hier wirklich mit einer außerordentlich guten, vielversprechenden Nachricht zu tun haben. Die Folge der schlechten Nachrichten war, daß Zionisten sich angewöhnt haben, ihre Forderungen im luftleeren Raum zu formulieren und alle realen politischen Chancen, die nicht unmittelbare Erfüllung ihrer Forderungen versprachen, in den Wind zu schlagen. Es steht zu befürchten, daß sie im Verfolg der Verzweiflungspolitik jedes Angebot, das nicht hundertprozentig ihrem Programm entspricht, das einem Luftschloß verzweifelt ähnlich sieht, als Chamberlainismus, Appeasement, Imperialismus und Verrat am Geist der Balfour-Deklaration denunzieren, das heißt, daß sie nicht verstehen werden, daß wir es hier mit einem besseren Geiste als dem der Balfour-Deklaration zu tun haben.

Wie dem auch immer sei – und wir wollen hoffen, daß die zionistische Reaktion anders sein wird –, eines ist sicher: Was von nun an geschieht in der palästinensischen Frage, wird zu einem Teile, und einem erheblichen Teile, auch von uns abhängen. Wir haben in Palästina bewiesen, daß Juden sich wirtschaftlich und gesellschaftlich selbst helfen können, wenn man sie nur läßt. Jetzt haben wir unsere Chance, uns auch politisch selbst zu helfen – oder uns selbst zu verderben. Das ist nur gerecht, und es ist die einzige Gerechtigkeit, die es in der Politik gibt.

Die jüdischen Chancen: Geringe Aussichten – gespaltene Vertretung

20. April 1945

Das jüdische Volk befindet sich nicht unter den 44 Nationen, deren Vertreter sich am 25. April in San Francisco versammeln werden.[141] Wie immer man die reale Bedeutung der Konferenz einschätzen mag – und eine Reihe von Staaten, darunter die arabischen, haben sie immerhin für wichtig genug gehalten, um noch fünf Minuten nach zwölf Krieg zu erklären –, die Nichtzulassung an den Konferenztisch der Siegermächte ist ein ernster Prestige-Verlust für das jüdische Volk.

Es ist schlimm genug, daß man uns noch nicht einmal des Anscheins gewürdigt hat, an der Organisierung des Sieges und des Friedens teilzunehmen. Es ist schlimmer, daß wir durch diese prinzipielle Vernachlässigung wieder in unsere alte Rolle der offiziellen Berater, in unsere alten Methoden der offiziösen Beeinflussung hineingedrängt werden. Denn es ist nur natürlich und auch aller Welt bekannt, daß wir spezielle Interessen und Forderungen haben – nicht als Individuen, nicht als amerikanische Bekenner der jüdischen Religion, sondern als Volk –, die wir auf diese oder jene Weise vertreten müssen. Dies ist ein gefährliches Omen für die Restauration eines Status quo, vor dem sich alle europäischen Völker sehr fürchten; und wir Juden hätten mehr Anlaß zur Furcht als sie alle zusammen.

Anstatt eines Vertreters des jüdischen Volkes wird es in San Francisco (neben einer Unzahl inoffizieller Gäste, die versuchen, im Namen ihrer Organisation das Ohr irgendeines Politikers zu erhaschen) zwei Delegierte amerikanisch-jüdi-

141 Es handelt sich um die Gründungskonferenz der Vereinten Nationen (April – Juni 1945), an der nach Maßgabe der Initiatoren alle Mächte teilnehmen durften, die Deutschland vor dem 1. März 1945 den Krieg erklärt hatten.

scher Körperschaften geben, welche zusammen mit den Vertretern von 42 anderen Organisationen vom State Department eingeladen wurden, als Berater der amerikanischen Delegation zu fungieren. Die American Jewish Conference und das American Jewish Committee sind gleichzeitig mit den entsprechenden protestantischen und katholischen Gruppierungen aufgefordert worden; beide schicken einen Stab von Mitarbeitern und Experten; der Vertreter für die Conference ist Henry Monsky und der Vertreter für das Committee dessen Präsident, Judge Proskauer.

Allen Regeln der Arithmetik zum Trotz sind in diesem Falle *zwei jüdische Berater weniger als einer.* Denn die Verdoppelung ist lediglich das Resultat eines heftigen, ungeschlichteten Kampfes zwischen den beiden Organisationen um das Recht der alleinigen Repräsentanz. Da in diesem Streite das nichtzionistische Committee sich in einer hoffnungslosen Minderheiten-Situation befindet, hat es vor einigen Wochen an die Conference, das Jewish Labor Committee und den American Jewish Congress die Aufforderung gerichtet, sich gleichsam unter seiner Leitung zusammenzufinden und auf ein Minimalprogramm zu einigen. Was natürlich abgelehnt wurde. Darauf erreichte das Committee auf Grund seiner Beziehungen und mit Hilfe des Argumentes, die Conference repräsentiere nur den zionistischen Teil der amerikanischen Judenheit, daß es ebenfalls als Berater zugelassen wurde.

So verständlich dieser innerjüdische Zwist dem Kenner jüdisch-politischer Verhältnisse ist, so unverständlich dürfte er den in San Francisco versammelten Outsidern erscheinen, welche die beiden Parteien nur aus ihren Memoranden kennenlernen. Denn die Forderungen sind in allen wesentlichen Punkten so gut wie identisch: Annahme einer internationalen Bill of Rights; Regelung der Staatenlosenfrage; Restauration jüdischer Rechte und jüdischen Eigentums; Strafe auch für die an Juden begangenen Kriegsverbrechen; in der eigentlichen Streitfrage Palästinas schließlich sind sich beide Parteien in der scharfen und prinzipiellen Bekämpfung des White Papers durchaus einig, wie sie auch beide eine positive Haltung zu einer möglichen Umwandlung des Mandates in eine internationale Trusteeship einnehmen. Wenn die American Jewish Conference darüber hinaus wieder eine Jewish Commonwealth verlangt, so macht sie sich doch über die Chancen, sie gerade in San Francisco in einem Gremium, in welchem Araber als Gleichberechtigte sitzen und vor dem die Jewish Agency nur hofft, bei bestimmten Verhandlungen Gehör zu erhalten, keine Illusionen. Ganz abgesehen davon, daß Churchill vor einigen Wochen bereits erklärt hat, daß die *Palästina-Frage erst nach dem Krieg diskutiert* werden würde.

Das Eigentümliche aller anderen Forderungen ist, daß sie wenig praktisch-politische Bedeutung haben. Die internationale Bill of Rights hat große Chancen, mit einer feierlichen Zustimmung geehrt zu werden. Dies würde an sich ungefähr so viel bedeuten wie die feierliche Annahme jener Resolution auf der Inter-American Democratic Conference in Mexiko im Jahre 1944, welche, von der mexikanischen Delegation eingebracht, jeglicher Diskrimination in Angelegenheiten der Einwanderung abschwor, woraufhin die mexikanische Regierung die Tore des Landes für nahezu alle Einwanderer, die nicht aus Spanien oder der westlichen Hemisphäre stammten, zumachte!

Was die *Restauration jüdischer Rechte* anlangt, so ist bereits klar, daß es Minderheitenverträge nicht mehr geben wird (und sie waren die wesentliche Rechtsbasis für das gesamte osteuropäische Judentum). Bleibt die Restauration jüdischen Eigentums. An ihr ist nur bemerkenswert, daß bisher keine der jüdischen Körperschaften den Mut gefunden hat, sich gegen individuelle Wiedergutmachung, mit der wir überall die allerschlechtesten Erfahrungen machen, und für kollektive Restitution, bei der die jüdischen Gemeinden als Kläger und die Staaten als Agenten der Restitution auftreten würden, auszusprechen.

Die eigentliche Differenz zwischen den beiden jüdischen Beratern liegt nicht so sehr in ihren sachlichen Forderungen als in ihrem organisatorisch-politischen Hintergrund. Das American Jewish Committee vertritt wirklich nur das amerikanische Judentum bzw. einen kleinen Teil desselben. Die Conference dagegen hat sofort versucht, aus der Einladung, die ja nur an das amerikanische Judentum erging, eine Art Repräsentanz des Weltjudentums herauszuschlagen. Es hat mit dem Jüdischen Weltkongreß als dem Vertreter aller europäischen Judenheiten und dem Board of Deputies of British Jews ein Joint Committee gebildet, das Einladungen an die Juden Sowjet-Rußlands und Südafrikas verschickt hat.

In allen Fragen, die Palästina betreffen, ist *engste Zusammenarbeit mit der Jewish Agency* vorgesehen, die vermutlich durch Nahum Goldmann und Elieser Kaplan beobachtungsweise vertreten sein wird. Dieser Zusammenschluß ist darum zu begrüßen, weil auf diese Weise der Anschein vermieden wird, als reiße das amerikanische Judentum die Führung des Weltjudentums auf eine undemokratische, patronisierende Weise an sich.

Dies ist die jüdische Vorgeschichte der San Francisco-Konferenz. Daß Fragen von großem jüdischem Interesse dort beraten werden – von denen die Ablösung der Mandate durch eine internationale Trusteeship und der Status der Staatenlosen die wichtigsten sind –, steht außer Zweifel. Ob die jüdischen Berater der amerikanischen Delegation auf die Gestaltung dieser für uns lebenswichtigen Angelegenheiten einen wirklichen Einfluß werden ausüben können, ist mehr als fraglich.

Nachwort der Herausgeberin

Von der Philosophie in die Politik

Hannah Arendt, die 1906 in Hannover geboren wurde und in Königsberg aufwuchs, fühlte sich in ihrer Jugend keineswegs zur Politik berufen. Sie studierte vielmehr bei Heidegger, Jaspers und Bultmann Philosophie und Theologie und promovierte über den »Liebesbegriff bei Augustinus«. Zur alltäglichen Diskriminierung der Juden hatte ihre Mutter ihr ein selbstverständliches Verhältnis beigebracht: »Man darf sich nicht ducken! Man muß sich wehren!«[142] Gegen antisemitische Äußerungen von Mitschülern mußte Hannah Arendt sich selber wehren. Doch wenn ein Lehrer eine antisemitische Äußerung tat – die sich zumeist gegen ostjüdische Mitschüler richtete –, verließ Hannah Arendt die Klasse und berichtete zu Hause über den Vorfall. Dann schrieb ihre Mutter einen Brief, und Hannah Arendt hatte einen schulfreien Tag: »Das war ganz schön.« So lernte sie früh, daß Gleichheit eine zentrale Voraussetzung ist, um die gemeinsame Welt auszuhandeln.

»Ich war von Hause aus einfach naiv; die sogenannte Judenfrage fand ich langweilig. Die Augen in dieser Hinsicht hat mir Kurt Blumenfeld geöffnet.«[143] 1926 nämlich hörte sie in Heidelberg einen Vortrag von Blumenfeld, dem Präsidenten der Zionistischen Vereinigung für Deutschland (ZVD), über die Unmöglichkeit der Assimilation. Seine Thesen beeindruckten

---

142 »Was bleibt? Es bleibt die Muttersprache«, Gespräch mit Günter Gaus. Wiederabgedruckt in *Ich will verstehen,* hrsg. von Ursula Ludz, München 1996, S. 52.

143 Brief an Karl Jaspers vom 7. September 1952, in: Hannah Arendt/Karl Jaspers, *Briefwechsel 1926–1969,* hrsg. von Lotte Köhler und Hans Saner, München 1985, S. 234.

sie. Sie begann eine Arbeit über das Leben der Rahel Varnhagen im Spannungsfeld von Paria und Assimilation. Der wachsende Antisemitismus im Deutschland der Vor-Nazi-Zeit sorgte dafür, daß die Zugehörigkeit zum Judentum ihr eigenes, »eminent politisches Problem« wurde. Sie lebte damals, Anfang der 30er Jahre, mit ihrem Ehemann Günther Stern (alias Günther Anders) in Berlin. Ihr enger Bezugskreis, ihre »peer group«, war eine durch Freundschaft und politisches Engagement gleichermaßen verbundene Gruppe von selbstbewußten Nonkonformisten (darunter Kurt Blumenfeld, Siegfried Moses, Georg Landauer, Salman Schocken), die es in der Zeit wachsender Ideologien »nicht nötig hatten, sich mit Haut und Haaren einer Ideologie zu verschreiben«[144]. Dabei waren ideologische Lagerkämpfe alltäglich: Im »Künstlerviertel« am Breitenbachplatz etwa, wo »die Sterns« wohnten, boten die Kommunisten bereits 1932 abends den laut NS-Jargon »volksfeindlichen« Anwohnern Begleitschutz von der U-Bahn nach Hause. Nach dem 31. Januar 1933 versteckten die Sterns Hitler-Gegner in ihrer Wohnung, vor allem Kommunisten, wobei Arendts Sympathie weniger deren Überzeugung galt als vielmehr deren Kampfeswillen und Tatkraft. Sie war erschrocken über die Gleichschaltung, die sie unter Intellektuellen antraf, und zwar gerade auch bei engen Freunden. »Zu Hitler fiel ihnen was ein. Und zum Teil ungeheuer interessante Dinge!« Und: »Das Schlimme war doch, daß die dann wirklich daran glaubten!« Entsprechend wollte sie in die praktische Arbeit, und zwar in die jüdische Arbeit. Sie schwor sich: »Ich rühre nie wieder irgendeine intellektuelle Geschichte an!«[145]

---

144 Hannah Arendt/Kurt Blumenfeld, *»... in keinem Besitz verwurzelt«. Die Korrespondenz,* Hamburg 1994, Nachwort von Ingeborg Nordmann, S. 353. Salman Schocken wird in Palästina Anfang der 40er Jahre Herausgeber der Zeitung »Haaretz«, in seinem New Yorker Verlagshaus arbeitet Hannah Arendt 1946–1949 als Lektorin, Landauer wird in Palästina Leiter der Jewish Agency, Siegfried Moses war ebenfalls bei der Jewish Agency in Palästina.

Anfang 1933 arbeitete Hannah Arendt (zur Vorbereitung des Prager Zionistenkongresses) in der Preußischen Staatsbibliothek an einer Dokumentation über den alltäglichen deutschen Antisemitismus (in Vereinen, Verbänden und Fachzeitschriften). Die Geheime Staatspolizei verhaftete sie, doch durch glückliche Umstände kam sie binnen einer Woche frei und floh noch im April 1933 über die grüne Grenze – zunächst nach Prag und von dort weiter nach Paris. »Wenigstens habe ich etwas gemacht, wenigstens bin ich nicht unschuldig«, sagte sie sich und entging so dem, was sie später den »Terror des Nur-Opfer-Seins« (»Eine Lehre in sechs Schüssen«, siehe S. 154) nannte. Das »Nur-Opfer-Sein« nämlich negierte in ihren Augen einen Grundzug des menschlichen Daseins: die Fähigkeit zu handeln. »Es ist nicht wahr, daß wir immer und überall die unschuldig Verfolgten sind. Wäre es aber wahr, so wäre es furchtbar: Es würde uns nämlich endgültiger ausscheiden aus der Geschichte der Menschheit als alle Verfolgungen« (»Ceterum Censeo«, siehe S. 31).

Tatsächlich handelte Hannah Arendt: 1933 trat sie in die World Zionist Organization ein.[146] In Paris (»wo ich in den ersten Jahren alle wissenschaftliche Arbeit abbrach«[147]) leitete sie u.a. das Büro der Jugend-Alijah – eine Initiative zur Rettung (deutscher) jüdischer Kinder, die nach Palästina gebracht wurden. 1935 begleitete sie einen der Kindertransporte und verbrachte drei Monate in Palästina. Nachdem die politische Lage in Frankreich sich durch die Volksfrontregierung entspannt hatte, nahm sie 1937 ihre wissenschaftlichen Studien wieder auf. Sie »rührte wieder eine intellektuelle Geschichte

145 Gespräch mit Günter Gaus (siehe Anm. 142), S. 56 und 57.

146 Alte Synagoge (Hrsg.), *Hannah Arendt. Lebensgeschichte einer deutschen Jüdin*, Essen 1995, S. 54, sowie: *Ich will verstehen* (s. Anm. 142), S. 107.

147 Curriculum Vitae von 1941, aus: »Briefwechsel zwischen Hannah Arendt und Günther Anders«, Nachlaß Günther Anders, Wien, Privatbesitz.

an«: In Paris beendete sie ihre Varnhagen-Biographie, in der sie als selbstbewußte Gegenfigur zum gesellschaftlichen Parvenu in einer tendenziell antisemitischen Gesellschaft in Anlehnung an den französischen Zionisten Bernard Lazare den »bewußten Paria« entwarf.

Und sie hatte eine neue »peer-group« (darunter Chanan Klenbort, Gershom Scholem, Kurt Blumenfeld, Erich Cohn-Bendit, Walter Benjamin und ihr späterer zweiter Mann, Heinrich Blücher, der in der Novemberrevolution 1918 als Mitglied des Spartakusbundes gekämpft und in den 20er Jahren zur Brandler-Thalheimer-Opposition in der KPD gehört hatte). Sie begann, »Politik mit von der Philosophie ungetrübten Augen« zu sehen, und studierte die historischen Grundlagen dessen, *was sie am eigenen Leibe erfuhr:* die Geschichte des Antisemitismus, die Entwicklung der Menschen- und Völkerrechte, die Minderheitenverträge des Ersten Weltkriegs und das Schicksal der Staatenlosigkeit. In ihren Vorlesungen über den Antisemitismus an der Deutschen Hochschule in Paris (eine Emigranteneinrichtung) vermittelte sie ihren Zuhörern den Antisemitismus als eine Welteroberungsideologie.

»Die Novemberpogrome 1938 und der neu einsetzende Flüchtlingsstrom nach Frankreich machten dieser kontemplativen Tätigkeit ein Ende.«[148] Die Not der Zeit forderte erneut praktische Hilfe. Diesmal arbeitete sie im Auftrag von Georg Landauer für das jüdische Vertretungsorgan Jewish Agency of Palestine. Nach dem Überfall der Deutschen errichtete sie mit Hilfe der Zionistischen Organisation Frankreichs einen Dienst, der Deutsche und Österreicher aus den Internierungslagern herausholte. Schon damals stand – angeregt vielleicht auch durch die jüdische Einheit im spanischen Bürgerkrieg, von der ihr Chanan Klenbort berichtet haben könnte[149] – die

148 Ebd.

149 Siehe auch den Brief Heinrich Blüchers an Hannah Arendt von 1936, zitiert in diesem Band (Anm. 75).

Vorstellung einer jüdischen Legion im Raum: »Nous regrettons beaucoup«, schreibt sie an Günther Anders am 19.9.1939, »qu'il n'y a pas de légion juive.«

Obwohl 1937 bereits ausgebürgert, wurde Hannah Arendt 1940 als »deutschstämmige« und somit feindliche Ausländerin interniert und ins südfranzösische Lager Gurs gebracht. In dieser Zeit dürfte sie etwas von dem erfahren haben, was sie später in *Elemente und Ursprünge totaler Herrschaft* als Grundlage des Totalitarismus beschreiben wird: die totale Verlassenheit, das Verschwinden der Menschen aus der Menschengemeinschaft, noch bevor sie real verschwunden sind. Die politische Basis einer solchen Verlassenheit, so analysierte sie später, war die vorausgegangene Herstellung einer absoluten Rechtlosigkeit.

Ausgangspunkt ihres Denkens und Handelns jener Zeit war also das (eigene) Flüchtlingsschicksal: Neben dem Kampf gegen die Assimilation als Irrweg der Emanzipation, neben der Konfrontation mit dem unausweichlichen Antisemitismus ging es zuallererst darum, wie man sich als Flüchtling die Fähigkeit zu politischem Handeln erhalten kann. Ohne grundlegende Rechte, so erkannte Hannah Arendt, waren die Flüchtlinge, wo immer sie hinkamen, allenfalls geduldet, verdankten ihre Existenz den philanthropischen Wohltätigkeiten bzw. Zuwendungen der jeweiligen Gastgesellschaft oder gar einzelner Menschen. Als Geduldete aber waren sie – das hatte Hannah Arendt in den Turbulenzen der Vorkriegsjahre erfahren – abhängig von der gesellschaftlichen (tagespolitischen) Willkür.[150] Dagegen entwickelte sie das »Recht, Rechte zu haben«[151]: Die Juden »waren politisch (aber natürlich nicht

---

150 »…da wir, Flüchtlinge, überall nur aus Duldung und nirgends kraft Rechts leben«, heißt es in dem »Aufbau«-Text »Ein erster Schritt«, in diesem Band, S. 36. »Ni Monsieur ni moi ne peuvent plus rien gagner«, schreibt sie am 23. Dezember 1939 an Günther Anders (siehe Anm. 147).

personal) der Fähigkeiten beraubt, Überzeugungen zu haben und zu handeln«. Politische Rechte garantieren einen Raum, in dem sich die Menschen bewegen, denken und artikulieren können. Die Abhängigkeit von Duldung und Wohltätigkeit aber produziert Dankbarkeit oder gar Unterwürfigkeit – beides apolitische Haltungen. Gegen die »Philanthropie als politische Organisationsform des Volkes«[152] setzte Hannah Arendt folglich die Selbstorganisation des jüdischen Volkes mit eigenen Rechten und einer eigenen Repräsentanz in einem zukünftigen föderierten Europa (siehe hierzu den Brief an Erich Cohn-Bendit im Anhang).

Durch Kurt Blumenfeld schärfte sich ihr Blick für die Gefahren der Assimilation. Aus ihrer Beschäftigung mit der Geschichte übernahm sie die Idee einer »national-persönlichen Identität, die man überall im (Habsburger-) Reich mit sich tragen konnte« und forderte eine »portable Nationalität« für Juden in Europa. Von dem französischen Zionisten Bernard Lazare übernahm sie das Zutrauen in das jüdische Volk, sich die Freiheit zu erobern, *statt zur Freiheit gebracht zu werden.*

Aus dem Lager entkommen und glücklich mit ihrem zweiten Mann Heinrich Blücher 1941 in New York gelandet, lernte sie anläßlich eines Vortrags von Kurt Blumenfeld Manfred George, den Chefredakteur der deutschjüdischen Wochenzeitung »Aufbau«, kennen. Einer ihrer ersten Texte in den USA war ein »Offener Brief an Jules Romains« (siehe S. 15 ff.), in welchem sie die Geste der Wohltätigkeit und die von Romains eingeforderte Dankbarkeit als »erstickend« zurückwies und eine klare Unterscheidung, ja Trennung zwischen menschlicher Hilfe und politischem Urteilen proklamierte. Die Gei-

---

151 Hannah Arendt. *Elemente und Ursprünge totaler Herrschaft,* München 1986 (TB), S. 614 (und weiter: » ... und dies ist gleichbedeutend damit, in einem Beziehungssystem zu leben, in dem man auf Grund von Handlungen und Meinungen beurteilt wird«).

152 Titel eines Vortrags in der Jungjüdischen Gruppe, siehe: Hannah Arendt Papers in der Library of Congress, Container 63.

stesgegenwart und argumentative Schärfe des Textes müssen Manfred George fasziniert haben. Er druckte ihn ab und engagierte sie als freie Mitarbeiterin.

Schnell avancierte sie zur einzigen externen Kolumnistin. Hier setzte sie um, was sie bei Blumenfeld und Lazare gelernt hatte: Sie focht für den Freiheitskampf des jüdischen Volkes an der Seite aller, die gegen Hitler kämpften, und machte die Forderung nach einer jüdischen Armee innerhalb der Alliierten Streitkräfte zu ihrem zentralen Anliegen.

Als diese Forderung Ende 1942 von der Tagesordnung der jüdischen Organisationen verschwand (siehe unten), brach Hannah Arendt ihre Mitarbeit im »Aufbau« ab: »Sie wissen«, schreibt sie an Manfred George, »daß ich meine Artikel im Grunde immer mit dem Bewußtsein geschrieben habe, daß die Jüdische Armee einen Trompeter braucht. Wenn aber von einer Armee nur noch der Trompeter übrig geblieben ist, so tut mir selbiger, scheint mir, besser dran, seine Remission zu geben. Eine Column kann schließlich nur eine bestehende Politik positiv oder negativ kommentieren. Was an jüdischer Politik nach der von Juden wie Engländern zu gleichen Teilen liquidierten Jüdischen Armee übrig bleibt, ... scheint mir eines Kommentars nicht mehr unbedingt zu bedürfen ... Das soll natürlich nicht ausschließen, daß ich, wenn die politische Situation sich ändert (wenn Gott will, schießt bekanntlich ein Besen), Sie nicht eines Tages wieder bitten könnte, mir in Ihrem Blatt Gastfreundschaft zu geben.«[153]

Erst 1944, als immer mehr Nachrichten vom jüdischen Widerstand aus Europa nach Amerika drangen und die Briten eine Jüdische Brigade aufstellten, sah Hannah Arendt erneut einen Ansatz, ihre politischen Ideen und Hoffnungen schreibend zu Gehör zu bringen. So suchte sie »Gastfreundschaft« im »Aufbau«. In ihrer Sorge um die Zukunft des jüdischen Vol-

153 Brief Hannah Arendts an Manfred George, 25. November 1942, Hannah Arendt Papers, Library of Congress, Container 9.

kes fand sie Grund zur Hoffnung. »So wird die Anerkennung einer jüdischen Nationalität auf Grund der Jüdischen Brigade, die nicht nur auf Palästinenser beschränkt bleibt, unter Umständen das einzige sein, was deutsche Juden davor retten kann, ihre Staatenlosigkeit nach Annullierung der Rasse-Gesetze zu verlieren und automatisch wieder ›Deutsche‹ zu werden.« Und weiter: »Es wird diesen und jüdischen Flüchtlingen anderer Staatszugehörigkeit vielleicht die gefürchtete Rücktransportierung in die ehemaligen Wohnsitze ersparen und ihnen die Tore Palästinas öffnen. Es wird ihnen vor allem die Genugtuung verschaffen, nicht nur von Wohltätigkeitsbeamten gerettet, sondern *von Soldaten ihres eigenen Volkes* befreit zu werden« (siehe S. 167f.).

Regelmäßig äußerte Hannah Arendt sich zwischen Mai und Dezember 1944 im »Aufbau«, wo sie auf der Basis ihrer (in Paris erarbeiteten) Kritik an der Doppelgesichtigkeit des Nationalstaates und verbunden mit ihren amerikanischen Erfahrungen Prinzipien für die bevorstehende Nachkriegsordnung entwirft: Sie trat in ihren Texten ein für die Auflösung der Nationalstaaten und die Errichtung eines föderierten Europas, in welchem die Juden als gesamteuropäisches »Volk ohne Territorium« eine eigenständige Repräsentation besitzen sollen, und setzte sich zudem ein für die Errichtung eines föderierten Staates in Palästina, in welchem Juden und Araber gleiche Rechte besitzen. Ihre Hoffnung, der jüdische Widerstand (»Eine Lehre in sechs Schüssen«, siehe S. 154ff.) könne zu einer politischen Konstituierung des jüdischen Volkes in Europa beitragen, schwand erst 1945 angesichts der UN-Gründungsversammlung in San Francisco.

Die Texte des vorliegenden Bandes bezeichnen daher einen besonderen Abschnitt im Leben Hannah Arendts: das kurze, doch folgenreiche Intermezzo als Kolumnistin nämlich, die sich, wie wir noch sehen werden, 1942 auch unmittelbar in die Politik einzuschalten versuchte. Folgenreich war diese Zeit, insofern sie hier aus praktisch-politischen Einmischungen heraus Grundkategorien ihres späteren Denkens erarbeitet: vom politischen Handeln, von der Freiheit und der Notwendigkeit, miteinander als Verschiedene die Welt zu gestalten, von der notwendigen Zugehörigkeit des Einzelnen zu einer Gemeinschaft und von dem Recht auch der Nicht-Staatsbürger, Rechte zu haben.

Der »Aufbau« – vom New Yorker Vereinsblatt zum weltweiten deutsch-jüdischen Forum

Der »Aufbau« (der Titel nahm Bezug auf das »Wir bauen auf« in Palästina, hier ging es um den Aufbau deutsch-jüdischen Lebens in Amerika) hatte am 1. Dezember 1934 völlig unambitiös als kostenloses monatliches Vereinsblatt des (1924 gegründeten) New Yorker Einwanderungsclubs »German Jewish Club« begonnen. Doch bald schon entwickelte es sich zur wichtigsten Anlauf- und Informationsstelle für die vielen ins Land strömenden jüdischen Flüchtlinge. Die Leserschaft wuchs ebenso wie deren Bedürfnis nach Information. So stellte man im Laufe des Jahres 1939 zunächst auf halbmonatliches, dann auf wöchentliches Erscheinen um, brachte das Blatt in den Verkauf und engagierte als Chefredakteur zwecks inhaltlicher Weiterentwicklung den früheren Ullstein-Zeitungsmacher Manfred George. Begründet allerdings wurde seine Einstellung offiziell nicht mit seinen journalistischen Qualitäten, sondern mit seinen Kenntnissen des Judentums und des Zionismus, die damals offenbar mehr zählten.

Die Auflage des »Aufbau« stieg stetig, von über 10 000 im Oktober 1940 über 32 000 im Jahr 1944, was für Kriegsverhältnisse eine beachtliche Zahl war.[154] Mittlerweile hatte sich der »Aufbau« vom Anhängsel des Clubs zu einer eigenständigen

Zeitung entwickelt, und der Club war teilweise ausführendes Organ verschiedener politischer Ideen, die in der Redaktion entstanden. Zwischen Club und Redaktion herrschte eine dichte persönliche Verflechtung. Zudem hatte die Zeitung es durch ihren großen Anzeigenanteil (teilweise bis zu Zweidrittel des Blattes) geschafft, die Leserschaft weit über die politisch interessierten Kreise auszuweiten. Neben Wohnungsvermittlern und Schiffstransportgesellschaften mit Überseekontakten warben auch Juweliere, Bäckereien und Kaufhäuser.

Mit den Beilagen von 1941 kamen neue Leser hinzu: »Die Westküste« wandte sich an Emigranten im Westen Amerikas, die »Jüdische Welt« sprach weltweit all jene an, die des Deutschen mächtig und an Fragen jüdischer Politik besonders interessiert waren. So wurde der »Aufbau« im Krieg zum Zentralorgan des deutsch-sprachigen Judentums in der ganzen Welt – genauer: in all jenen Ländern, in denen Juden noch frei leben konnten. Die kontinentübergreifenden Suchmeldungen und deren Erfolgsmeldungen (»Durch den ›Aufbau‹ gefunden: ...«) bezeugen, daß der »Aufbau« überall auf der Welt gelesen wurde.

Gewöhnlich fungieren Emigrantenzeitungen als Sprachrohr einer bestimmten politischen Strömung, Bewegung oder Partei, deren Ziel letztlich die Rückkehr in ein politisch gewandeltes Heimatland ist. Der »Aufbau« hingegen verstand sich als jüdisches Forum, das Nachrichten verbreiten, eine Vielfalt von Positionen spiegeln und das Einleben in Amerika erleichtern wollte. »Wir wenden uns an die Gesamtheit des eingewanderten Judentums«, schrieb Manfred George, »und haben es obendrein mehrfach betont, daß wir, ebenso wie wir Parteien

154 Zum zehnjährigen Bestehen 1944 berichtete der »Aufbau«, daß er allein in London 1500 Exemplare im Straßenverkauf absetzte und in Palästina in Buchhandlungen ebenso viele. »Anfang der vierziger Jahre wurde der ›Aufbau‹ von bis zu dreihunderttausend Menschen in fünfundvierzig Ländern gelesen« (»Frankfurter Allgemeine Zeitung«, 30. November 1999).

ablehnen, auch die Herausarbeitung des alten Gegensatzes zwischen Ost und West aufs schärfste verdammen. Wir machen eine jüdische Politik, das heißt eine Politik, die in jüdischen Fragen vom Interesse des Gesamtjudentums aus handelt und denkt. ... Eine jüdische Zeitung, die in der Freiheit der Vereinigten Staaten erscheint, ist eine Zeitung, die (...) versucht, in den Nebeln der Zeit den jüdischen Weg zu finden.«[155]

Die Auskunft Manfred Georges von 1941 macht deutlich, daß man sich bewußt von keiner der verschiedenen innerjüdischen Strömungen vereinnahmen lassen wollte, vielmehr trug man einfach dem Rechnung, was Victor Klemperer in Anlehnung an die NS-Parole von der »Aufnordung« als »Aufjudung« beschrieben hatte. Die Nazis zwangen die Juden, alles durch die jüdische Brille zu sehen.[156]

Die »Nebel der Zeit«, von denen Manfred George gesprochen hatte, bestanden für die Juden in erster Linie darin, daß sie nicht wußten, was in Deutschland, was in Europa 1941 und 1942 mit den Juden geschah. Gerüchte kursierten, teils widersprachen sich die Schreckensnachrichten, welche die jüdischen und amerikanischen Organisationen erreichten. Das menschliche Dilemma (und auch das politische Dilemma der Redaktion) lautete: Welchen Informationen konnte man trauen? Welche Nachrichten sollte man verbreiten? Viele Nachrichten aus Deutschland und dem besetzten Europa kamen aus Emigrationskreisen oder Zionistenverbänden in die Redaktion, konnten jedoch nur in den seltensten Fällen überprüft werden.

Oft schwankte der Boden der Tatsachen heftig, man war skeptisch gegenüber Zahlen und Schreckensnachrichten, denn man wußte oder ahnte, daß mit ihnen durchaus auch »Politik gemacht« wurde. So gelangte ein Telegramm aus Genf, in

---

155 Manfred George in: »Aufbau«, 18. Juli 1941.
156 Siehe hierzu das Kapitel »Der jüdische Krieg« in: Victor Klemperer, *LTI*, Leipzig 1947, S. 211.

welchem der Genfer Vertreter des Jüdischen Weltkongresses Dr. Gerhard Riegner im August 1942 die systematische Judenvernichtung in Osteuropa bekannt machen wollte, erst Ende November 1942, nach den US-Präsidentschaftswahlen, durch den ZOA-Präsidenten, Rabbi Stephen Wise, an die Öffentlichkeit.

Man mochte in Amerika die ungeheuerliche Nachricht vom sinnlosen Morden lange nicht glauben. Die Nazis propagierten zwar lautstark, der Krieg gegen die anderen Länder sei ein Krieg gegen das »Weltjudentum«, und drohten, die NS-Revolution habe »den Juden« allzu lange geschont[157] –, konkrete Informationen über das Schicksal der Juden veröffentlichten sie jedoch nicht. Im Gegenteil: Während die Nazis Judenhaß säten und vor keinem Rufmord zurückschreckten, produzierten sie für die Weltöffentlichkeit schönfärberische Lügengeschichten über ihre Behandlung der Juden, filmten fröhliche, singende Juden vor gedeckten Tischen[158] und inszenierten Besuche des Roten Kreuzes im »Musterghetto Theresienstadt«.

Der »Aufbau« mußte sich entscheiden, welchen Informationsquellen er Glauben schenken wollte. Bereits im Jahr 1940 liest man in einem Editorial: »Viele glauben nicht, was wir berichten, weil es woanders nicht steht.« Ein andermal wird eine Zahl von Deportierten mit dem Zusatz versehen: »Ob die Zahl

---

157 *Juden sehen Dich an,* Berlin 1933. Am 31. Oktober 1941 liest man im »Aufbau« einen Auszug aus der Nazi-Propaganda: »Wenn Du Juden siehst, denk an die Verbrechen, die sie begangen haben.« Als eines der Verbrechen wird genannt: »... das Ziel, 80 Millionen anständige Deutsche auszurotten«.

158 »Um die Welt über die Behandlung der Juden zu täuschen, drängte die Gestapo in Lodz 400 Juden in eine Synagoge, wo sie Gebete verrichten mußten. Währenddessen wurden sie gefilmt. Dann wurden sie in ein Restaurant geführt, wo reichlich Speisen auf weißen Tischtüchern standen. Sie mußten singen und für die Kamera fröhliche Gesichter machen. Die Speisen durften sie nicht anrühren. Nach den Aufnahmen wurden die Juden zur Zwangsarbeit abgeführt« (»Aufbau«, 19. Januar 1940).

stimmt, konnte noch nicht ermittelt werden.« Die Zeitung machte es sich in der Kriegszeit zur journalistischen Pflicht, alle Meldungen, die einigermaßen seriös erschienen, zu publizieren, und tatsächlich wurden die meisten Meldungen über Deportationen bzw. Vernichtung der Juden später bestätigt.

Zwei Aspekte kennzeichneten den »Aufbau« Anfang der 40er Jahre: Feste Nachrichten-Rubriken (»Kurzberichte aus Palästina« »Aus der Welt der Frau«, »Der Marsch der Zeit«, »Kalendertafel«, »Wie wir hören«, »Aus den Gemeinden«, »Jüdische Chronik« ...) gewährleisteten die notwendige breite Informationsbasis; feste Kolumnen (»An den Rand geschrieben«, »The Watchman«, »This means you«) und eine Vielzahl von Interviews schufen die gewünschte Meinungsvielfalt. Lesergemeinschaft war »Schicksalsgemeinschaft«. Im Beirat des »Aufbaus« saßen ab 1941: Thomas Mann, Emil Ludwig, Albert Einstein, Lion Feuchtwanger; unter den Autoren fanden sich berühmte Schriftsteller und Wissenschaftler, darunter Stefan Zweig, Kurt Blumenfeld, Franz Werfel und Alfred Kantorowicz.

Auch wenn die Debatte um die Zukunft Deutschlands im »Aufbau« heftig geführt wurde[159], definierte bereits der Zeitungskopf »An independent weekly journal to serve the Americanisation and the interests of all immigrants and to combat racial intolerances« den unmittelbaren Bezug zum Gastland Amerika: keine direkte Einmischung in inneramerikanische Verhältnisse, aber Formulierung der jüdischen Interessen. Nach Kriegseintritt der USA startete der »Aufbau« diverse Unterstützungskampagnen, darunter die von Hannah Arendt mehrfach angegriffene »Geldsammelkampagne« für das Kampfflugzeug »Loyalty«[160], Aufrufe zum Blutspenden für das Amerikanische Rote Kreuz und den Aufruf an alle Leser,

---

159 Beispielsweise das »Pro« und »Contra« bezüglich Emil Ludwigs Thesen, siehe in diesem Band S. 74f.
160 Siehe Anm. 60.

mitgebrachte Landkarten, Stadtpläne und topographische Karten aus ihrer Heimat abzuliefern, um den amerikanischen Truppen in Vorbereitung der Invasion geographische Details aus Deutschland bzw. Europa zur Kenntnis zu bringen.

Mit Kriegseintritt benannte sich der German Jewish Club in New World Club um, denn man wollte nicht als »feindlicher Ausländer«, sondern als Neumitglieder der Bürgergesellschaft Amerikas angesehen werden; dabei ging es den Beteiligten nicht um Assimilation. Die amerikanischen Juden hatten sich nicht assimiliert. Vielmehr schien das Einwanderungsland Amerika mit seinen vielen Ethnien und seiner föderativen Struktur dem Wunsch nach Beibehaltung der mitgebrachten Identitäten entgegenzukommen. Hier konnte man Amerikaner werden und gleichzeitig Jude bleiben. Das amerikanische Modell schien ein Ausweg aus der Sackgasse der Nationalstaaten, den Hannah Arendt politisch unmittelbar auf das Nachkriegseuropa und auf Palästina anzuwenden gedachte.

Ab 1939 entwickelte sich der »Aufbau« zunehmend zur wichtigsten Lektüre der deutschsprachigen Juden in aller Welt. Er besaß neben den Suchmeldungen des Roten Kreuzes eine eigene »Gesucht wird«-Rubrik, veröffentlichte Tips und Informationen über die je neuesten Einwanderungsbestimmungen und das Arbeitsrecht, Anzeigen von Anwaltsbüros und Sprachunterrichtsorganisationen. Daneben unterrichtete er die Neuankömmlinge in der hohen Kunst des »American Way of Life«, allen voran in Sprach- und Kochgewohnheiten (»The kitchen front«). Neben den Schreckensnachrichten von der Ermordung der Juden in Europa vermittelten Anzeigen und Hinweise der Redaktion wie »Wo verbringe ich dieses Jahr die Sommerfrische?« und »Wie sichere ich die Wohnung gegen Einbruch?« Alltägliches. Bei Kriegseintritt im Dezember 1941 riet der »Aufbau«: »Sprecht kein Deutsch auf der Straße«.

Die Kolumne Hannah Arendts »This means you« erschien in der (von Joseph Maier herausgegebenen) Beilage »Jüdische Welt«, zusammen mit Maiers Kolumne »The Watchman«.

Während Maier auf englisch schrieb[161], war bei Arendt nur der Titel englisch. Er griff den Slogan wieder auf, unter dem im amerikanischen Bürgerkrieg die Nordstaatler Soldaten für die Sklavenbefreiung rekrutiert hatten. 1941 bedeutete der Titel: »Dies geht Dich an, Jude! Du bist aufgefordert, den Kampf gegen die Nazis aufzunehmen!« Hannah Arendt forderte eine überzeugte Einsatzbereitschaft aller Juden für die Belange des eigenen Volkes. »Rekrutieren« wollte Hannah Arendt die Juden für den explizit jüdischen Freiheitskampf gegen Hitler, sprich: für den Aufbau einer jüdischen Armee.

Der Freiheitskampf des jüdischen Volkes

In Arendts Augen war der Zionismus – vom Sabbatianismus abgesehen – der erste Versuch, die Judenfrage aus einer gesellschaftlichen und privaten in eine öffentliche und politische Angelegenheit zu verwandeln. Der Jude sollte als Jude zum Rebell werden, zum Vertreter eines unterdrückten Volkes, das seinen Freiheitskampf in Verbindung mit den nationalen und sozialen Freiheitskämpfen aller Unterdrückten Europas führt. Folglich ist der jüdische Kampf ein europäischer Kampf, der Kampf eines unterdrückten Volkes an der Seite der anderen »Paria-Völker, die gezwungen sind, den Kampf um Freiheit

161 Joseph Maier war als Jugendlicher mit seinem Vater Ende der 20er Jahre nach Amerika emigriert, dann aber nach Deutschland zurückgekehrt, wo er bei Hans Freyer Soziologie studierte. 1934, nach seiner Rückkehr nach Amerika, arbeitete er bei Horkheimer und fand eine Stelle im »Aufbau«. Er besaß einen amerikanischen Paß und saß mit George zusammen im Beirat des New World Club. Er war 1945–1946 in Nürnberg im Rahmen der Prozeßvorbereitung tätig (siehe auch: *Witnesses to Nuremberg*, New York, 1999). Maier blieb zeitlebens mit Hannah Arendt eng befreundet und verteidigte sie 1963 gegen die Eichmann-Angriffe im »Aufbau«.

und Gleichberechtigung neu aufzunehmen«. 1943 trat sie aus enttäuschter Hoffnung aus der World Zionist Organization aus.

»Ich habe Hannah ihren Zionismus nie abgenommen«[162], schreibt Kurt Blumenfeld 1946 an Martin Rosenblüth, und in der Tat unterscheidet sich ihr politischer Ansatz in grundlegenden Aspekten vom Zionismus. Sie widerspricht der These von der Auserwähltheit des jüdischen Volkes und verwahrt sich vehement gegen das Argument, der Antisemitismus sei eine Stütze des Zionismus. Doch auch die Ziele differierten: Die Mehrheit der Zionisten forderte einen jüdischen Staat inmitten einer arabischen Nachbarschaft; am Leben in der Diaspora, der »Galuth«, waren sie desinteressiert. Eine Minderheit der Zionisten[163] suchte nach einer Verständigung mit den Arabern in Form eines binationalen Staates oder einer Einbindung in eine Arabische Föderation. Hannah Arendt trat zu jener Zeit ein für einen föderativen Staat Palästina, in welchem alle Bewohner gleiche Rechte besitzen sollten. Da die Juden ein europäisches Volk sind, sollte der geplante Staat durch eine Föderation der Mittelmeerstaaten international eingebunden werden. Der »Aufbau« war offen genug, um derartige, von vielen Zionisten gewiß angefeindete Gedanken zu publizieren.

Philosophisch wie politisch hat Hannah Arendt in Werk und Leben das, was sie als die Existenzweise des modernen Menschen ansah, verarbeitet: Wenn Vergangenheit wie Zukunft aufgehört haben, die Welt zu erhellen, hilft nur die eigene Erhellung der Gegenwart durch das ganz Gegenwärtig-Sein. »Weder dem Vergangenen anheimfallen noch dem Zukünftigen, es kommt darauf an, ganz gegenwärtig zu sein«[164], zitiert

---

162 Kurt Blumenfeld, *Im Kampf um den Zionismus. Briefe aus fünf Jahrzehnten*, Stuttgart 1976, S. 197.

163 Die wichtigsten waren: Ichud, Hashomer Haza'ir, Alijah Chadaschah, Liga für arabisch-jüdische Zusammenarbeit.

164 Karl Jaspers, *Philosophische Logik, Bd. 1: Von der Wahrheit*, München 1958, S. 25.

sie Karl Jaspers. Eine zentrale Einsicht ihres Gegenwärtig-Seins war die Feststellung, daß die Nazis als erstes Volk den Juden den Krieg erklärt hatten, folglich die Juden die Kriegserklärung annehmen – und ihrerseits eine jüdische Armee aufbauen – mußten.

»Von allen Völkern Europas hat kein Volk ein größeres objektives Interesse, die jüdische Armee verwirklicht auf den Schauplatz des Kampfes treten zu sehen, als gerade das deutsche«, schreibt Hannah Arendt 1942.[165] »Größer als die Untat, einen Krieg entfesselt zu haben, ist die Schande, gegen Wehrlose Krieg zu führen.« Doch wie sehr sich Hannah Arendt über den moralischen Zustand der Deutschen getäuscht haben mag – schwerer noch wog: Die Juden besaßen keinen Staat, keine Armee, keine entsprechende Organisation und niemanden, der ihnen das Recht auf Selbstverteidigung zugestand. »Nur der wirkliche Krieg des jüdischen Volkes gegen Hitler wird dem phantastischen Gerede von dem jüdischen Krieg ein Ende – und ein würdiges Ende bereiten.«[166] Doch um dem jüdischen Problem auszuweichen, drehten viele Politiker der Weltöffentlichkeit die Argumentation zum Scheine einfach um: Wenn die Juden mit einer eigenen Armee an der Seite der Alliierten kämpfen würden, so hieß es, gäbe man nur Hitlers Gerede recht, hinter den Alliierten stecke das Weltjudentum.

Als Hannah Arendt 1941 für die jüdische Armee eintrat, forderte sie – in der ihr eigenen Weise –, was die verschiedensten zionistischen Strömungen seit Kriegsbeginn 1939 mit wechselnden und unterschiedlichen argumentativen Schwerpunkten propagierten: »eine jüdische Armee zum Kampf gegen Hitler«.

Vorbild der Zionisten war die »Jüdische Legion«, die im Ersten Weltkrieg als Freiwilligeneinheit in der britischen

165 In: »Die jüdische Armee, ein Mittel zur Versöhnung der Völker«, Hannah Arendt Papers (Library of Congress, Container 71).
166 Ebd.

Armee für die Befreiung Palästinas von der türkischen Herrschaft gekämpft hatte. Nach Auffassung vieler Zionisten gingen die Balfour-Deklaration sowie der jüdische Einfluß in der britischen Mandatsherrschaft der 20er Jahre auf diese von Vladimir Jabotinsky gegründete Legion zurück, in der u.a. auch David Ben Gurion bereits gekämpft hatte. Die jüdischen Palästinenser verfügten mit der Jewish Agency of Palestine zwar über ein Vertretungsorgan gegenüber der Mandatsregierung, doch die reale Macht im Lande und die Verteidigungshoheit lagen in britischer Hand. Als 1936 während der arabischen Aufstände zwei Juden getötet wurden, riefen die Trauernden bei der Beerdigung: »Wir wollen diese Regierung (gemeint ist die Mandatsregierung, MLK) nicht! Wir wollen eine jüdische Armee.«[167]

Wiederholt hatte die britische Palästina-Politik Hoffnungen der jüdischen Siedler auf einen eigenen Staat geschürt: In den Zeiten der Unruhen (1936–1938) hatten sie die jüdischen Sicherheitstruppen (Haganah) gegen die arabischen Aufständischen verstärkt, so daß die jüdischen Palästinenser kurzzeitig das Gefühl hatten, sie würden das »eigene Land« verteidigen. Durch den Teilungsplan der britischen Peel Commission 1937 war der »eigene Staat« erstmals aus dem Bereich der Absichtserklärung in den Bereich einer möglichen Wirklichkeit gerückt. Eine jüdische Armee war für die Zionisten ein weiterer Schritt dorthin.

Wie kampfbereit die Juden in Palästina waren, zeigte sich daran, daß sich unmittelbar nach Kriegsausbruch 136000 Juden in Palästina bei der Jewish Agency für den britischen Heeresdienst hatten registrieren lassen. Doch auch wenn die Mandatsmacht der World Zionist Organization immer wieder Versprechungen machte[168] – die Armee kam nicht zustande. Als die Achsenmächte 1941 und 1942 im Afrika-Feldzug gen Osten vorrückten, holten die Briten vielmehr fremde Truppen

---

167 David Hirst, *The Gun and the Olive Branch,* London 1977, S. 82.

zur Verteidigung Palästinas ins Land: vor allem Australier und Neuseeländer.

Die Zionisten waren politisch gespalten: Die gemäßigte »Exil-Führung«[169] (vertreten durch Chaim Weizmann) setzte auf Geheimverhandlungen mit der britischen Regierung, um unter deren Militärhoheit jüdische Einheiten aufzustellen. Die palästinensischen Juden hingegen (vertreten durch Ben Gurion) forderten – auch aufgrund der Erfahrungen, die sie in den 30er Jahren mit der britischen Mandatsherrschaft gemacht hatten – das Recht auf nationale Selbstverteidigung, zumal Palästina von dem Afrika-Vorstoß der Achsenmächte direkt

---

168 Am 13. September 1940 hatte der britische Außenminister Eden Vertretern der Zionistischen Weltorganisation bei einer der vielen internen Verhandlungen endlich mitgeteilt, die britische Regierung wolle auf derselben Grundlage wie die tschechischen und polnischen Armeen eine jüdische Armee in Angriff nehmen. Doch das Unternehmen kam nach unzähligen Verhandlungen und Versprechungen nicht zustande, nicht zuletzt, weil die Araber massiven Druck auf die vor dem US-Kriegseintritt recht isolierten Briten ausübten. Insofern die Juden gegen Hitler kämpfen wollten, waren sie willkommen. Und insofern Rommel in Afrika vormarschierte und nach dem Überfall auf Ägypten im Frühjahr 1942 gar kurz vor den Toren Palästinas stand, kam den Briten als Mandatsmacht die jüdische Kampfbereitschaft äußerst gelegen. »Tel Aviv, Haifa und andere Küstenstädte haben sich buchstäblich eingegraben, Luftschutzkeller, Erste-Hilfe-Stationen eingerichtet. Die Bewohner Tel Avivs haben sämtlich für Gasmasken registriert« (»Aufbau«, 10. Juli 1942). Doch. »England lehnt weiterhin eine jüdische Armee ab!« titelt die Zeitung in derselben Nummer. Und die britische Mandatsmacht fand bald einen Grund, die Rekrutierungsbüros in Palästina zu schließen. In London fürchtete man, daß die Juden a) ihr militärisches Engagement später in Territorialansprüche würden ummünzen wollen, was das ohnehin fragile Kriegsbündnis mit den Arabern äußerst gefährdete, und daß sie b) die Waffen gegen die Araber oder gegen die Mandatsregierung richten könnten.

169 Ich entlehne die Unterscheidung zwischen Exilführung und Widerstand im Lande Hannah Arendts Unterscheidung bezüglich der anderen europäischen Völker (siehe u. a.: »Das deutsche Problem«, in: *Zur Zeit*, Berlin 1986, S. 31 ff.).

bedroht war. Dabei wandten sie sich als Fürsprecher zunehmend an die amerikanisch-jüdische Öffentlichkeit und setzten somit nach dem Kriegseintritt der USA bis zum Sieg der Alliierten gegen Rommel im Herbst 1942 auf eine jüdisch-palästinensische Armee innerhalb der alliierten Streitkräfte.

Bereits im Dezember 1940 hatte Ben Gurion bei einer seiner zahlreichen Amerika-Reisen die Bedrohung durch ein zu erwartendes Nachkriegs-Flüchtlingsdesaster an die Wand gemalt, um den nichtzionistischen Teil der amerikanischen Judenheit für das Schicksal ihrer Brüder und Schwestern in Europa und für deren Perspektive im Nachkriegs-Palästina zu engagieren.[170] Dabei setzte er in Hannah Arendts Augen auf das bekannte Muster der Wohltätigkeits- und Schnorrer-Mentalität: Mehrfach äußerte sie spöttisch die Befürchtung, Palästina werde nach dem Kriege ein großangelegtes Obdachlosenasyl – ein von den Juden Amerikas ausgehaltenes Flüchtlings-Ghetto.

Immer wieder liest man in der Literatur, Hannah Arendt habe 1941/1942 kurzzeitig mit den Revisionisten sympathisiert[171], also mit jener aus der Zionistischen Weltorganisation ausgeschlossenen Strömung, die unter Einsatz terroristischer Methoden eine Rückkehr zu Herzl und zum ungeteilten Judenstaat (auf beiden Seiten des Jordans unter Vertreibung der Araber) anstrebte und im Dezember 1941 das Committee for a Jewish Army ins Leben rief (siehe »Wer ist das ›Committee for a Jewish Army‹«, S. 37). Diese Organisation agitierte in den USA der Kriegszeit durchaus erfolgreich und traf sich mit Hannah Arendts politischen Vorstellungen tatsächlich – zumindest verbal – an einem Punkt: Die Revisionisten schienen zu hören, was den »normalen Juden« bewegte. Im Unterschied

170 Aaron Berman, *Nazism, the Jews and American Zionism, 1933–48*, Detroit, 1990, S. 82.

171 Zuletzt Dan Diner in: *Hannah Arendt revisited, »Eichmann in Jerusalem« und die Folgen*, Frankfurt 2000, S. 117.

zu den Zionisten, die nur auf die palästinensischen Juden setzten, wollten die Revisionisten das gesamte jüdische Volk im Kampf hinter ihrer Flagge einen – zunächst für die Idee der jüdischen Armee, dann 1943 für die Rettung der europäischen Juden. Die jüdischen Fahnen im europäischen Widerstand, deren Existenz Hannah Arendt an verschiedenen Stellen in ihren Texten hoffnungsvoll notiert, dürften ähnlich wie im Warschauer Ghetto-Aufstand vielfach von Anhängern der Revisionisten gehißt worden sein. Doch die Politik der Revisionisten, die sich in Amerika weitgehend auf friedliche Mittel beschränkte, war vielfach papierene Taktik, die in erster Linie eine breitere Einflußnahme auf jüdische Vertretungsorgane anstrebte. Die realen politischen Ziele der Revisionisten waren denen von Hannah Arendt entgegengesetzt: Sie propagierten den Kampf gegen die Briten und traten ein für die Vertreibung der Araber und die Errichtung eines jüdischen Staates beiderseits des Jordan.

»Nur wer gekämpft hat, wird hinterher am Verhandlungstisch sitzen«, argumentierten Zionisten und Revisionisten ebenso wie Hannah Arendt. Doch so gleich das Argument klingt, so verschieden sind die Positionen: Die antikolonialen und antieuropäischen Strömungen der Zionisten wie Revisionisten konzentrierten alle politischen Kräfte letztlich allein auf die Errichtung des Staates Israel, wobei die Zionisten sich von den Revisionisten ab Mitte 1942 im wesentlichen dadurch unterschieden, daß sie nicht ganz so maximalistisch und eher zu Kompromissen bereit waren. (Natürlich gab es weiterhin gewaltige Kämpfe um die Vorherrschaft.) Allein Palästina, so das Argument beider Fraktionen, würde den Juden künftig Schutz vor dem weltweiten, lebensbedrohlichen Antisemitismus bieten. Deshalb war in ihren Augen Kriegs- und Verhandlungsziel zuallererst die Errichtung des Staates Israel. Hannah Arendt hingegen anerkannte nur die antikoloniale, nicht die antieuropäische Tendenz des Zionismus, sie kritisierte neben dem Auserwähltheitsglauben auch den Palästinozentrismus der Zionisten. Vor dem gesellschaftlichen Antisemitismus war man ihrer Meinung nach »nur noch auf dem Monde« sicher; Palästina galt ihr »als Siedlungsgebiet der europäischen Juden«, weshalb die Juden als europäisches Volk mit der Gesamtheit ihrer Interessen in den Verhandlungen präsent sein mußten. »Denn es gibt (...) keine Lösung der Judenfrage in einem Lande, auch nicht in Palästina« (siehe S. 32). In *Eichmann in Jerusalem* unterstellte sie, das jüdische Volk habe auch vor der Staatsgründung über einen eigenen Raum verfügt, »der zwischen den Gliedern einer Gruppe unweigerlich entsteht, wenn sie in jahrtausendealten Bezügen miteinander verbunden sind«. Diesen Zwischen-Raum bezeichnet Gabriel Motzkin als »Kategorie des Territoriums ohne Land«, die das Recht des jüdischen Volkes auf Selbstbestimmung begründe.[172]

Arendt forderte eine Vertretung des jüdischen Volkes in den United Nations, wie die Kriegskoalition der Alliierten damals hieß. Und das bedeutete zunächst die Forderung nach einer unmittelbaren Kriegsbeteiligung. Neben dem Ziel, Palästina als Siedlungsgebiet zu sichern, ging es ihr bei der Forderung nach einer UN-Repräsentanz auch darum, den Juden eine politische Perspektive im Nachkriegseuropa zu erstreiten. Dies schloß Rechtsgarantien für Flüchtlinge und Staatenlose ebenso wie eine politische Repräsentanz der Juden als einem europäischen Volk mit ein.

---

172 Gabriel Motzkin, »Hannah Arendt: Von ethnischer Minderheit zu universeller Humanität«, in: *Hannah Arendt revisited: »Eichmann in Jerusalem« und die Folgen,* hrsg. von Gary Smith, Frankfurt 2000, S. 172.

Die Jungjüdische Gruppe – eine Neuorientierung jüdischer Politik

Hannah Arendts Auffassung von Geschichte ist – vereinfacht gesagt – die von einem Strom, der sich prozeßhaft und gewaltig unaufhaltsam aus der Vergangenheit in die Zukunft ergießen und alles mit sich fortreißen würde, gäbe es das menschliche Zutun, das Handeln, nicht. Denn durch die menschliche Fähigkeit, etwas anzufangen, unterbricht der Mensch den Prozeßzusammenhang der Geschichte, er beginnt etwas Neues. »Das Wunder der Freiheit liegt in diesem Anfangen-Können beschlossen«, heißt es in »Hat die Politik überhaupt noch einen Sinn?«.[173] Und weiter: Der Sinn von Politik ist, daß Menschen in Freiheit als gleiche – unter ihresgleichen – miteinander verkehren. Bedroht sieht Arendt die Politik in erster Linie durch den Verlust der Pluralität und der Handlungsfähigkeit und folglich durch einen Zwang zur Uniformität. Am gefährlichsten für die Juden war vielleicht die Versuchung, sich in der »Unschuld des Nur-Opfer-Seins« zu wiegen.

Hannah Arendt suchte 1942 neben ihrer Kolumne angesichts der zunehmenden Ideologisierung innerhalb der zionistischen Bewegung nach einem Ort, an dem über Meinungen und Urteile gestritten und um die gemeinsame Welt – den politischen Raum – gerungen werden konnte. Gemeinsam mit Joseph Maier, dem Redakteur der »Jüdischen Welt«, gründete sie Anfang 1942 eine Gruppe, in der sie eine Neuorientierung jüdischer Politik anstrebte. Gemäß der Maxime »Die Kritik des jüdischen Patrioten am eigenen Volk hat den Zweck, das Volk auf den Kampf besser vorzubereiten« (»Cui Bono«, siehe S. 47), riefen Arendt und Maier am 11. März 1942 im »Aufbau« die Jungjüdische Gruppe ins Leben, die sich mehrere Monate lang im Frühjahr und Sommer 1942 im New World Club traf.

173 In: *Was ist Politik,* München 1993, S. 34.

Der Name hatte Tradition: Schon Kurt Blumenfeld hatte um 1910 eine »jung-jüdische Bewegung« »gegen den geistigen Zwang, den die Alten auf sie ausübten«[174], initiiert. Arendt und Maier definierten als ihr Zielpublikum: »diejenigen, die sich nicht nur als die zufälligen Opfer eines katastrophalen Geschehens, sondern als mitverantwortlich für die Zukunft des jüdischen Volkes fühlen; diejenigen, die überzeugt vom Bankrott gängiger Ideologien bereit sind, sich den Kopf zu zerbrechen um eine theoretische Neufundierung jüdischer Politik; diejenigen, die wissen, daß der Kampf für die Freiheit weder von Notablen noch von Weltrevolutionären geführt werden kann, sondern nur von Menschen, die sie für ihre eigene Nation verwirklichen wollen; und diejenigen, die wirklich willens sind, für das, was sie als richtig erkannt haben, einzustehen.«[175]

Etwa zwei Dutzend Leute kamen und debattierten lebhaft und kontrovers[176] über Referate, die vielfach von Hannah Arendt vorgetragen oder eingeleitet wurden. Sie hoffte auf einen freien Wettstreit der Meinungen. An dem Themenabend »Kritik der zionistischen Ideologie« äußerte sie, der Zionismus habe durch das Festhalten an ideologischen Überzeugungen versagt: »Dazu gehörten: a) die Hoffnung auf Antisemiten als ›Verbündete‹ (Herzl); b) die Illusion von der naturhaften Un-

174 Kurt Blumenfeld, *Erlebte Judenfrage. Ein Vierteljahrhundert deutscher Zionismus*, Stuttgart 1962, S. 53.

175 Siehe Protokolle der Jungjüdischen Gruppe (Hannah Arendt Papers, Library of Congress, Container 76), Gründungsaufruf (abgedruckt auch im »Aufbau«, 27. Februar 1942). Die Themen verweisen bereits auf Hannah Arendts spätere politische Theorie: Freiheit und Notwendigkeit/Realpolitik oder Ideenpolitik/Geschichte des Zionismus/Kritik der zionistischen Ideologie/Philanthropie als politische Organisationsform des jüdischen Volkes/Über den Auserwähltheitsglauben der Juden/Die Staatenlosigkeit der europäischen Juden.

176 In den Diskussionsprotokollen finden sich neben Kurt Blumenfeld andere Namen: Ludwig Aron, V. Ettinger, K. Bluhm, Elise Cahn, Heinrich Gomperz.

abwendbarkeit des Antisemitismus; c) die Blut-und-Boden-Ideologie als spezifisch deutsche Entstellung der nationalen Land-Volk-Theorie.« Aufgrund des Palästinozentrismus zeige sich der Zionismus an allen jüdischen Gesamtfragen desinteressiert und unterteile das Volk in eine notwendig untergehende Galuth und eine notwendig gerettete Minorität in Palästina. Ferner kritisierte sie den »Verzicht« auf einen innerjüdischen Kampf, der mit dem Kompromiß der Jewish Agency besiegelt worden sei, und forderte am Ende, daß der Zionismus seine Isolierung von der Galuth aufgeben müsse.

Blumenfeld antwortete harsch: »Was hier gewollt wird, führt zu dem Untergang Palästinas, dagegen gibt es nur einen Kampf auf Leben und Tod.« Worauf Arendt erwiderte: »Einen Kampf um Leben und Tod gibt es für uns nur mit denen, die das jüdische Volk vernichten wollen. Zwischen jüdischen Patrioten kann es nur Differenzen geben, die politisch auszutragen sind.«

Auch in der Jungjüdischen Gruppe war also der von Arendt gewünschte freie, öffentliche Streit der Meinungen offensichtlich nicht zu haben. Vielmehr stieß sie auch hier auf das Freund-Feind-Schema, welches dazu tendiert, Politik auf zwei im Gleichschritt marschierende Fronten zu reduzieren. »Alle diese Ismen«, sagte Hannah Arendt am 11. März 1942 in der Jungjüdischen Gruppe und rechnete auch den Zionismus dazu, »haben eins gemeinsam: Sie prophezeien die Zukunft und fordern Menschen auf, in ihre Kolonnen einzutreten, da sie unweigerlich in die Zukunft marschieren.«

Ein solches Einschwören auf eine Marschkolonne der Zukunft erkannte Hannah Arendt in den Beschlüssen der New Yorker Biltmore-Konferenz vom Mai 1942[177], die in ihren Augen eine entscheidende Zäsur in der Geschichte des Zionismus darstellten. Auf der Konferenz im Hotel Biltmore hatten die amerikanischen Zionisten die jüdische Armee, also den

---

177 Zur Biltmore-Konferenz siehe Anm. 48 und 59.

eigenständigen Kampf der Juden gegen Hitler, aufgegeben. Die Deutschen führten einen Vertreibungs- und Vernichtungskrieg gegen die Juden, doch anstatt sich dieser Wirklichkeit zu stellen und entgegenzustellen, aktualisierten die Zionisten die Nur-Opfer-Haltung und schworen sich auf die Forderung ein, fremde Protektionsmächte mögen ihnen endlich eine Zukunft in Palästina gewähren.

»Es ist gar nicht so leicht, Menschen oder Völker apathisch zu machen, aber wir scheinen es geschafft zu haben. Zweihundert Jahre lang haben wir es den Plutokraten und Philanthropen überlassen, uns zu regieren und uns in der Welt zu repräsentieren. Zweihundert Jahre lang haben wir uns einreden lassen, daß der sicherste Weg zum Überleben der ist, sich tot zu stellen. Mit dem Erfolg, daß wir selbst unter uns oft nicht wissen, wandeln wir unter Lebenden oder unter Toten; mit dem Erfolg, daß wir uns in einer Scheinwelt bewegen, in der überhaupt nichts mehr mit rechten Dingen zugeht: Wenn wir uns in Gefahr befinden, hoffen wir auf Wunder, und wenn wir relativ sicher sind, fürchten wir uns vor unserem eigenen Schatten; politische Bewegungen wie den Antisemitismus halten wir für naturnotwendig, aber die wenn nicht natürlichen, so doch menschlichen Gesetze des Kampfes halten wir für Einbildungen; eine Geldkampagne ist bei uns eine Tat, aber die Organisation des Volkes demagogischer Unfug; wenn der Feind vor den Toren steht, entwerfen wir konstruktive Pläne für die Zukunft – und vergessen den kommenden Tag. Bedenkt man, was diesmal alles auf dem Spiel steht – man könnte das Gruseln lernen« (aus: »Mit dem Rücken an der Wand«, siehe S. 70f.).

Offensichtlich stand die New Yorker Jungjüdische Gruppe nicht allein; auch in London wirbelte der Zionist und Freund aus Berliner Tagen Salomon Adler-Rudel »ungefähr zur selben Zeit in unserem internen Zirkel hier etwas Staub auf« mit ketzerischen Vorschlägen einer Neuorientierung, wie er Hannah Arendt am 1. Oktober 1942 mitteilte. Doch er gab es, wie er schrieb, bald wieder auf, »mit dem Kopf gegen die Wand zu rennen«. Hannah Arendt antwortete ihm im Februar 1943: »Die Wand, hat sich herausgestellt, ist aus Gummi, und ich habe es auch wieder aufgegeben.«[178]

Sie erfuhr: Die politische Reichweite des Sprechens, das an keine politische Zugehörigkeit gebunden ist, ist gering – zumal in finsteren Zeiten.

Die Bedrohung des Politischen – Von der Politik zur politischen Theorie

»Wenn man angegriffen wird, muß man sich wehren«, hatte die Mutter Hannah Arendt beigebracht. Und: Wer als Jude angegriffen wird, muß sich als Jude wehren. Denn: »Ein Volk, das sich seiner Feinde nicht mehr erwehrt, ist kein Volk, sondern ein lebender Leichnam.«[179] Die Flucht der Zionisten in die Zukunft bedeutete Ohnmacht, welche durch die Schreckensnachrichten aus Europa Ende 1942 noch verstärkt wurde.

Fragt man sich, weshalb Hannah Arendt im November 1942 die Kolumne aufgab, so muß man sich den Ereignissen jener Monate zuwenden: zum einen der Unfaßbarkeit der Nachrichten, die aus Europa nach Amerika gelangten, zum anderen der zionistischen Politik selber.

Ab dem 6. November 1942 veröffentlichte der »Aufbau« in jeder Nummer seitenlang kleinstgedruckte Namenslisten von Deportierten: aus dem südfranzösischen Lager Gurs (wo Han-

178 Der Briefwechsel zwischen Hannah Arendt und dem Zionisten Salomon Adler-Rudel (1894–1975) liegt in den Central Zionist Archives, Jerusalem. Ich danke Iris Pilling für die freundliche Überlassung.

179 »Die jüdische Armee – ein Mittel zur Versöhnung der Völker«, Hannah Arendt Papers (Library of Congress, Container 71).

nah Arendt 1940 interniert gewesen war), aus Rivesaltes und anderen Lagern, ferner Suchlisten des Roten Kreuzes. Diese Listen dokumentierten die schwindende Hoffnung auf eine Rettung der Juden. »Wir unterziehen uns dieser traurigen Aufgabe (der Veröffentlichung, MLK), weil wir glauben, daß (...) die dadurch erlangte Gewißheit dem trostlosen Warten auf Nachricht von ihren Lieben noch vorzuziehen ist«, schrieb die Redaktion einleitend. Am 25. November, wenige Tage nach der letzten »This means you«-Kolumne, veröffentlichte die »New York Times« den Bericht von Stephen S. Wise, demzufolge die Nazis im Osten systematisch bereits zwei Millionen Juden liquidiert hatten. Die Angst war zur schrecklichen Gewißheit geworden. Wo Angst und Grauen vorherrschen, zieht sich die Seele aus der Welt zurück, konstatierte Hannah Arendt 1958 in ihrer Lessing-Rede.

Innerhalb der Zionisten stand Hannah Arendt mit ihrer Biltmore-Kritik auf verlorenem Posten. Nach dem Sieg der Alliierten über Rommels Truppen in Nordafrika war Palästina nicht länger unmittelbar bedroht, so daß die Jewish Agency auf ihrer Konferenz am 10. November 1942 beschloß, die Biltmore-Beschlüsse uneingeschränkt zu übernehmen. Die Forderung nach einer Jüdischen Armee verschwand von der Tagesordnung. Vielmehr konzentrierten sich die jüdischen Palästinenser auf die Forderung nach einem »jüdischen Gemeinwesen«, in welchem sie allerdings den arabischen Palästinensern nur Minderheitenrechte gewähren wollten, obwohl diese, im Lande geboren, die Mehrheit stellten. Die Jewish Agency setzte auf eine nationalstaatliche Lösung und forderte, daß alle Juden, um den eigenen politischen Zielen mehr Gehör zu verschaffen, fortan mit einer Stimme sprechen müßten. Wer öffentlich abweichende Positionen vertrat, geriet schnell in den Verdacht des Verrats. Organisationen, die eine Verständigung mit den Arabern suchten, wurden bekämpft, hier und da drohte man gar mit dem Ausschluß aus der Jewish Agency. So vollzog sich in Arendts Augen die »Verwandlung eines Volkes in mehr oder minder fanatisierte Scharen von ›Anhängern‹« (»Frei und demokratisch«, S. 172).

Arendts öffentliches (relatives) »Verstummen« zwischen Ende 1942 und Mitte 1944 war somit der Erfahrung eines umfassend bedrohlichen Handlungs- und Weltverlustes geschuldet: Mit der Aufgabe der Jüdischen Armee schwand die Hoffnung auf den Freiheitskampf des jüdischen Volkes; mit dem Einschwören auf den jüdischen Staat sank das Engagement für eine Rettung der europäischen Juden, mit der Uniformierung des Zionismus schwand das politische Handlungsfeld. Was statt dessen wuchs, war die Nur-Opfer-Haltung, deren reale politische Ohnmacht vielfach durch Maximalismus kompensiert wurde.

Der »Bann« brach erst, als die Nachrichten vom jüdischen Widerstand in Europa nach Amerika gelangten: Juden handelten, sie kämpften!

Hannah Arendt diagnostizierte in den »Aufbau«-Texten die Bedrohung des Politischen: u. a. durch »Meinungsterror« und eine »Solidarität der Angst«. Mit ihrer Kritik an »Propaganda als Mittel der Politik«, »Vorherrschaft der Propaganda über die Wirklichkeit« sowie der Unterordnung der Gegenwart unter die Zukunft entwarf sie bereits während des Krieges Denkansätze und Begriffe, die später, in *Elemente und Ursprünge totaler Herrschaft,* wichtige Bausteine ihrer theoretischen Auseinandersetzung mit dem Totalitarismus wurden – Denkansätze, die in den 60er Jahren auch in ihren Analysen der Gefahren der Massengesellschaft wieder auftauchen. Die Rettung der politischen Handlungsfähigkeit und der damit verbundenen Verantwortungsfähigkeit des Menschen auch in finsteren Zeiten ist ein zentrales Thema in Arendts gesamter späterer politischer Essayistik. Dabei stehen zwei Aspekte bereits in den »Aufbau«-Texten im Vordergrund, die auch ihre späteren Analysen kennzeichnen: Zum einen untersucht und befragt sie zeitlebens die unmittelbare Handlungs- und Verantwortungsfähigkeit des Einzelnen. Das Thema der Widerstandskämpferin Betty aus »Eine Lehre in sechs Schüssen« (S. 154) findet sich wieder in dem Aufsatz »Was heißt persönliche Verantwortung unter einer Diktatur?«[180] ebenso wie in ihrem Eichmann-Report. Ihre dortige Frage, welche Freiheit zu handeln die Menschen (in diesem Falle: die Juden und die Judenräte) unter totalitären Bedingungen überhaupt haben und sich nehmen können, ist in der damaligen Kontroverse kaum zur Kenntnis genommen worden, wie überhaupt ihr Engagement aus der Kriegszeit in der Eichmann-Debatte übergangen wurde, obwohl (oder doch: weil?) viele ihrer Kritiker sie aus jener Zeit sehr gut kannten. Vor dem Hintergrund ihres in diesem Band dokumentierten verzweifelten Kampfes um eine politische Anerkennung des jüdischen Volkes erscheint z. B. Gershom Scholems Vorwurf, ihr fehle die Liebe zum jüdischen Volk[181], polemisch. Und auch die heutige Kritik des Widerstandsforschers Arno Lustiger an Hannah Arendt, sie habe den jüdischen Widerstand geleugnet und das jüdische Volk diffamiert, ist spätestens nach Lektüre dieser Texte unverständlich.[182]

Zum anderen schloß Hannah Arendt – nicht zuletzt aus der Erfahrung der eigenen Staatenlosigkeit – auf die Notwendigkeit, allen Menschen, unabhängig von ihrer Zugehörigkeit zu einem Staat oder einer Nation, Rechte und Freiheiten zu garantieren: die Freiheit der Meinungsäußerung, die Freiheit des Miteinander-Redens (und Gehört-Werdens) und die Bewegungsfreiheit. Die Bewegungsfreiheit aber schloß zwei Freiheiten mit ein, welche die Zionisten außer acht ließen: die Freiheit der palästinensischen Araber, als gleichberechtigte Bürger in Palästina zu leben[183], und die Freiheit der Juden, nach dem

180 *Nach Auschwitz*, Berlin 1989, S. 81 ff.

181 Siehe Briefwechsel zwischen Hannah Arendt und Gershom Scholem, abgedruckt in: *Nach Auschwitz*, S. 63–79.

182 Die Frage, warum ihr Engagement aus der Kriegszeit in der Eichmann-Kontroverse nicht zur Sprache kam und aus welchem Motiv heraus sich die nicht nur von Lustiger vorgebrachte Kritik so hartnäckig hält, harrt einer gesonderten Untersuchung.

Krieg dorthin zu gehen, wohin sie wollten (also weder an den Ort ihrer Herkunft zurückkehren zu müssen noch zwangsweise nach Palästina deportiert zu werden). »Zwischen der Skylla der blinden Rache und der Charybdis der tatenlosen Feigheit führt der schmale Grat des Rechts« (s. »Konfusion«, S. 82). Recht und Gesetze (schreibt sie in *Elemente und Ursprünge totaler Herrschaft*) sichern eine Kontinuität in der Sphäre des menschlichen Zusammenlebens und umhegen den Raum, in dem freies politisches Handeln erst möglich wird. Arendts Erfahrung, daß sich kein Staat und keine Organisation bereit fand, den Juden Rechte zu garantieren, sorgte zeitlebens dafür, daß sie auf der rechtlichen Gleichheit der Menschen beharrte, ja ein »eingeborenes Menschenrecht«[184] forderte. Nur weil die Juden staatenlos waren, schlußfolgerte sie 1951 in *Elemente und Ursprünge totaler Herrschaft*, konnten die Nazis sie umbringen.[185] »Ich habe einen Paß, das schönste Buch (einen Paß!)«, schrieb ausgerechnet sie, die femme de lettres par excellence, 1959 an Günther Anders. »Die partikularen Rechte, die der Staatenlose in nichttotalitären Ländern genießt und die sich vielfach mit den proklamierten Menschenrechten decken, können an der fundamentalen Situation der

---

183 Die von den Zionisten beabsichtigte Verwandlung der arabischen Palästinenser in Bürger zweiter Klasse war in gewisser Weise einer Zwangslage geschuldet. In einem nach Ablauf der Mandatszeit zu konstituierenden Staat hätten bei rechtlicher Gleichheit von Juden und Arabern die Araber das Sagen gehabt, da sie die Mehrheit der Bevölkerung stellten. Was sollten die Zionisten tun, wenn sie nicht unter einer arabischen Regierung leben wollten? Es würde an dieser Stelle zu weit führen, die ganze Tragweite des Problems zu beleuchten; gesagt sei nur, daß Hannah Arendt sich als Kritikerin über diese Frage ausschweigen konnte. Politiker konnten das nicht.

184 *Elemente und Ursprünge totaler Herrschaft*, S. 607.

185 Nur weil Eichmann staatenlos war, schlußfolgerte sie 1963 in *Eichmann in Jerusalem*, konnte der Mossad ihn entführen (siehe Sheila Benhabib, »Identität, Perspektive und Erzählung in *Eichmann in Jerusalem*«, in: *Hannah Arendt revisited. »Eichmann in Jerusalem« und die Folgen*, S. 102).

Rechtlosigkeit nicht das geringste ändern. ... Seine Bewegungsfreiheit ... gründet sich auf kein Aufenthaltsrecht, und Bewegungsfreiheit ohne Aufenthaltsrecht hat mit der Hasenfreiheit zu Zeiten der Jagd eine verzweifelte Ähnlichkeit. Seine Meinungsfreiheit erweist sich immer als eine Narrenfreiheit, weil das, was er denkt, für nichts und niemanden von Belang ist«, schreibt sie in *Elemente und Ursprünge totaler Herrschaft.*[186]

Erst in einem durch Rechte garantierten und umhegten Raum können sich die Menschen frei in ihrer Verschiedenheit sprechend und handelnd in die Welt einschalten. Doch Pluralität und Freiheit, die Grundvoraussetzungen von Arendts republikanischem Politikverständnis, sind, so ihre Analysen der 60er Jahre, nicht nur durch Diktaturen und totalitäre Regime, sondern auch in den modernen Massengesellschaften durch Konsumismus, Konformismus, »Image-Making« und die Logik des Sachzwangs gefährdet. Arendt hat aus ihrer in der Kriegszeit begonnenen Analyse der Bedrohung des Politischen heraus nicht allein den Erhalt des politischen Raums verteidigt, sondern nach dessen permanenter Erneuerung gesucht: So studierte sie in der 60er Jahren die Geschichte der Französischen und Amerikanischen Revolution und fragte nach den Chancen des Rätesystems für die Demokratie; und so verband sie ihre Analyse des Amerikas von Watergate und Vietnam mit der Forderung, das Recht auf zivilen Ungehorsam in der amerikanischen Verfassung zu verankern. Ihre »Wette gegen den Totalitarismus« galt der Rettung des Politischen: der menschlichen Fähigkeit und Freiheit zu handeln.[187]

---

186 Die Freiheit und die gleichen Rechtsgarantien für alle, die sie 1942 für die arabischen Palästinenser forderte, tauchen in den 50er/60er Jahren wieder auf, als Arendt die rechtliche Gleichstellung für Schwarze in Amerika forderte und im Eichmann-Report dieselbe Forderung für Araber in Israel noch einmal erhob.

... nur noch auf dem Monde sicher

So »stellen Juden sich heute zu dem großen Kampf um ihre Existenz«, schrieb sie bitter ironisch 1942 über die allgemeine Stimmungslage. »Die einen überzeugt, daß ›keiner weiß, daß ich Rumpelstilzchen heiß'‹. Die anderen selig in dem Bewußtsein, den Zeitgeist zu personifizieren, indem sie ausgerottet werden. Und die dritten ängstlich darauf bedacht, nicht mehr zu verteidigen und nicht mehr zu fordern als jüdisches Territorium in Palästina, als Sicherheit für den Jischuw von 500000 Seelen, als das Stückchen Erde, auf dem man hofft, vor Antisemitismus sicher zu sein. Vor Antisemitismus aber ist man nur noch auf dem Monde sicher« (»Ceterum Censeo«, siehe S. 30).

So bitter-spöttisch diese Bemerkung ist: Auch heute, 50 Jahre nach der Gründung des Staates Israel, ist man dort vor Antisemitismus nicht sicher. Mit ihrer Kritik an der zionistischen Bewegung und ihrer Sorge um die Entwicklung in Palästina sollte sie in vielen Punkten recht behalten: Nach dem Krieg haben die Zionisten aus dem Judenhaß und dem erfahrenen Leid selbstverständlich propagandistischen Nutzen gezogen, sie haben nach der Staatsgründung die arabischen Palästinenser, die zur Mandatszeit die gleiche palästinensische Staatsbürgerschaft besaßen, in Bürger zweiter Klasse verwandelt. Einen sicheren Frieden mit den arabischen Nachbarstaaten gibt es bis heute nicht.

Als politische Essayistin konnte Hannah Arendt den Zwangslagen der politischen Wirklichkeit mit Ideen begegnen,

---

187 Die »Wette gegen den Totalitarismus« stammt von Paul Ricoeur: »Von der Philosophie zum Politischen. Zu den Pfaden des Denkens von Hannah Arendt«, abgedruckt in: Leo Krämer, Claus Leggewie (Hrsg.), *Wege ins Reich der Freiheit... André Gorz zum 65. Geburtstag*, Berlin 1989. In *Vita activa* fundierte Hannah Arendt später ihre Theorie des Handelns. Zur Analyse der Massengesellschaften siehe außerdem: *Wahrheit und Lüge in der Politik* und: *Zur Zeit.*

ohne deren Umsetzbarkeit verfolgen zu müssen. Auf seiten der Araber und auch der arabischen Palästinenser gab es in der Kriegszeit kaum Gesprächsbereitschaft mit den Juden. Vielmehr dominierten angesichts der weltpolitischen wie regionalen Spannungen Druck und Gegendruck – teilweise herrschten mörderische Verhältnisse just dort, wo Hannah Arendt ein freies, gleichberechtigtes Nebeneinander wünschte. Wer in das dramatische Tagesgeschehen der Politik involviert war, konnte Arendts die politischen Zwänge oft mißachtende Kritik leicht als »Verrat« mißverstehen. In ihrem Versuch, auf dem freien – von Zwangsläufigkeiten und Vorurteilen freien – Denken zu beharren, schuf sie eine produktive Distanz.

Doch vieles, das damals in der politischen Bedrängnis unterging oder gar als Feindseligkeit abgewiesen wurde, erscheint heute in hellerem Lichte. In keinem Parlament Europas etwa hat es nach dem Krieg die von ihr vorgeschlagene Repräsentanz der Juden gegeben. Jüdische politische Belange wurden hierzulande nicht von Juden vertreten – wenn überhaupt, saßen Juden als Vertreter allgemeiner Parteien in den Parlamenten. Auch wenn man heute über das Wie nur spekulieren kann, ist doch sicher, *daß* die Aufarbeitung der Vergangenheit anders ausgefallen wäre, wenn Juden als Juden überall in Europa und auch im ersten Deutschen Bundestag vertreten gewesen wären, wie Arendt dies forderte.

Gottfried Kellers Gedicht »Die öffentlichen Verleumder« ging, so erzählt Hannah Arendt in einem Brief an Uwe Johnson[188], eine Zeitlang unter den Widerstandsleuten von Hand zu Hand. »Für mich ist die letzte Strophe dieses Gedichtes immer der Weisheit letzter Schluß für die ganze Angelegenheit gewesen«, schreibt Hannah Arendt an Uwe Johnson.

---

188 Hannah Arendt an Uwe Johnson, 17. September 1974, in: Hannah Arendt Papers (Library of Congress, Container 11).

Wenn einstmals diese Not,
Lang wie ein Eis gebrochen,
Dann wird davon gesprochen
Wie von dem Schwarzen Tod.
Und einen Strohmann bau'n,
Die Kinder auf der Heide,
Zu brennen Lust aus Leide,
Und Licht aus altem Graun.

Lust aus Leide und Licht aus altem Graun! Leid und Grauen, die dazu angetan sind, den Menschen verstummen zu lassen, werden hier verwandelt in Lust und Licht.

Hannah Arendts »Weisheit letzter Schluß« ist die menschliche Fähigkeit zum Neuanfang, für den die Kinder stehen. Doch es handelt sich nicht um einen naiven Neuanfang, der einfach auf dem Vergessen des Alten basiert, sondern um einen Neuanfang, der das Eingedenken (an Leid und Graun) miteinschließt. Durch diesen Neuanfang entstehen Licht und Lust, die rettende Erhellung der Gegenwart also. Der Mensch, insofern er einen Anfang in die Welt setzen kann, ist der Grund zur Hoffnung und begründet in *Vita activa* das politische Handeln. Arendts lebenslanges Engagement, den Geist der Republik, die res publica, lebendig zu halten, hat hier, in den Texten der »Aufbau«-Zeit, seinen Ausgang genommen.

Anhang

Zur Minderheitenfrage

Brief an Erich Cohn-Bendit, Paris, Januar 1940

I

Die jüdische Frage wurde auf den Friedenskonferenzen von 1918 bis 1920 von zwei Seiten vertreten: einmal von den Zionisten, die bereits vor den Verhandlungen ein Sonderabkommen mit England, also einer Großmacht, hatten (Balfour-Deklaration, 1917); und zweitens von den Vertretern der ostjüdischen Massen in den neu zu konstituierenden Staaten. Beide Parteien prätendierten eine Art Lösung der Judenfrage, und beide unterstellten sich der SdN[1] als juristischer und politischer Garantin. Immerhin organisierten die Zionisten eine eigene politische Verhandlungsinstanz in Gestalt der späteren Jewish Agency, während das parallele Organ der jüdischen Minoritäten, Le Comité des Délégations Juives, niemals dazu bestimmt war, irgendeine Politik zu machen, sondern nur als eine Beschwerdestelle funktionierte, die zu der SdN vermittelte und auf den Minderheitenkongressen repräsentierte eine Art unbezahlter Advokatur. Dieser erste Unterschied, der zugunsten der Zionisten ausfällt, ist nicht zufällig: Die Zionisten hatten ja immerhin etwas zu tun, zu kolonisieren, Menschen ins Land zu bringen, Gelder aufzubringen etc., während die jüdischen Minderheiten völlig unbewegt gedacht waren, ohne jede eigene Initiative, gleichsam von Gott nur erschaffen, um vor Pogromen geschützt zu werden.

[1] Société des Nations, französische Bezeichnung für Völkerbund.

Diese beiden jüdischen Vertretungen handelten und sprachen ohne jede wirkliche Verwurzelung im jüdischen Volke. Auch dies war bei den Zionisten in schwächerem Maße der Fall als bei den Vertretern der Minderheiten, die überhaupt keinerlei Organisation hinter sich hatten. Die Juden der Emanzipationsländer – und damit wesentlich der Länder, die bei den Friedensverhandlungen zu entscheiden hatten – wollten überhaupt keine politische Vertretung, da sie auf dem Standpunkt standen, nur eine religiöse Minderheit zu sein und als solche ausreichend geschützt – zwar nicht als Juden geschützt, aber als Franzosen, Engländer, Deutsche usf. Dies hatte zweierlei zur Folge: Erstens bekam die Minderheitengesetzgebung, was die Juden anlangte, von vornherein etwas Vorläufiges, Provisorisches. Sie war der Ausweg bis zur Emanzipation bzw. bis zu einem Zeitpunkt, an dem auch polnische, rumänische und andere Juden als Polen, als Rumänen genügenden Schutz erlangt haben werden, bzw. bis zu dem Zeitpunkt, an dem diese Staaten den Grad der staatsbürgerlichen Reife erlangt haben werden, diesen Schutz als selbstverständlich zu gewähren. Zweitens bekamen die Vertreter der Minderheiten dadurch den Charakter provinzieller Repräsentanten bestimmter, geographisch festgelegter Judenheiten, die durch nichts mit den übrigen Teilen des Volkes verbunden waren.

Die gesamte Minderheitengesetzgebung zielte ja daraufhin ab, die Minderheiten zu entpolitisieren – Kulturautonomie schien dafür ein geeignetes Mittel. Wenn man oft gesagt hat, daß die Juden die Minderheit par excellence seien, weil sie des Mutterlandes entbehrten, so ist daran zumindest das richtig, daß sie als die einzige existierende Minderheit völlig zu entpolitisieren waren, weil ihnen der einzige politische Faktor, der trotz aller gesetzlichen Bestimmungen unweigerlich politisiert, das Mutterland, fehlte.

Stellt man sich also, zum Zwecke der Kritik, auf den Boden der damaligen Verhandlungen, so muß man sagen, daß es die Aufgabe der jüdischen Vertreter gewesen wäre, einen Ersatz für das Mutterland zu schaffen – und dies unabhängig von der Frage der Sicherheit. Bei dem damaligen Stand der nationalen Frage wären auch ohne Hitler die Minderheiten an Mangel an politischer Luft in dem Muff ihrer Schulen und Synagogen erstickt.

Den Ersatz des Mutterlandes hätte sowohl Palästina – ja selbst die Idee Palästinas – als die sogenannte Weltjudenheit stellen können. Letztere war damals aus verständlichen Gründen inexistent. Sie betätigte sich nur, sofern sie den neu geschaffenen Minderheiten ihre nationale Qualität absprach – um ihnen das Lebenslicht auszublasen. Der Zionismus hatte damals schon keine Diaspora-Politik – und wird an diesem Mangel zugrunde gehen. Obwohl alle oder fast alle jüdischen Minderheitenpolitiker (mit Ausnahme Dubnows) Zionisten waren, ist es keinem von ihnen eingefallen, die zionistische Organisation, den einzigen politischen und noch dazu von einer Großmacht anerkannten Organismus, zu benutzen oder überhaupt nur diese beiden Fragen miteinander zu verbinden. Das wäre nicht unmöglich gewesen. Man hätte etwa sagen können: Wir, die wir in Palästina nationales Heimatrecht bekommen haben, verlangen in allen anderen Ländern der Welt nationale Minderheitenrechte. Wir werden diese Minderheiten durch unsere Organisation (eine gewählte Körperschaft, also mehr als ein Comité des Délégations Juives) schützen; wir werden andererseits von ihnen verlangen, daß sie uns in Palästina helfen (durch Import palästinensischer Produkte, Steuern – im Sinne des Karen Hajessod, der dann nie aus einer nationalen Institution zu einer Schnorrervereinigung herabgesunken wäre – usw.). Dann wäre allen klar gewesen: Wer Palästina schlägt, schlägt zum mindesten auch die Juden, die als Minoritäten anerkannt sind; wer die Golah schlägt, schlägt Palästina. De facto besteht dieser Zusammenhang ohnehin und ist unentrinnbar. Aber er ist weder den Einen noch den Andern je ins politische Bewußtsein gedrungen. Und dies im Interesse der Notabeln, deren Herrschaftsanspruch erst im Moment einer solchen Kollusion erschüttert worden wäre.

(Man kann m. E. an der Geschichte des Zionismus alle Schuldfaktoren der jüdischen nationalen Politik aufweisen. Das wäre vermutlich viel produktiver, und an ihren Fehlern wäre viel mehr zu lernen als an einer Kritik der Notabeln. Während nämlich die Notabeln stets in ihrem wohlverstandenen Interesse sabotierten und ihre Sabotage eine wirklich existente Schicht des jüdischen Volkes vertrat, sabotierten die Zionisten ihre eigene Bewegung. Aber darüber in einem anderen Zusammenhang.)

II

Alle Minderheitenpolitik, nicht nur die jüdische, ist gescheitert an der bestehend bleibenden Staatssouveränität. Der Völkerbund entpuppte sich als ein Verein, aus dem man beliebig austreten konnte. Obwohl bei Kriegsende nur in den neu geschaffenen Staaten beträchtliche Minderheiten existierten, lag eine Absurdität in der Tatsache, das Minderheitenrecht – also eine Schmälerung der Staatssouveränität – den Staaten aufzuzwingen, die man *gegen* Deutschland konstituierte, Deutschland selbst aber davon auszunehmen. Damit war klar, daß auch künftighin nur mit den großen Nationen gerechnet werden sollte.

Der dieser Regelung zugrunde liegende wahre Tatbestand, nämlich das Fehlen von Minderheiten in diesen Staaten, veränderte sich grundlegend bereits mit dem Beginn der russischen Massenemigration, also spätestens 1923/24. Seit diesem Zeitpunkt können wir das Entstehen einer ganz neuen europäischen Menschenklasse beobachten: die Staatenlosen. Sieht man die europäische Geschichte als die Entwicklung der europäischen Nationen oder als die Entwicklung europäischer Völker zu Nationen, so sind sie, die Staatenlosen, das wichtigste Produkt der neueren Geschichte. Seit 1920 beherbergen fast alle europäischen Staaten größere Massen von Menschen, die nirgends Heimatrecht haben, nirgends konsularisch geschützt, moderne Paria. Daß das Minderheitenrecht auf sie nicht anwendbar war, kennzeichnete sofort dessen wesentliches Scheitern: Es scheiterte an dem modernsten Phänomen.

Die Unmöglichkeit, diese Menschenmassen zu absorbieren, zeigt deutlich, daß das Faktum der Assimilation an Bedeutung entscheidend verloren hat. Es gibt in Europa keine Assimilation mehr, die Nationen sind zu entwickelt und zu alt. Es gibt auch für Juden keine Assimilation mehr. Die Assimilationschance des 19. Jahrhunderts – eigentlich des ausgehenden 18. – lag gerade in der durch die Französische Revolution hervorgerufenen Neukonstituierung der Völker und in ihrer Entwicklung zu Nationen. Dieser Prozeß ist heute aber abgeschlossen. Es kann keiner mehr hinzukommen. Ja, es findet der umgekehrte Prozeß statt: der der Ausgliederung sehr großer Menschenmassen und ihre Depravierung zu Paria.

Diese Paria nun, obwohl Europäer, sind von allen spezifisch nationalen Interessen getrennt, sie sind an einer gesamteuropäischen Politik die zuerst Interessierten und sind trotz der verschiedenartigsten Herkunft dadurch miteinander verbunden oder zu verbinden. Auch sie werden aber dadurch ihre Ursprungsnationalität nicht mehr los – was allein auch ihre Chance ist. Wenn alles sehr gut geht, könnten sie die Vorläufer eines neuen Europa werden.

III

Sehen wir von der notwendigen Kritik an dem bis zu diesem Kriege existierenden Minderheitenrecht und seinem Funktionieren ruhig einmal ab. Die Sache hatte an sich selbst etwas Absurdes. Selbst im idealen Fall können Minderheiten nur kulturelle Autonomie verlangen. Kultur ohne Politik, d.h. ohne Geschichte und nationalen Zusammenhang, wird zur dümmsten Folklore und zur völkischen Barbarei. Diese Gefahr besteht nicht nur in Palästina; sie zeigte sich bereits deutlich in der Entartung der jüdischen Jugendbünde nach dem Kriege sowohl in Polen wie in Deutschland. Obwohl man das moderne Minderheitenrecht ausschließlich auf eine juristische Basis stellen wollte, hat man doch den der Sache zugrunde liegenden Tatbestand nicht geändert. Dieser hätte nur politisch geändert werden können: Ein Volk kann nur dann irgendwo Minderheit sein, wenn es irgendwo Mehrheit ist. Dies ist nicht durch Spielereien aus der Welt zu schaffen wie die Erklärung, daß die Juden eben die Minderheit par excellence sind. Das heißt nur, daß sie gar keine Minderheit sind.

Ich brauche nicht lange auf die modernste Lösung der Minderheitenfrage einzugehen, die in Re-Importation besteht – zweifellos zur großen Erleichterung der Staaten, die gesehen haben, wie Minderheiten – echte Minderheiten – von ihrer Mehrheit zur Politik gezwungen wurden und zum Staat im Staate werden. Die Befriedung und die Zustimmung der davon Betroffenen – siehe Südtirol – zeigt aufs deutlichste, daß bei dem heutigen Stand der nationalen Frage eine wirkliche Lösung unmöglich erscheint. Was nun die Juden betrifft, so ist ihnen die neueste Methode besonders gefährlich, da sie ja in kein Majoritätsland, Mutterland, reimportiert werden können. Für sie kann es sich nur um Deportation handeln. Projekte dieser Art existierten vor dem Kriege und haben sich seit der Evian-Konferenz vervielfacht. Es ist eines der bösesten Zeichen, daß die Zionistische Organisation nie dagegen protestiert hat und daß weite Kreise der Territorialisten – und alle ehemaligen Notabeln tendieren dazu, Territorialisten zu werden – jüdischerseits an diesem Projekt-Unfug beteiligt sind. Man sollte nie sein eigenes Todesurteil unterschreiben.

IV

Sie sehen an dem Vorstehenden, daß ich bei dieser ganzen Frage dazu neige, das Kind mit dem Bade auszuschütten. Ich glaube einfach an keine mögliche Verbesserung der Minderheitenrechte für Juden, und es scheint mir absurd, »bessere Garantien« zu verlangen.

Kein Volk Europas leidet so schwer wie wir unter diesen neuen Verhältnissen. Weder die Polen noch die Tschechen. Unsere einzige Chance – aber auch die einzige Chance aller kleinen Völker – liegt in einem neuen föderalen System Europas. Unser Schicksal braucht nicht und darf nicht mehr verknüpft werden mit dem irgendwelcher Minderheiten – es wäre für uns hoffnungslos. Es kann nur verknüpft werden mit dem der kleinen europäischen Völker. Die Vorstellung, daß Nationen mit begrenzten und besiedelten Gebieten zusammenhängen und durch ihr Territorium geschützt sind, erfährt eine entscheidende Korrektur. Die Räume, die wirklich ökonomisch und politisch zu halten sind, erweitern sich dauernd. Es kann sehr bald eine Zeit kommen, wo die Zugehörigkeit zum Territorium durch die Zugehörigkeit zu einem Nationenverband ersetzt wird, in welchem nur der Verband als gesamter Politik macht. Also europäische Politik bei gleichzeitiger Aufrechterhaltung aller Nationalitäten. Bei solch einer Gesamtregelung wäre die Gefahr der Folklore nicht mehr existent. Erst in solch einem Stadium hat es wieder einen Sinn, auf minderheitliche Rechtsregelungen zurückzugreifen – und sei es nur, um zu beweisen, daß die Nationalität bei Trennung vom Boden nicht zugrunde geht.

Das 19. Jahrhundert hat uns den Zusammenfall von Staat und Nation beschert. Da die Juden überall staatstreu waren – Sie besinnen sich! –, mußten sie sich bemühen, ihre Nationalität loszuwerden, sie mußten sich assimilieren. Das 20. Jahrhundert zeigt uns in den furchtbaren Bevölkerungstransferierungen und den diversen Massakern – von den Armeniern und den Ukrainepogromen angefangen – die letzten Konsequenzen dieses Nationalismus. Die englische Commonwealth zeigt – wenn auch oft und zumeist in verzerrter Form – Ansätze zu neuen Bildungen. Man hört nicht auf, Inder oder Kanadier zu sein, wenn man dem Britischen Weltreich zugehört. Auch darum ist für uns dieser Krieg so wichtig und die Existenz Englands eines der letzten Bollwerke gegen die neue Barbarei. Es wäre eine Utopie – und nicht einmal eine schöne –, an eine einheitliche europäische Nation zu glauben. Eine solche könnte nur in Amerika entstehen, und zwar nur auf Grund eines geeinigten Europas. Aber es scheint mir keine Utopie, auf die Möglichkeit eines Nationenverbandes mit europäischem Parlament zu hoffen.

Was uns jedenfalls betrifft, so wäre dieses die einzige Rettung. Und nur für diese m. E. real existierende, wenn auch äußerst kleine Chance hat es einen Sinn, sich den Kopf zu zerbrechen. In solch einem Verbande könnten wir als europäische Nation anerkannt werden mit Repräsentanz in einem europäischen Parlament. Für diese »Lösung« der Judenfrage wäre das Vexierspiel des Volks ohne Land, das ein Land ohne Volk sucht – praktisch den Mond oder die Erlösung von Politik in der Folklore –, endlich sinnlos geworden. In diesem Rahmen nun sehe ich die von Ihnen geforderten »organisierten Einheiten«. Von ihnen würde dann allerdings schlechthin die Existenz des Volkes abhängen.

Die Organisierung hat zur ersten Voraussetzung, daß wir alle die Juden loswerden, die keine sein wollen. Ich nehme an, daß ohnehin sehr bald die bereits zu konstatierende Taufbewegung größere Massen ergreifen wird. Wir können darüber nur froh sein. Die Zeiten werden auch im günstigsten Fall zu ernst bleiben, als daß wir uns weiterhin den Luxus leisten könnten, für Menschen, die nicht zu uns gehören wollen und virtuelle Verräter sind, weil ihnen für ihren individuellen Ausweg kein Mittel zu schlecht ist und kein Weg zu entwürdigend, die moralische und politische Verantwortung vor der Welt zu übernehmen.

Eine Anerkennung des jüdischen Volkes mit Repräsentanz in einem europäischen Parlament würde diesen Prozeß nur noch beschleunigen. Aber ich halte, wie schon gesagt, auch sonst die Angst vor der kompletten Assimilation, der man nur durch Konzentration auf einem Territorium entgehen könnte, für völlig überholt. Sofern Assimilation ein Europäisierungsprozeß der ostjüdischen Massen ist, ist er ohnehin – so Gott will – unaufhaltsam. Die moralische Zweideutigkeit und Ehrlosigkeit braucht damit nicht mehr verbunden zu sein. Assimilation im alten Stil aber wird unaufhaltsam zur Taufe führen und damit sich selbst ad absurdum. Auch Naturalisierungen sind eigentlich bereits sinnlos. Es dauert drei Generationen, bis man Franzose, Engländer oder sonst was wirklich werden kann; es ist faktisch billiger nicht mehr zu machen. (Anders liegt es in Amerika!) Und diese drei Generationen kann man nur dann abwarten, wenn man das unwahrscheinliche Glück hat, daß inzwischen Naturalisierungen der einen Regierung nicht von der andern wieder rückgängig gemacht werden. Man kann halt mit drei Generationen nicht gleich anfangen. Wenn es die Chance des Paria einst war, ein Parvenu zu werden, so ist es unsere Chance politisch, daß individuelle Auswege – siehe Fremdenlegion etc. – heute nicht mehr individuell, sondern nur für Massen existieren – und damit natürlich schäbiger werden. Damit sind alle Parvenu-Anwärter, die auf »individuelle« Lösungen bedacht sein müssen, wieder massenweise gruppiert und beinahe organisiert. Das wird mit Gottes Hilfe vielleicht auch ihre Mentalität ändern.

V

Die Organisierung selbst muß vor allem – im Gegensatz zu den Minderheitengesetzen, die immer nur für ein Land galten und so taten, als gäbe es außerhalb des gerade in Frage stehenden Landes keine Juden – den solidarischen Zusammenhang des gesamten Volkes wahren. Dafür wird Palästina u. U. vielleicht wieder wichtig werden – obwohl mir dieses territoriale Experiment immer problematischer wird. Auf jeden Fall wird auch Palästina ohne eine jüdische Gesamtorganisation in Europa und Amerika, die in ihr Programm Palästina als Siedlungsgebiet aufnimmt, gar nicht mehr zu halten sein. Schon darum nicht, weil der gesamte Nahe Osten nur von einem geeinigten Europa her zu halten sein wird.

Wie ein solcher über Europa sich erstreckender nationaler Verband juristisch auszusehen hat, kurz, seine Konkretisierung ist mir noch ziemlich rätselhaft – und ich hoffe sehr auf Sie. Ich habe früher an Berufsorganisationen gedacht – Monopolisierung bestimmter Produktionen von der Urproduktion bis zum Vertrieb – auf Grund planmäßiger Umschichtung. Aber auch dieser Idee bin ich nicht sehr sicher. Immerhin, die wichtigste Voraussetzung dafür, die Herausdrängung aus den Vermittlerberufen, ist ja bereits gegeben. Und man hat dadurch künftig die Möglichkeit, sich auf arbeitende und produktive Elemente zu stützen.

Das schwerste politische Handicap – aber auch sachliche – wird bei uns selbst zweifellos in der amerikanischen Judenheit entstehen, die ganz einfach in voller »Naivität« die Erbschaft der Notabeln angetreten hat. Immerhin muß man zugeben, daß sie dafür auch zahlt. Sie wird sich zweifellos das Recht anmaßen, über unser Schicksal zu entscheiden, und versuchen, unser Selbstbestimmungsrecht so zu eliminieren – wie Direktoren europäischer Abstammung im Joint.

VI

Um zu resümieren: War schon vor den Erfahrungen der letzten Jahre eine Solidarität der Juden mit den sonstigen Minderheiten eine äußerst problematische Sache, so hat sie sich heute als schädlich erwiesen. Alles, was von der Minderheitenpolitik geblieben ist, ist der Versuch, uns in Palästina in eine Minderheitenposition zu drängen. Dagegen spricht viel dafür, daß eine Solidarisierung mit den kleinen europäischen Nationen, deren Existenz durch Territorium nicht mehr zu sichern ist, immer aussichtsreicher und sinnvoller wird. Vielleicht kann auch die jüdische Nation als Mitglied des europäischen Nationenverbandes und eines europäischen Staates ein Siedlungsgebiet suchen oder Palästina wirklich halten. Jede Siedlung außerhalb eines solchen Verbandes und nicht von ihm garantiert kann nur eine Chimäre oder eine Deportation mit Zwangsarbeit bedeuten.

Literatur- und Quellenverzeichnis

Im folgenden werden nur Titel angeführt, auf die im Text verwiesen wird.

Unveröffentlichte Texte aus den »Hannah Arendt Papers, 1906–1975« in der Manuscript-Division der Library of Congress, Washington D.C.

Judenfrage (Vortragsskizze), 1937 oder 1938 in Paris, Container 71

Jüdische Politik (wahrscheinlich August 1942) erschienen in »Idea Zionista«, Container 71

Die jüdische Armee – ein Mittel zur Versöhnung der Völker, Container 71

Maariv – Warum hat die Welt geschwiegen?, 1964, Container 33

Briefwechsel mit Paul Tillich, 1942, Container 14

Briefwechsel mit Gershom Scholem, Container 14

Briefwechsel mit Manfred George, Container 9, Briefe G. Vermischtes

German Emigrees, Container 70

Jewish History, The death end of German history, Container 71

The Crisis of Zionism, unpublished lecture, 1943, Container 63

Die Protokolle der Jungjüdischen Gruppe (unvollständig), Container 73

Die Minderheitenfrage – Kopie eines Briefes an Erich Cohn-Bendit, Januar 1940, Container 79

Briefwechsel Klaus Wagenbach, Container 32

Foreign affairs in the foreign language press, Container 70

Aus anderen Archiven

Briefwechsel zwischen Hannah Arendt und Henry Hurwitz, »The Henry Hurwitz/Menorah Association Memorial Collection«, 1911–1963, in den American Jewish Archives, Cincinnati, Ohio (Ms Col 2)

Briefwechsel zwischen Hannah Arendt und Selig Adler-Rudel, ca. 1941–1945, Central Zionist Archives, Jerusalem

Briefwechsel Hannah Arendt und Günther Anders, 1938–1959, Wien, Privatbesitz

Veröffentlichungen von Hannah Arendt zum Thema

- *Sechs Essays,* Heidelberg 1948
- *Elemente und Ursprünge totaler Herrschaft.* Von der Verfasserin übertragene und neubearbeitete Fassung, Frankfurt/M. 1955, alle Zitatverweise im vorliegenden Band nach der Neuausgabe (TB), München 1986
- *Fragwürdige Traditionsbestände im politischen Denken der Gegenwart: Vier Essays.* Aus dem Englischen übertragen von Charlotte Beradt, Frankfurt/M. 1957
- *Rahel Varnhagen. Lebensgeschichte einer deutschen Jüdin aus der Romantik,* München 1959
- *Vita activa oder Vom tätigen Leben,* Stuttgart 1960
- *Über die Revolution,* München 1963
- *Eichmann Report. Über die Banalität des Bösen,* München 1964
- *Wahrheit und Lüge in der Politik,* München 1972
- *Die verborgene Tradition,* Frankfurt 1976
- *Hannah Arendt und Karl Jaspers. Briefwechsel 1926–1969,* hrsg. von Lotte Köhler und Hans Saner, München 1985
- *Zur Zeit. Politische Essays,* hrsg. und mit einem Nachwort von Marie Luise Knott, Berlin 1986
- *Menschen in finsteren Zeiten,* hrsg. von Ursula Ludz, München 1989
- *Nach Auschwitz. Essays und Kommentare 1,* hrsg. von Klaus Bittermann und Eike Geisel, Berlin 1989

- *Die Krise des Zionismus. Essays und Kommentare 2*, hrsg. von Eike Geisel und Klaus Bittermann, Nachwort von Henryk M. Broder, Berlin 1989
- *Was ist Existenzphilosophie* (1946), Bodenheim 1990
- *Was ist Politik?* Fragmente aus dem Nachlaß, hrsg. von Ursula Ludz, Vorwort von Kurt Sontheimer, München/Zürich 1993
- *Zwischen Vergangenheit und Zukunft: Übungen im Politischen Denken 1*, hrsg. von Ursula Ludz, München 1994
- *Hannah Arendt und Kurt Blumenfeld, »... in keinem Besitz verwurzelt«. Die Korrespondenz*, hrsg. von Ingeborg Nordmann und Iris Pilling, Hamburg 1994
- *Hannah Arendt und Hermann Broch, Briefwechsel 1946–1951*, hrsg. von Paul Michael Lützeler, Frankfurt/M. 1996
- *Hannah Arendt und Heinrich Blücher, Briefe 1936–1968*, München 1997
- *Rede anläßlich der Verleihung des Lessingpreises (1959).* Mit einem Essay von Ingeborg Nordmann, Hamburg 1999.

Für eine vollständige Bibliographie siehe vor allem: Hannah Arendt, *Ich will verstehen., Selbstauskünfte zu Leben und Werk*, hrsg. von Ursula Ludz, München 1996. Außerdem die umfangreiche Biographie von Elisabeth Young Bruehl, *Hannah Arendt, Leben, Werk und Zeit*, München 1986, sowie Wolfgang Heuer, *Hannah Arendt*, Reinbek 1987.

Ferner:
- *The Jew as Pariah*, hrsg. von Ron H. Feldman, New York 1978
- *Auschwitz et Jérusalem.* Vorwort von Françoise Collin, Paris 1991

Literatur

Alte Synagoge (Hrsg.), *Hannah Arendt. Lebensgeschichte einer deutschen Jüdin*, Essen 1995

Alte Synagoge (Hrsg.), *Treue als Zeichen der Wahrheit*, Essen 1997

Michel Bar-Zohar, *Ben-Gurion. Der streitbare Prophet*, Hamburg 1968

Aaron Berman, *Nazism, the Jews and American Zionism, 1933–48*, Detroit (Wayne State University Press) 1990

Kurt Blumenfeld, *Erlebte Judenfrage. Ein Vierteljahrhundert Deutscher Zionismus*, Stuttgart 1962

Ders., *Im Kampf um den Zionismus. Briefe aus fünf Jahrzehnten*, Stuttgart 1976

John Mc Cabe, *Charlie Chaplin*, London 1978

Michael Coren, *The Invisible Man, Life and Liberties of H. G. Wells*, London 1993

Isaac Deutscher, *Die ungelöste Judenfrage*, Berlin 1977

Max Domarus, *Hitler. Reden und Proklamationen, 1932–45*, Bd. II, Wiesbaden 1973

Enzyklopädie des Holocaust, 3 Bände, München 1995

Ilja Ehrenburg, Wassilij Grossmann, *Das Schwarzbuch. Der Genozid an den sowjetischen Juden* (Hrsg. der deutschen Ausgabe: Arno Lustiger), Reinbek 1995

Mathias Greffrath (Hrsg.), *Die Zerstörung einer Zukunft. Gespräche mit emigrierten Sozialwissenschaftlern*, Reinbek 1979

Ben Hecht, *A Child of the Century*, London 1954

Susann Heenen-Wolf, *Erez Palästina. Juden und Palästinenser im Konflikt um ein Land*, Frankfurt/M. 1987

Anthony Heilbutt, *Exiled in Paradise*, New York 1983

David Hirst, *The Gun and the Olive Branch*, London 1979

Milena Jesenska, »Adieu Jules Romains!« in: *Alles ist Leben*, Frankfurt/M. 1986

Leo Krämer, Claus Leggewie (Hrsg.), *Wege ins Reich der Freiheit. André Gorz zum 65. Geburtstag*, Berlin 1989

Arthur Koestler, *Diebe in der Nacht.* Autorisierte Übersetzung von Dr. Lilly Speiser, Wien-Frankfurt/M. o. J.

Ders., *Promise and Fulfillment, Palestine 1917–1949*, London 1949

Hannah Krall, *Schneller als der liebe Gott*, Frankfurt/M. 1980

Johannes von Leers (Hrsg.), *Juden sehen Dich an*, Berlin 1933

Martine Leibovici, *Hannah Arendt, une juive. Expérience, politique et histoire*, Paris 1998

Arno Lustiger, *Zum Kampf auf Leben und Tod*, Köln 1994

Ders., *Juden im Spanischen Bürgerkrieg*, Köln 1996

Joseph Maier, *Witnesses to Nuremberg*, New York 1999

Thomas Mann, *Deutsche Hörer! Radiosendungen nach Deutschland aus den Jahren 1940–1945*, Frankfurt/M. 1986

Ezra Mendelsohn, *The Jews of East Central Europe between the World Wars*, Bloomington 1983

Iris Pilling, *Denken und Handeln als Jüdin. Hannah Arendts politische Theorie vor 1950*, Frankfurt/M. 1996

Joachim Radkau, *Deutsche Emigranten in den USA*, Opladen 1972

Adelbert Reif (Hrsg.), *Hannah Arendt. Materialien zu ihrem Werk*, Wien 1979

Tom Segev, *Die siebte Million. Der Holocaust und Israels Politik der Erinnerung*, Reinbek 1995

Gary Smith (Hrsg.), *Hannah Arendt revisited. »Eichmann in Jerusalem« und die Folgen*, Frankfurt/M. 2000

Christopher Sykes, *Kreuzwege nach Israel. Die Vorgeschichte des jüdischen Staates*, Stuttgart 1972

Weliczker Wells, *Und sie machten Politik. Die amerikanischen Zionisten und der Holocaust*, München 1989

Harold Werner, *Partisan im Zweiten Weltkrieg. Erinnerungen eines polnischen Juden*, Lüneburg 1999

David S. Wymann, *Das unerwünschte Volk. Amerika und die Vernichtung der europäischen Juden*, Frankfurt/M. 2000

Elisabeth Young-Bruehl, *Hannah Arendt. Leben und Werk*, Frankfurt/M. 1986

Moshe Zimmermann, *Die deutschen Juden 1914–1945*, Enzyklopädie der deutschen Geschichte, Band 43, München 1997

Zeitschriften

»Aufbau«, 1941–1945, Mikrofilm-Archiv des Otto-Suhr-Instituts, Berlin

»Magazine Littéraire«, 1995 n. 337, darin: Martine Leibovici, »Zionisme Reconsidérée«, S. 41–45

Tony Judt, »Zu Hause in diesem Jahrhundert«, in: »Sinn und Form«, 1995, J. 47, n. 4, S. 481–498

Dagmar Barnouw, »Der Jude als Paria«, in: »Exilforschung. Ein internationales Jahrbuch«, Band 4, 1986, S. 43–61

»Hannah Arendt, Penseur de la Shoah, 1943–63«, »Revue d'histoire de la Shoah«, Centre de Documentation Juive Contemporaine, Sept./Oktober 1998, darin vor allem: Sylvie Courtine-Denamy, »Noé et son arche: les survivants du hasard«, S. 53–78

Detlev Barley, »Hannah Arendt. Die Judenfrage«, in: »Zeitschrift für Politik«, Jahrgang 35 (Neue Folge), Heft 2, 1988, S. 113–129)

»Esprit«, Juni 1985, darin: Miguel Abensour, »Le sionisme en question«, S. 47–52

Geret Luhr, »›Warum ist das Böse banal?‹ Hannah Arendt und der Staat der Juden: Ein Symposion an Ort und Stelle«, »Neue Zürcher Zeitung«, 30. Dezember 1997

Personenverzeichnis

Die große Denkerin und ihr Werk

Coverabbildungen vorbehalten

Thomas Meyer

Hannah Arendt

Die Biografie

Piper, 528 Seiten
ISBN 978-3-492-05993-0

»Ich glaube nicht, dass es irgendeinen Denkvorgang gibt, der ohne persönliche Erfahrung möglich ist. Alles Denken ist Nachdenken, der Sache nach – denken.« Diese Sätze Hannah Arendts bilden den Leitfaden dieser Biografie. Ihm folgt Thomas Meyer, wenn er anhand neuer Quellen ihr Leben und Werk von Königsberg nach New York, von der Dissertation über Augustin bis hin zum unvollendeten Opus magnum »Vom Leben des Geistes« nachzeichnet. Diese Biografie macht das Phänomen »Hannah Arendt« verständlich.

PIPER